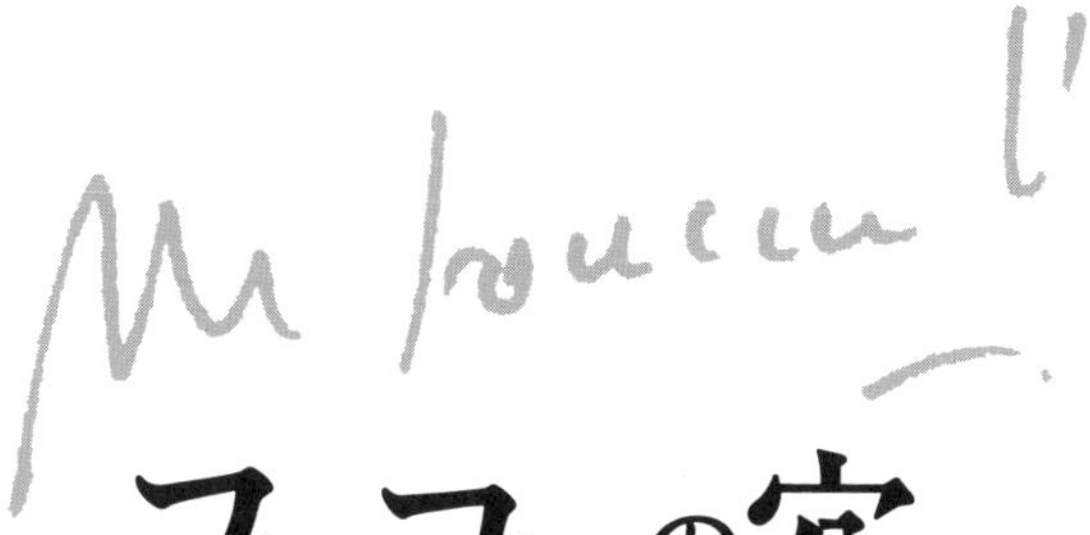

フーコーの穴

——統計学と統治の現在——

重田園江

明治大学社会科学研究所叢書
木鐸社

目次

凡例

一　引用については、本文中には著者名・出版年・該当ページの順に記し、巻末に参考文献表をつけた。

二　すぐ前に同じ著作からの引用がある場合、該当ページのみを記載した。

三　引用文中の〔　〕は引用者による補遺である。

四　引用文中の中略は「……」で表した。ただし原文に「……」が含まれる場合、区別のため〔中略〕と表記した。

五　日本語訳がある外国語文献のうち、原典のみ／日本語訳のみを参照したものについては、参照元を示した上でそのページを、両方参考にした場合には両方のページを記した。その場合、訳は原則として原典から行い、日本語訳を適宜参考にした。

第一章　フーコーの穴——方法論的序説

この奇妙なタイトルは、映画『マルコヴィッチの穴』に由来している。この作品自体、凝った設定の一種のSFで、ある男が「穴」を見つけるところから話が急展開する。人が頭をぶつけるほど低い天井の窒息しそうな建物というのは、神保町界隈の出版社や印刷所にはいくらでもある。だが、この話に出てくるビルの七・五階は、尋常でない天井の低さを誇っている。大人は体を斜めに傾けないと歩くことができない。その階で働く男（本職は人形遣い）が、書類を整理するありふれたスチール棚の奥に、一つの穴を発見する。この穴に入ると、人はなぞに満ちたねばねばの空間に吸いこまれ、ジョン・マルコヴィッチの脳（あるいは意識？）に到着する。到着後わずか十五分間だけ、人はジョン・マルコヴィッチとして、マルコヴィッチの中から世界を見、マルコヴィッチとしてふるまうことができる。十五分経つと、なぜだか分からないが、少し離れた高速道路脇の土手に放り出される。

この経験が単なる人格の入れ替わりと異なっているのは、マルコヴィッチに入りこむ人間は、通常人がものを見るときとは違って、のぞき穴から外を見るように視界が狭くなるところだ。その結果かどうか、自分自身でありつづけながらマルコヴィッチでもあることを同時に意識できるのである。言い換えれば、ふだんは人がごく当たり前のように世界をそこから見ている「穴」（視野？）の構造を、他人の穴に入りこむことで強く意識しながら、マルコヴィッチであって自分でもある誰かとして世界を知覚し、世界に働きかけることができるというわけである。

私はここ数年、ジョン・マルコヴィッチの穴ならぬミシェル・フーコーの穴を通じて世界を眺めることができないかと考えてきた。フーコーの穴から世界を見るとはどういうことか。私はこれを、次のように考えている。いったんこの穴に入った人間にとっては、自分がこれまで身体の一部である目のごとく使ってきた、世界を見るための「自然な」道具がその自明性を失い、まるで他人の中から世界をのぞいているかのように感じてしまう、そういう経験である。われわれはふだんどのように世界を見ているのか。どんな約束事、ルール、価値規範、文法にしたがってものを見ているのか。そこから世界を見ているはずなのに見えていないこの枠組は、われわれが世界に対して働きかけ、行動を起こす際、何らかの形でつねに参照されている。こうした認識と行為を規定する枠組を、その穴の中からものを見せることで意識させる、これが「フーコーの穴」の経験である。フーコーの穴から気になる場所をのぞいてみたら、いったいどんなふうに見えるのか。この本はそのささやかな試みを集めたものである。フーコーの穴から世界をのぞくとは、私なりに理解したフーコーの方法論にしたがって、現実社会に生起するさまざまな出来事を切り取り、文章にするという作業となった。読者にそれを追体験してもらうのが、この本を書いた意図である。そこでまず、こののぞき穴がいったいどのように成り立っているかを、方法論的序説として書きとめておくことにする。

一九七〇年以前の著作に見られるフーコーの主要な関心は、「先験的－経験的二重体 un doublet empirico-transcendantal」[Foucault 1966:330＝1974:338] としての人間が、西洋近代の思考の中で、どのような知の配置（規則の総体）のもとで形成されてきたかを明らかにすることにあった。ここでフーコーが、近代のはじまりをしるすと同時に導きつづける思想家と見なしたのが、カントである。カントの思想は、人間の有限性を自覚し、受け入れるところからはじまる。有限性の自覚とは、人間がその経験の範囲を超えた無限、すなわち神を準拠点として思考するのをやめることを意味する。人間は神を認識しえず、神の立場を想像するにしても、あくまで人間に許される限界内でのことにすぎない。そのため、人間の思考を人間に固有の限界内で分析すること、つまり「認識の諸条件を、そのうちに与えられている経験的内容から明らかにする」[329＝338] ことが、哲学の役割となる。フーコーは、カントが行った超越論的分析の試みが、経験的なものとの関係において成立していることに早くから興味を示していた。そして、カントの思想における両者の関係を検討に付するため、博士論文の副論文として『人間学』への注釈を選んだ [Foucault 1961]。カントの『人間学』は、経験内容には関わらない『批判』の試みと対をなすものとして、人間の経験を満たす具体的な生のあり方、「世間知」としての実用的（プラグマティック）な生活について論じようとした著作であった。この著作の精読を経て、フーコーが『言葉と物』（1966）で中心テーマとしたのが、近代の知における、認識の諸条件についての先験的な分析と人間存在の経験的なあり方についての理論との間の、奇妙な相補的関係であった。[1] フーコーは、近代の知におけるこうした「〈先験的－経験的二重化〉を分析することによって、いかにして経験の中に与えられるものと経験を可能にするものとが、無限につづく振幅の中で互いに呼応しあうかを示す」［Foucault 1966:347＝1974:357］ことができると考えた。

フーコーの「ポストモダン」思想は、こうした先験的－経験的二重体としての近代的「人間」の批判としてはじまった。そしてこの批判に際して彼は、「人間」という存在が普遍的なものでも先験的なものでもなく、歴史的に作り出されたものであることを示すという方法をとった。フーコーはのちに自らの試みを、カントが開いた思考の合理性の条件についての問いと、歴史的な「現在」についての問いという、二つの哲学的な問いを受け継ぐものとして、ドイツ啓蒙からフランス科学認識論へと流れこむ伝統の掉尾に位置づけている（［Foucault 1978a, 1983］)。フランス科学認識論（エピステモロジー）は、西洋近代の合理性を歴史の所産として捉えることで、それが普遍的・超時間的な価値を持つことを否認する。そして、一種の相対主義の立場から、西洋近代の理性を、さまざまな合理性が立ち上がってくる歴史の現場で捉えようとする。とくにフーコーが影響を受けたカンギレーム Georges Canguilhem においては、生物学や医学など、生命に関わる学問における合理性の歴史とは、あらかじめ存在する説明すべき現象に対して外から差し出される理論ではなく、むしろ理論形成のプロセス自体が説明対象を生み出すような、対象構成と概念形成の歴史であった（［Foucault 1978a］)。人間科学・生命科学においては、対象や概念自体、確定した自明の「もの」ではなく、科学的／日常的言説の中で作り出された構成物なのである。フーコーにとっては、「人間」という概念はその代表例であった。人間概念が歴史的に作り出されたことではじめて、われわれは人間について思考し、人間に対してさまざまな働きかけを行うことができるのである。しかも、人間概念の出自は、高貴なもの、正統なもの、あるいは高等な学問にあるのではなく、いかがわしく、その時々の利害にかかわり、雑多な場所に起源を持つ「未熟な学問」［Hacking 1979］の寄せ集めにある。ここに見られるのは、ニーチェの『道徳の系譜』に影響を受けた、正しいもの、超歴史的なもの、普遍的なものとされている事柄を、その卑賤で雑多な系譜を示すことで歴史化し、相対化する方法である。われわれがふだんそこからものを見ている「穴」は、たとえそれがどれほど当たり前のものに感じられようと、たかだか「歴史的アプリオリ」にすぎず、全く異なる対象構成や世界認識の方法へと開かれているということになる。

フーコーの特異性は、科学認識論に見られるこのような認識枠組の歴史的変遷という着眼を、社会規範、つまり人が判断し行為する際のルールや、人間存在自体のカテゴリー化に適用したところにある。近代を生きる人にとって、どのような行為が許され、どのような行為が許されないのか。あるいは、どのような人間は病気で、どのような人間は健康なのか。正常な人間と異常者との境目は、どのような思考の合理的体系化によって作り出されるのか……。

さらにフーコーは、こうした正常と異常の境目についての思考を、社会をコントロールし社会秩序を作り上げる、実践的・政治的な関心や戦略との関係で考えようとする。この方法はすでに、カンギレームが『正常と病理』において先鞭をつけた試みであるが、フーコーはこれを、「権力」という用語を駆使して明確な分析対象として措定した。つまり、認識枠組の歴史的な変遷と社会統制の実践、そして両者の相互関係を視野に入れたところに、フーコーの世界、フーコーの「穴」の秘密があるということになる。

フーコーの「権力」という用語の使い方については多くの議論がなされてきたが、ここでは、「人と人との関係において、互いに相手の行動を特定の方向に導こうとしてなされる戦略的な行為や実践」という、広い意味で捉えておく。権力は人が所有したり譲り渡すことができる「もの」ではなく、人と人との関係の中で働く作用ということになる。そこには、関係の非対称性（どちらかが支配者となる可能性）がはらまれているものの、それはつねに流動的で、固定した非対称性は存在しない。フーコーはこのような、いわばどちらに転んでもおかしくない人と人との権力の関係に一定の型を与え、多くの人間の集まりに対して、その行為様式や生活様式を一定の方向に導く行為や実践を「統治 gouvernement」と呼んだ[2]。一九七〇年代後半に彼が集中的に研究したのは、この意味での統治の実践が、近代社会においてどのような形態をとってきたかであった。

具体的にフーコーが研究の中心に据えたのは、まず精神医学や心理学の発展と精神病者や異常者への働きかけのしかたとの関連であった。また、刑罰思想の変容と監獄改革の実践の関係、あるいは「性」についての特異な言説と「性の主体」としての人間の形成との関係であった。それらすべての領域において、人間についての知識や科学の発展と、人間集団を管理統制する技術とが並行して展開していくのが見出された。近代の統治実践についてのこうした研究を通じてフーコーが描き出したのは、大まかに言って「個人に照準する」統治であった。個人に照準する統治とは、個人の生活の細部を管理し監視することと、社会的に設定されたヒエラルヒー（階層秩序）の内部に個人を位置づけることを同時に行うような統治の形態である。『監獄の誕生』（1975）で描かれた「規律」は、こうしたタイプの統治の一例である。

フーコーが規律について熱心に研究していた時期は、福祉やソーシャルワークの実践におけるケアや保障が、マイノリティや弱者の保護と生活向上のためとしながら、実際には個人の行動や生活を「正常な基準」に近づけるよう強制する、監視と管理のシステムであることが問題になっていた。また、精神医学や精神分析が治療の名目で患者を「病んだ主体」として作り上げ、監禁を正当化し、刑務所では受刑者の矯正と教育のための監視装置が作動していることが批判された。さらに、こうした「監視と処罰」の装置は、教育機関や企業などのさまざまな社会組織にも、網の目のように張りめぐらされているという指摘もなされた。こうして、一九七〇年代以降の管理社会論や反精神医学運動、障害者のノーマライゼーション運動といった福祉国家批判の流れと連携し、フーコーの規律論は社会批判の武器として多くの人々に評価され、用いられたのである。

しかし、一九七〇年代が終わりに近づくと、フーコー自身は福祉国家に結びつくのとは別のタイプの、新しい統治形態が力を持ちはじめていることを気にかけるようになっていた。彼はそれを「リベラリズムの統治」と呼び、英米にはじまったネオリベラリズムの覇権を予知するかのような研究に着手した[3]。しかし、その研究は中途で放棄され、一九八〇年代には「自己への配慮」のテーマ系へと関心を移してしまう。

本書は、「人間」というカテゴリーに注目し、近代社会において知と権力が交錯する場である統治について研究するという、一九七〇年代後半のフーコーの企図の延長上に、福祉国家とは別のタイプの新しい統治実践（統治のテクノロジー）を素描する試みである。

第二章では、議論の前提として、一九世紀末以降の福祉国家体制において、「社会の一体性」がどのように捉えられていたのかを、エミール・デュルケムの思想を例に考察する。デュルケムの想像力をかきたてた統計学と生理学における「正常」と「健康」という二つの概念を見てゆくことで、福祉国家における「社会の中の個人」という像の源泉を探ってゆく。

第三章では、「リスク細分型保険」という新しい保険システムを例に、劇的に変わりつつある保険制度について考察する。保険という領域は、「社会の一体性」に基づく相互扶助の理念が力を失い、一転して社会が分断され細分化されるポスト福祉国家の状況を体現している。しかもそこでは、社会の捉え方は根本的に変化したにもかかわらず、統計学とリスクの集団的評価という道具が用いられつづけているのである。

第四章は「健康と病気」という、これもまた現在急速に変化しつつある領域を取り上げる。生活習慣病の代表とされる高血圧を例に、その定義が文字通り「統計」によってしかなされえないこと、その意味で病気についての因果論を侵犯していることを、高血圧概念の形成史をたどることで示す。さらに、ここに見られるような病気の統計的・集合的な概念化が因果論を凌駕することで、集団単位でのリスク管理としての保健衛生と結びついていく論理を明らかにする。

第五章は、知能テストの考案者、アルフレッド・ビネの思想を取り上げる。知能の一元論と多元論は、これまで自由至上主義（生得的能力の重視）対福祉主義リベラル（教育の重視）という対立構図と重ねられてきた。しかし、知能多元論は必ずしも福祉国家型の社会構想とのみ結びつくわけではない。その理由を説明するのは簡単ではなく、知的能力とは何か、それを正しく測るとはどういうことかにまでさかのぼって考えてみないと理解できない。そこでこれらの事柄を、ビネがその思想を培った時代背景と、彼の思想内容の検討を通じて考察する。

第六章は第五章で出てきた問題を承けて、本書全体に関連するテーマを大まかな見取り図にしたものである。福祉国家とポスト福祉国家の間での「人間」の測り方の違いを、それぞれの社会におけるマージナルな存在とマジョリティ（ここでは「正常者・健常者」）双方の扱いを対比することで概観する。

第七章と第八章では、「犯罪者プロファイリング」を取り上げる。ここでは、犯罪者のカテゴリー化の変容を見てゆくことで、福祉国家型の個人に照準する統治から、個人を行動の断片へと分割し、また人間を地理空間上を動く点として捉えるような、新しい「統治のテクノロジー」へと変化しつつあることを示す。

以上のように、人間に関するさまざまな科学や知識を調べてゆく中で私が見出したのは、一方で「社会」（あるいは「国民国家」）の一体性と社会連帯という、一九世紀後半から一世紀かけて作り上げられた共同性が、いとも簡単に溶解しつつあるという事態であった。他方で、個人を一人の人格として捉え、社会構成員となるすべての人間を一元的なヒエラルヒーのもとに位置づけるタイプの統治、また、マージナルなもの、異常なもの、秩序からはみ出すものに関心をはらい、費用をかけて矯正と教育と援助を行うタイプの統治が、急速に力を失いつつあるという現状であった。こうした統治は、社会連帯を支え、福祉国家の存在理由そのものとなる個人を生み出す装置であり、両者が一度に葬り去られるのはある意味では当然である。だが、福祉国家後の社会がこれからどこへ向かうのかは、まだはっきりしていない。本書はそれについての一つの「未来予想図」である。それと同時に、過ぎ去った二〇世紀が何を目指し、何を達成し、そして何に挫折したのか、それに代わろうとする新しい社会は、何を求め、何を棄て去ろうとしているのかを見定めたいという思いも抱いている。

最後に、本書の分析対象について述べておく。本書は、現在の日本における社会編成のあり方や「統治のテクノロジー」の変化を強く意識して書かれている。しかし、参照される時代はときには一八世紀にさかのぼり、ヨーロッパやアメリカへの言及も多い。このように、時代と地域を厳密に区切らない研究に有効性があるのか、また西洋近代に分析対象を限定していたフーコーとはどのような関係に立つのかについて断っておきたい。

私自身は、フーコーの統治や権力についての研究は、西洋近代という限定を取りはらっても適用できると考えている。もちろんこのことは、フーコーの研究のうち、ある部分を強調し、ある部分を放棄することを意味している。本書であまり参照されないのは、主体や主体の自己認識についての彼の見解である。多くの論者が指摘してきたとおり、「主体」としての人間は西洋近代に固有の特殊な存在であるのだろう。しかし近代の主体には、「人間のカテゴリー化のための一戦略」として、統治実践との関連で理解できる部分も多い。そして、そうでない部分、つまり特殊ヨーロッパ的で、キリスト教の倫理と価値観に深く関連し、他でもない西洋近代にのみ発生しえた自己や自我については、本書の考察対象から除外している。

これに対して、本書が扱うのは別の次元である。一つ例を挙げると、私がかつてソウルに旅行したとき、強烈な印象を受けた場所があった。それは、日本の植民地時代の監獄跡を戦争の記憶を留めるために残した建物だった。館内には植民地時代の残虐な拷問や殺戮の様子が写真や資料を用いて展示してあったのだが、何より目を引いたのはそういった「意味」の部分以前に、その建物の形状であり、内部の構造であった。それは現代の日本の刑務所にも、また一九世紀ヨーロッパの監獄建築の写真にも、非常に似通っていた。近代が生み出した監獄の建築様式とそこでの人の配置は、大日本帝国の野心を実現するためであっても、一九世紀ヨーロッパの法律違反者のためであっても、激情に駆られた非合法な拷問のためであっても、あるいは受刑者のシステマティックな監視のためであっても、同じように効率よく、同じように目的合理的に利用できることに驚嘆した。私が「統治のテクノロジー」ということばで想定しているのは、こういう次元である。それは人がそれ自体に意味や価値を見出す、文化や自己認識の次元ではない。もっとつまらない、即物的なものかもしれないが、それは文化の違いを超えてさまざまな場所に移入でき、具体的な目的が変わっても同じように効率よく作動する。だからこそ、日本のＧＩＳはイギリスやカナダの先例をもとに、短期間で日本に合ったシステムを作り出すことができ、リスク細分型保険は日本の保険市場における外資のシェアを飛躍的に高めたのである。ここでは、地域や文化の違いよりは、それを超えてしまうある種の普遍性を持った人間管理のテクニックが問題になっている。

フーコーの思想は、日本でも欧米でもポストモダンブームの中でもてはやされたが、世界が大きく変わりつつある現在、「ポストフーコー的状況」、「フーコーを忘れよう」といったことばが聞かれるようになった。たしかに、フーコーが批判の対象とした時代と社会は過去のものとなりつつある。しかし、彼の直観力、未来を見通すセンスの卓抜さは、想像をはるかに超えるものだ。そして彼は、たとえ時代が変わっても、新たに生まれつづける「現在」を独特の角度から切りとるための道具を残した。それが「フーコーの穴」であり、ひとたびそこを通った人にとって、世界の情景は以前とは違ったものに見えはじめるのである。フーコーの思想において重要なのは、分析の手法、着眼点、あるいは彼が見定める次元である。その意味で彼の思想は古いどころか、その可能性が十分汲み尽くされたとはとても言えない。本書は、こうした次元をなんとか自分でも見定めたいと悪戦苦闘してできたものである。

（1）　ただし、フーコーは注釈の結論部分では、カント自身の『人間学』の試みは『批判』の先験的分析の企図の内部で理解されるべきものとし、理性批判との緊張関係を失ってゆくその後のさまざまな人間学や人間科学との違いを強調している。
（2）　一九七〇年代以降のフーコーの権力と統治についての考えと、この時期に集中してなされた統治についての研究の概要は、[重田（米谷）1996a] を参照。
（3）　一九七九年のコレージュ・ド・フランスにおけるフーコーの講義は、一八世紀の自由主義経済学と二〇世紀の二つの自由主義（西ドイツのオルド自由主義とハイエクの思想）を取り上げた、興味深いものであった。この講義の一部は、[重田（米谷）1996b] で紹介した。

第一部

第二章　社会の統計学的一体性——エミール・デュルケム論

はじめに

「第一の、そして最も根本的な規準、それは、社会的諸事実を事物《もの》のように考察することである」[Durkheim 1895a→1986:15=1978:71 強調原文]。エミール・デュルケム Emile Durkheim（1858-1917）が『社会学的方法の規準』の中で示したこの公準は、彼の思想に含まれる社会実体論的な傾向として、社会を個人の集積として捉える個人主義の立場から、また近年では行為論やゲーム理論など、社会を人間の相互行為やコミュニケーションの位相において把握しようとする立場から、批判を浴びてきた。また、事物《もの》としての社会的事実が個人にとって外在的であり、外部からの強制力として作用するというデュルケムの考えは、「厳密に方法レヴェルに統制されることなく、社会的諸現実への彼の関与の態度とその根底で結びついていた」［宮島 1977:49］とされ、この公準がデュルケムの秩序志向、言い換えれば「保守的精神」につながった点が批判されている。(1)

本章では、デュルケムとは異なった社会の捉え方から、彼の社会実体論を批判するという方法はとらない。また、デュルケムが保守主義者であったか、進歩主義者であったかを直接に問うことはしない。むしろ、まず彼がなぜ社会的事実は「事物《もの》」であるという公準を立てることができたのか、次に、そこからどのようにして、社会がその成員に対して一種の規範性を有するという主張を導出することができたのかの二点について、デュルケムの思想が拠って立つ基盤を見ることで明らかにしてゆく。

デュルケムにおいて「規範 norme」「規範性 normalité」といった語がどのような意味で用いられているかに注目すると、これらの問いに一つの答えが得られる。デュルケムは、norme / le normal / normalité などを、道徳性、規範性を表わす語として用いると同時に、正常なもの、平均的なもの、健康なものといった、統計学や医学・生理学における norme 概念から示唆を受けた意味でも用いている。そして、この二つがデュルケムの中で norme という一つの語において結びつけられているため、道徳的なものは正常なものである、あるいは正常なものこそが道徳的であるというしかたで、道徳を正常性と通底させることが可能となっている。

ここで、彼が何をもって社会の正常状態であると考えたかについては、当時の統計学の知見に多くを負っている。統計学における、ある集団に関する統計データに固有の法則性、統計的規則性（たとえば自殺率・犯罪率の一定性）の発見は、デュルケムにおいて、社会的事実を個人とは別の次元での実在、すなわち「事物《もの》」として捉え、さらにその中の正常なものを道徳的なものと同一視する根拠となっている。また、当時の医学・生理学に見られる、有機体の健康をその有機体にとっての正常状態と見なし、病気すなわち病理的状態を正常状態に比した過少あるいは過多と見なす考えは、デュルケムが社会学において社会の正常状態を健康、健全性として捉え、それを道徳的、規範的なものと同一視することに役立った。

このようにして、統計学・生理学と道徳論を結合させることで、デュルケムは、社会学を実証科学であると同時に道徳に関わる学問として成立させようとする、コント以来のフランス実証主義社会科学の完成者となった。

また、デュルケムの科学と道徳との関係づけは、しばしばマックス・ヴェーバー Max Weber（1864-1920）との対比で語られる。そして、ヴェーバーが存在と当為の厳格な分離を要請し、学問研究における「客観性」は、学問が「われわれは何をなすべきか、いかにわれわれは生きるべきか」については何の答えも用意しないこと、つまり「学問による処世術」が存在しないことによって確保されるという立場をとったのに対し（[Weber 1919]）、デュルケムの科学に対する楽観的とも言える信奉の態度が指摘されている。この点に関してデュルケム自身は、社会研究において実証性が増せば増すほど、それに比例して規範性・道徳性の根拠も揺るぎないものとして示されると考えていた。こうした考えを理解するためには、実証的にデータを収集し、それを分析するという学問的営為の蓄積自体が、社会のあるべき方向性を自ずから示唆するという、デュルケムの思考が成立しえた背景を理解することが必要である。その作業を欠いたままで、彼が科学には規範を示す力があるという信念を持ったという結果だけから、その立場を論難することはできないと思われる。

もちろん、norme というただ一つの語から、デュルケムの思想全体を把握できるわけではない[2]。だがこの語はたしかに、デュルケムにおいて実証性と道徳性、事実と規範を媒介する役割を果たしている。このため、その内容をテキストに沿って検討してゆくことで、一九世紀と二〇世紀の転換点における思想状況を照射し、またデュルケム思想の中に典型として現れた、「福祉国家」を可能にする思考の型やスタイルを明らかにすることができる。

そしてこの思考の型は、第一章で予備的に指摘したとおり、現在大きな変化にさらされている。したがって本章は、この本全体の中では、第三章以下で取り上げる、今起こりつつある変化を比較対照するための一種の参照点として位置づけられる。

以上のように問題設定を行った上で、以下の各節では、デュルケムにおける道徳的なもの＝正常なものの概念を、一　統計学との関係、二　生理学との関係で整理する。[3]

一　統計学との関係

デュルケムは、『社会学的方法の規準』（1895）において、犯罪を「正常社会学 sociologie normale に属する現象」［Durkheim 1895a → 1986:66＝1978:152］であるとしている。このことは、『規準』に対するタルドの批判に答えた「犯罪と社会の健康」（1895）において、「犯罪は……あらゆる社会生活にとってその根本条件と結びついているのだから、正常なものである」［Durkheim 1895b → 1975:176＝1990:128］と確認されている。さらに『自殺論』（1897）においては、「犯罪は正常なものである」［Durkheim 1897 → 1960:414＝1980:341］としたうえで、それにつづけて自殺についても、「自殺は……、ヨーロッパ諸民族を形づくる正常な一要素であって、おそらくあらゆる社会を形づくる一要素でもあるだろう」［416＝343］と、犯罪と自殺をともに社会の正常現象として捉えている。

デュルケムのこうした立場は、『社会分業論』（1893）においては未だ確立されていないと考えられる。なぜなら、「犯罪者のような職業やその他の有害な職業」は、分業の「異常形態 formes anormales」、「病理学的諸形態 formes pathologiques」［Durkheim 1893 → 1991:343 ＝1971:342］として扱われているからである。さらにそれ以前にさかのぼると、『自殺論』の原型をなしたと考えられる「自殺と出生率」（1888）においては、自殺は「異常な行為 actes anormaux」［Durkheim 1888→1975:217=1990:165］とされ、自殺数を「病的現象 phénomène maladif、すなわち社会的悪 mal social」［217=166］の指標としている。そして、自殺数の増大と同時に起こるとされる出生率の過度の上昇と下降もまた異常であるとする。ここでは、自殺が異常であると言っても、それが個々の行為として（つまり自殺という行為自体が）異常なのか、社会集合体のレベルでの過多あるいは過少が異常なのかがはっきりしない。そしてデュルケムは、その違いを明確にしないままで、自殺は社会的悪であるという前提に立って、自殺と出生率との「相関」「逆相関」を論じている。

したがって、デュルケムが犯罪や自殺を正常現象であると認識する前提として、社会全体の犯罪率・自殺率と、個人レベルでの犯罪や自殺とを厳密に区別し、前者のみを社会学の固有の対象とするという対象画定の作業があったと考えられる。そしてその対象画定がなされる際に、犯罪や自殺という現象に見られる「統計的規則性」が、個人から独立した社会に固有の実在として分析の基盤に据えられることになる[4]。

個人のレベルと社会のレベルの区別について、デュルケムは『規準』の中で次のように述べている。「犯罪が正常社会学に属する一現象だからといって、犯罪者が生物学的・心理学的観点から見て正常な構造を持った一個人であるということにはならない。この二つは互いに独立した問題である」［Durkheim 1895a→1986:66=1978:152］。そして、「あらゆる社会のうちに心理学的に異常な個人が存在することが、社会的には正常なのである」［Durkheim 1895b→1975:179=1990:132 強調原文］と述べ、個々の犯罪者の異常性とは別個の正常な社会現象として犯罪を捉えようとする。

そのうえで、犯罪がなぜ正常であると言えるかについては、社会現象としての「犯罪行為の存在は［あらゆる社会に見られる」普遍的な事実であり、したがって正常性という基準にかなっている」[173=124]とする。しかしこのことは、社会のレベルでの犯罪はどんな場合でも正常であることを意味しない。「もちろん、犯罪それ自体が異常な形態を取ることもありうる。たとえば、犯罪率が法外なものに達するといった場合である」[Durkheim 1895a→1986:66=1990:151]。つまりデュルケムは、犯罪率や自殺率の一定性・不変性・恒常性に注目し、「一定の率の犯罪」が「集合体の健康にとって欠くことのできないもの」[Durkheim 1895b→1975:180=1990:132]であるとしながらも、その著しい増大、あるいは変動を異常と見なすのである([Durkheim 1897→1960:8ff, 420ff=1980:66ff, 347ff])。

ここでの統計の扱い方、つまり犯罪や自殺などの比較的まれな現象について、ある社会におけるその比率の一定性に規範性を見出し、そこからの変動を異常あるいは病理的とすることは、デュルケムにおける道徳規範の特徴をなしている。このことを以下に、⑴犯罪学イタリア学派との比較、⑵ケトレとの比較、⑶ドイツ統計学との比較を通じて明らかにしてゆきたい。

⑴ 犯罪学イタリア学派との比較

犯罪学イタリア学派は、ロンブローゾ Cesare Lombroso(1836-1909)をはじめ、フェリ、ガロファロなどを中心とする学派である。彼らの主張は詳細に見てゆくとそれぞれ異なり、またロンブローゾ自身晩年にはかなり立場を転換させるが、ヨーロッパのさまざまな国で反響を呼んだ『犯罪人 L'Uomo delinquente』[Lombroso 1876]から、彼らの思想の中心(あるいはデュルケムの時代のフランスでそう考えられていた内容)を知ることができる。⑤

ロンブローゾは、人体、とくに頭蓋骨の容積・形状と脳の重量の測定を重ね、正常人とは身体構造が異なる「生来性犯罪者 delinquèntenato」の存在を主張するようになった。生来性犯罪者は隔世遺伝によって生まれた先祖返り、人間と獣との雑種と見なされ、そのため生まれつきの犯罪人であるとされる。彼はすべての犯罪者が生来的であるとしたわけではないが、犯罪原因のうちに生来的・生物学的なもの、つまり個人の意志や社会環境とは無関係の生まれつきの身体的特徴を見出そうとした。フランス社会学派（リヨン大学の法医学教授ラカサーニュが中心）との論争でも、この「生来性犯罪者」の学説がとくに攻撃を受けた。デュルケム自身、イタリア学派の主張を、殺人者と自殺者を「ともに変質者 dégénérés であり、無能者」［Durkheim 1897 → 1960:387 = 1980:316］であると見なす学説として批判している。

イタリア学派の主張をデュルケムの犯罪に関する議論と比較すると、以下のようになる。まず、両者は、統計データをもとに犯罪を事実として「実証的」に考察しようとした点で共通しており、その意味で一つの時代を共有していた。しかし、その他の点ではきわめて対照的である。イタリア学派は個々の犯罪者の身体の計測と比較のための道具として統計を用いる。個々の身体の特定の部位を測定し、その数値を集積することによって集団内の個人をいくつかの類型に分け、それを通じて個人の「個体性」を集団内の他の個人の数値データとの比較によって確定するという彼らの手法は、フランスのベルティヨン Alphonse Bertillon（1853-1914）の人体測定法や、指紋の形状による個体識別法を完成させたイギリスのゴルトン Francis Galton（1822-1911）の生物測定学 biometry（biometrics）にも通じる部分がある。彼らは、個の測定から出発して集団に固有の統計的数値を割り出し、それを基準として個をその中に位置づけ、同定するという手続きを踏んでいる。[6]

これに対してデュルケムは、社会における犯罪率という、集合体に固有の実在を捉えるために統計を利用する。

分析対象を集合体のレベルに限定することは、たとえば『自殺論』において、自殺を原因別に考察する際にも貫かれている。自殺者の原因別の下位区分は、それによって個人がどの自殺類型に属するかを知るためではなく、社会がどのような種類の自殺をどの程度の比率で有しているかを知るために作られている。それによって、全体としての自殺率のみによる場合より、その社会の固有性をさらに詳しく把握することができるからである。

正常/異常に関して述べるなら、イタリア学派においては、統計は個人が正常か異常かを判断するために用いられ、犯罪原因はそれを犯す個々の人間の正常性からの逸脱=生物学的異常性へと還元されてゆくのに対し、デュルケムにおいては、個人が正常か否かは考察対象から除外され、もっぱら社会が正常か異常かを判定するために統計が用いられているのである。

(2) ケトレとの比較

ケトレ Lambert Adolphe Jacques Quetelet（1796-1874）は、デュルケムより約五十歳年長のベルギーの統計学者である。彼は、人間社会に関わる事象について、大量観察に基づく規則性を確率数学を用いて示した最初の学者の一人である。ケトレの関心は、一方で身長や胸囲などの身体計測に向かい、他方で犯罪・自殺・婚姻などの「道徳統計 statistique morale」に向かった[7]。デュルケムとの関連で重要なのは後者である。以前から、国や地方ごとの犯罪や自殺の数が毎年極端な変動を示さないことは知られていたが、『人間に就いて』（1835）において、ケトレはこのことを、フランス・ベルギー・オランダ等の犯罪統計に基づいて詳細に検討している（第三編第三章）。彼は、その検討から得たとされる犯罪率の一定性について、「大量現象として考察された人類に関する事柄は、物理的事実と同じ部類に入る」［Quetelet 1835: II-247＝1940: 下221 強調原文］、つまり物理法則に匹敵する法則性を持つと述べる。そして、フランスにおいて被告となった人の数およびそのうち有罪となった人数の年次統計を検討する中で、それらの人口中に占める割合の年変化が少なければ少ないほど、また多年にわたってそうであるほど、次の年にもその割合が変化しない確率は、「理論が示すとおり」いっそう大きくなると述べている（[Quetelet 1835: Ⅱ-166=1940: 下 152f]）。

ケトレがここで大量観察に関する「理論」と言っているのは、ポアソン Siméon-Denis Poisson（1781-1840）によって定式化された「大数の法則 loi des grands nombres」である。大数法則のポアソンによる説明は以下のとおりである。「あらゆる種類の事柄が大数の法則と呼びうる普遍的な法則にしたがっている。この法則は以下によって成り立つ。不規則に異なった諸原因、すなわち、ある一つの方向への体系的な変異ではない諸原因によって決定される複数の同種の出来事が、相当大量に観察されるとき、それぞれの出来事が生じる数〔回数〕の比率はほぼ一定である」[Hacking 1990：95=1999：136 強調原文]。この法則は、もともとベルヌイ Jacobus (Jacques) Bernoulli（1654-1705）が、一つの壺からの白玉と黒玉の抽出（あらかじめ個数比が分かっている場合）を例に、大量回試行を行うと、実際の試行における相対頻度が、個数比にしたがうある範囲内に収まる確率が高まることを示したものである。さらにベルヌイは、ここでの証明の逆を考えることから、個数比が不明な場合（個数比に基づく組み合わせ論的確率が事前に知られていない場合）に、大量回試行をくりかえすことで、おおよその個数比を推定しうることを示唆した（[Todhunter 1865=1975:77f]）。ポアソンはこの法則を、組み合わせ論的確率が知られえない事柄（彼が扱ったのは陪審制度下での判決についての確率）にまで拡張しようとした。

ケトレは、犯罪のような人間行為においても、大量観察における相対頻度が事象の真の確率（一つの壺に入っている白玉と黒玉の比率から組み合わせ論的に導き出される確率）を近似的に表現するという、大数の法則が成り立つと想定し、これを犯罪率一定性の根拠とした（[Quetelet 1846: 第一～第九書簡]）。つまり、社会という「壺」の中でどのくらい犯罪が起こるかは、その社会が有するはずの組み合わせ論的確率に近似すると考えたのである。

デュルケムの社会的事実を事物《もの》として捉えるというテーゼは、大量観察に基づく犯罪率や自殺率の一定性の認識に裏づけられており、ケトレによる大数法則の社会事象への適用を前提としている。デュルケムが「それぞれの社会は……、歴史の各時点において、ある一定の自殺への傾向を有している」[Durkheim 1897 → 1960:10 = 1980:68] という場合、この一定性の認識は、大量観察を通じて社会事象の規則性（ケトレはこれを法則 loi と見なした）を発見するというケトレの方法に依拠したものである。

では、ケトレとデュルケムとの違いはどこにあるのか。まず、デュルケム自身のケトレ批判を見ておく。デュルケムの批判は、ケトレが社会事象の規則性の原因・根拠を「平均人 l'homme moyen」に求めた点に集中している(8)。ケトレの平均人は、デュルケムによれば、「それぞれの社会には、ある決められた類型というものが存在し、大多数の個人は多かれ少なかれ正確にそれを再現していて、少数の者だけが攪乱的原因の影響を受けてそこからはずれる傾向にある」[337 = 267] ような、一つの典型である。そして、「個人的類型の算術平均を求めると、ほぼ正確にその類型が得られる」[338 = 268](9)。ケトレが、この平均人という概念を用いて社会現象の一定性、法則性を説明しようとすることに対して、デュルケムは次の二点を挙げて批判している。

まず、ケトレの平均人の理論は、「平均類型が、どうやって大多数の個人のうちに実現されるのか」を説明できない。これを説明するためには、「平均類型が、ある意味で個人から独立したもの」であると同時に、「個々人のなかに浸透してゆくことができる何らかの通路」[339 = 268] を有することが証明されなければならない。ケトレにはこの説明が欠けている。つまり、社会が個人になぜ影響を及ぼしうるかについての説明がなされていない。

また、ケトレの平均人は、大部分の人々に認められる特徴のみを示しているため、自殺のような「例外的な事実」[342=273] がなぜ一定しているかについての説明根拠とはなりえない。そのため、自殺や犯罪といった現象が一定の水準を保っている理由については、平均人とは異なる概念装置を用いた説明が必要となる。

デュルケムはこのように、ケトレが社会に固有の傾向や法則性を、平均人という仮構された個人へと再び収斂させてしまうことを批判している[10]。社会現象の規則性は、平均人という代表値となる一データ、理念的な一類型によって表現しつくされるものではなく、集合体や社会全体の次元で説明されるべきものだからである。「ふつう、集合的傾向や情念について語られる場合、人々は、それらの表現を単なる比喩、あるいはものの言い方としか考えず、ある数の個々人の状態の一種の平均を表わす以外には、何の現実をも指し示していないと思いがちである。人々は、それらを事物《もの》と見なすこと、個別意識を支配する一種独特の *sui generis* 力と見なすことを拒んでいる。だが、これ〔事物《もの》であり、一種独特の力であること〕がそれらの本質なのであり、そのことは自殺統計が鮮やかに証明している」[345=274 強調原文]。デュルケムは、社会的事実の固有性を典型としての平均人に還元してしまうケトレの説明方法を批判し、社会集合体のレベルに留まって説明することを企てたのである。

しかし、ケトレ自身の著作を検討してみると、デュルケムが批判するケトレは、当時流布していた「ケトレ的平均人」像であり、ケトレの一面のみを捉えたものであることが分かる。実際には、デュルケム自身が考えている以上に、彼の思考はケトレに近い。このことは、ケトレの平均概念が有する二面性を理解することで明らかになる。

一方でケトレは、個別事象の多様性によって全体の傾向が不明瞭になるのを避けるため、大量観察の方法を重視し、とくに多年にわたる観察の結果から得られる平均 moyen を重視した。『社会体制とそれを支配する法則について』（1848）（以下、『社会体制論』）の中で、ケトレは犯罪について以下のように述べる。「〔ある個人が〕強い犯罪への傾向を持ちながら、実際にはただの一つも罪を犯さないという場合がありうる。また逆に、ほとんどその傾向がないにもかかわらず、罪を犯してしまうということもありうる。しかし、こうした事例は例外的と見なされなければならない。大数を扱う場合には、一般的に言って犯罪は人々がそれを犯す本来の傾向に比例する」[Quetelet 1848:82f 強調引用者]。そしてこれが「本来の」傾向であることは、『人間に就いて』（1835）、『社会物理学』（1869）などで、犯罪率の一定性を根拠にくりかえし主張される。「われわれは、生ずべき出生および死亡の数をあらかじめ計算できるのとほぼ同様に、同胞の血によってその手を汚す人、偽造者、毒殺者の数を前もって計算できるのである」[Quetelet 1835: Ⅰ-10=1940: 上 25]。

大量観察によって明らかになる犯罪率の一定性は、犯罪が「社会組織の〔あり方の〕必然的結果」[Ⅱ-325＝下282]であることを示している。「社会はその中に、犯されるべき一切の犯罪の萌芽とともに、その実現に必要な便宜を併せ持っている。いわば社会がこれらの犯罪を準備するのであり、犯罪人はこれを実行する道具にすぎない。したがってすべての社会状態は、その組織の必然的結果として生まれる一定の数と種類の犯罪を予想させる」[Ⅰ-10= 上 25f]。つまり、大量観察に基づく統計データから得られる犯罪率は、個人の自由意志や個性individualité、あるいは「偶然的原因」（これは、ケトレにとって天体の観測誤差と同じ意味を持つ現実の多様性である）によって左右されず、それら個別的な影響が「相殺された neutralisé」[Quetelet 1847:136]、社会が有する「本来の」犯罪傾向を表現しているのである。そして、犯罪・自殺・婚姻などの道徳統計に見られるこうした規則性は、政治的混乱などの一時的激変によって変化しにくい、ある社会が有する風俗習慣、「民族と呼びうる具体的な存在に属している諸々の慣習」[142]から生じる。そしてこのことは、「人々がそこに生きる制度、慣習、知性の状態および一般に生存様式に影響を与えるすべての事柄を改変することにより、人間を改良する可能性」[Quetelet 1835: Ⅰ-10＝1944: 上26] が存在することを意味する。

デュルケムが、「それぞれの社会は……、歴史の各時点において、ある一定の自殺への傾向を持つ」[Durkheim 1897→1960:10＝1980:68] と言い、「それぞれの民族には固有の自殺傾向が集合的に存在していて、どのくらい自殺が起こるかは、そうした固有の自殺傾向によって規定されている」[343＝272] と言うとき、この見方は、ケトレが言う個人の自由意志や個性からは独立の社会の傾向という主張ときわめて類似している。ケトレはデュルケムのように、社会の固有性を形づくる慣習や制度を、社会における人と人との絆のあり方（連帯の型）として捉え返したり、その絆を相互行為の反復（儀礼）によって作られるものとして分析することはなかった。だが、統計的規則性から個別事象には還元できない社会という実在、事象《もの》としての社会的事実の存在を導出する方法においては、彼らは共通しているのである。

しかし他方で、ケトレの平均概念にはもう一つ別の側面がある。彼は社会の次元を個人の次元から分かち、一貫して社会のレベルを考察対象にするという点で徹底していなかった。デュルケムの批判はケトレのこうした面に向けられたものである。たとえばケトレは『社会体制論』において、個人の自由意志について、「賢人は平均（中庸）の状態をほとんど離れないものだ」[Quetelet 1848:97] として、自由意志が偶然的な原因（個別の状況など、規則性の攪乱要因）を排除し、統計的規則性を実現するのに役立つ、つまり個人の意志の自由と統計的規則性とは予定調和の関係にあると述べる。また、大量観察によって現れる規則性を、個人が「平均人」に向かって収束してゆく傾向と結びつけている。彼は、平均人＝正常人＝理想の人物像という基準を立て、「啓蒙が進むにつれ、平均からの隔たりは徐々に減少してゆくだろう。したがって、ますますわれわれは美しいもの、善きものへと近づく傾向にあると言える」[Quetelet 1835: Ⅱ-326=1944: 下 283] とし、社会における個人の多様性が平均人という仮構された個人像へと収束してゆくことを予言している。

こうした社会事象の規則性の平均人への還元は、自殺のような「例外現象」(きわめてまれな現象) に関しては、著しく説明能力を欠いているとデュルケムは考える。たとえば、ケトレの計算方法をそのまま適用すると、フランスにおける自殺傾向の平均強度は〇・〇〇〇一五、イギリスでは〇・〇〇〇〇八となり、「単独ではまともに自殺の因をなすことができない」[Durkheim 1897 → 1960:340f=1980:270] ほど微小な数字となる。これは、ケトレが自殺や犯罪のような社会統計・道徳統計を、身長や胸囲などの身体計測における平均値との類比で捉え、道徳統計を個人が誰でも持つ身体上の属性についての統計と同一視したことの帰結であった(11)。

デュルケムは、社会体のレベルに固有の実在性を示す統計データをすべて、平均人の持つ特性へと還元してしまうことを批判する。なぜなら、デュルケムにとって集団の意識は、「平均的意識と混同されてよいどころか、あらゆる面でそれを超えて」おり、「統計データの規則性は、個人にとって外在的な集合的傾向が存在することを意味している」[360=289] からである。

このようにしてデュルケムは、ケトレの思想のうち、大量観察によって得られる規則性を個人とは位相を異にする社会の実在性の根拠として解釈する部分だけを継承した。それによって、「全体は諸部分の総和と質的に同じである」[350=280] とする原子論的な社会観を否定するとともに(12)、「集合的傾向は宇宙的な諸力〔物理的諸力〕と同じぐらい現実的な力である」[348=278] ことの証拠として、自殺率の恒常性、一定性を捉えた。そこから、社会が個人とは別の次元にその正常性=規範性の基準を有し、なおかつそれが特定の社会の外部に先験的に存在するのではなく、それぞれの社会に内在すると同時に、社会を構成する個人を超越するものであることを示したのである。[13]

しかし、このように社会の次元を個人からいったん厳格に分かつことで、デュルケムは社会から個人への力の作用という通路を確保したが、それによって、自由意志にしたがって行為する多様な個人を考慮に入れた社会の見方を示す道を閉ざすことになった。次節ではこれについて、個人の自由意志と統計的規則性との関係についての同時代のドイツにおける議論と対比しながら、デュルケムの所説を見てゆくことにする。

(3)　ドイツ統計学との比較

ケトレの社会統計学は、バックルの『西洋文明史』の独訳（1859）を通じてドイツ諸邦で幅広い関心を呼び起こした。[14] これをきっかけに、一八六〇年代以降、ケトレが主張する統計的規則性が物理法則とならぶような「法則」にまで高められるならば、個人の自由意志の存在余地がなくなるのではないかという「自由意志 Willensfreiheit 論争」が起こった。[15]

この論争を出発点に、ドイツでは統計的規則性と人間の自由意志を両立させようとする新たな思考が生まれてきたが、これとは対照的に、デュルケムは社会の個人からの独立という考え方を、社会の個人に対する優越性の根拠とし、社会は個人に外から強制力を及ぼしうるという考えに結びつけていった。これについては後に取り上げることにして、はじめに自由意志論争について見ておく。

ドイツにおける自由意志論争は、バックルを通じて誇張されたケトレ 対 カント哲学の伝統という形ではじまった。[16] 当初の対立点は、ある社会において毎年一定した人口比で自殺や犯罪が生じるなら、自殺の数はあらかじめ統計的に決定されており、個人はその決定が現実化されるための「道具」にすぎず、自由な意志決定にしたがって行為をなす余地は存在しないのではないか、というものである。

この点をめぐって、ワグナーやフィッシャーと、ドロービッシュ、リューメリン、エッティンゲンらの間で論争がなされたのであるが、この中から、社会統計学に固有のいくつかの問題が明確化された。一つには、「社会統計学という場合に、社会全体と個人を直接対置するのでなく、社会を複数の下位区分、下位系列に分けて考察することが必要ではないかという問題である。このことは、系列をいかに腑分けし、系列間の相互関係を量定するかという統計技術上の問いを導いた。二つめに、統計学はデータの一定性にのみ着目し、そこからのずれを度外視するのではなく、むしろ変異、ずれ、偏差に注目し、それらを含んだ分析を行うことが必要ではないかという問いが生じた。ここから、社会全体と個人との間にある複数の下位集団、系列間の関連の度合いを測定し、また変異自体に説明を与えようとする試みが生まれ、そのための統計数学技術が発達した。さらに、社会統計学における「法則」は、はたして法則と呼びうるほどの規則性を持つのかという問題が、数学的に検証にかけられることになった。

こうした議論から出てきた成果のうち、デュルケムとの対比で最も重要なのは、レクシス Wilhelm Lexis（1837-1914）による統計データの「分散 dispersion」に関する議論である。レクシスは、『人間社会における大量現象の理論について』（1877）の中で、社会統計における規則性に詳細な検討を加えている。まず彼は、社会統計の規則性を力学的法則と対比し、「自然法則〔力学的法則〕と人的大量現象との間には形式的な類似しか生じない。前者は、実際上絶対に妥当する帰納的推理に基づくのであるが、後者は、……われわれがその諸条件をいかに明細に確認しようとも、つねにある程度の確率をもって反復するにすぎない」［Lexis 1877=1943:77f 強調引用者］と述べる。そのうえで、自然にもまた力学的法則のような一貫した法則では記述することができない大量現象が存在するとして、そこに適用される公式を、「いちいちには追求されえないさまざまの多くの要素的過程が合致した最終結果を表すものにすぎない」[79] と述べる。レクシスがこうした自然現象の例として挙げるのは、ある砂丘の表面の形状に関する近似式と、平均気温などの気象学的事例である。とくに前者について、だれも「この公式を、形態を異にする個々の砂粒の均衡状態を規定する法則だとは考えないであろう。……むしろ、各々の粒子は衝突および摩擦の特殊な組み合わせの作用のもとに置かれていたのであり、もちろん厳密に自然法則〔力学法則〕的にではあるが、しかしわれわれには予測できないしかたで、それぞれの静止状態に持ちきたされた」[79f 強調引用者] とする。この場合、個々の粒子に作用する力学的法則は複雑すぎるために認識できず、その代わりに、一種の大量現象としての砂丘表面の形状について近似式が得られる。そしてこの例と比較して、「人間生活の具体的大量現象は、明らかに右の分解不可能な自然の大量現象に類似している。その個別事件は、それらの動因や経過に関する一般的規則の抽象をゆるさないほどに多様である。したがってわれわれのなしうるところは、単に大量現象のいわば外面だけを研究し、これを数値的に確認することにすぎない」[80] と述べる[17]。

このレクシスの説明との対比で、統計的規則性と個人の自由意志に関するデュルケムの見解を見てゆく。デュルケムにとって統計データの恒常性は、「個人にとって外在的なある力」に由来している。だがこれは、あらゆる個人の行動があらかじめ決定されていることを意味しない。なぜなら「この外在的な力は、ある特定の主体を規定するというものではないからである。それは、決まった数のある行為を要求しこそすれ、決まった誰かがその行為をすることを要求するわけではない。ある者がこの力に抵抗し、この力がその他の者で満足するということはありうる」[Durkheim 1897 → 1960:368 = 1980:297]。つまり、自殺率は全体としての社会の状態を表し、社会的な力の作用によって毎年一定数の自殺が起こるのだが、特定の個人が自殺潮流に抵抗する可能性は残されている。統計データに表れるのは、個々の行為を逐一決定する個別の力の作用ではなく、社会に固有の特徴だけだからである。

ここでの両者の説明方法は、一見すると似たものに見える。だが、デュルケムは社会が有する力の固有性、個人からのその独立性を、個人にとって外的な力が個人へと作用し、ある行為が一定の割合でくりかえされる根拠とした。つまり、個人からいったん切り離された社会は、ふたたび社会↓個人というベクトルで力の通路を見出すのである。これに対してレクシスは、個々人の行為に関わる個別事情がきわめて多種多様かつ複雑であり、それを単一の原因によって説明することが不可能であるという前提から出発する。そして個別事象の多様性が統一的な説明を許さないからこそ、そこに大量現象のみに焦点を当てる統計学の存立の場があるとして、個人と社会の分離を一貫して維持している。

デュルケムは、自殺率の一定性に表現されるような社会的な力、集合的傾向を「宇宙的な諸力と同じくらい現実的な力である」[Durkheim 1897 → 1960:348＝ 1980:278]とした。これに対してレクシスは、力学的法則と統計的規則性とを厳密に区別し、後者においては個々の事情すべてを貫徹する統一的な法則を決定しえないがゆえに、大量現象のみを対象とする統計的推論が用いられると考えた（[Lexis 1874]）。デュルケムが個人のレベルと社会のレベルをいったん切り離すことで社会の固有性を強調すると同時に、社会から個人への強制力の根拠として統計的な規則性を捉えたのに対し、レクシスがたどった思考の道筋は、個人（個別事象）の多様性を前提とし、それを直接考察できないからこそ、社会（大量現象）のレベルを個人から徹底して切り離すべきであるというものだった。[18] この前提に立つと、社会から個人への強制力という発想は生まれてこない。それによってレクシスは、個人の自由意志と自己決定に基づく自由な行為の領域を確保したのである。

さらに、個別事象の多様性と全体としての大量現象の規則性との関係の再吟味は、データのばらつきや偏差への注目を促し、ここからレクシスは統計データの「分散」に関する理論を作り出した。これによって、統計的「規則性」とされていた数値の一定性が、本当に法則と呼ぶに値するものなのか、またそうでないとすると、どの程度規則的であると言えるのかを評価する指標がもたらされた。

レクシスは、ある試行系列データ（壺からの抽出結果であれ自殺や犯罪のデータであれ）の散らばりの程度＝分散の度合いが、一つの壺からの復元抽出において予想される分散の度合いよりも大きいか小さいかによってそれらを分類した。つまり、ベルヌイによって示された、組み合わせ論的確率が判明している場合に生じるはずの分散との比較を行うことで、当該系列の分散が、一つの壺からの抽出の場合のように、基礎になる一定の確率（壺の中の白玉と黒玉の比率に当たるものによって決定される）を有するかどうかを検討したのである。そして、実際の自殺データをもとに、自殺はその数に関しても自殺方法に関しても一定の確率を背後に想定できるような現象ではなく、したがってこの基準からすると自殺率は一定性、規則性を有しているとは言えないことを明らかにした。ある社会における自殺率は、白玉と黒玉とを異なった割合で含む多数の壺があり、そこから順番を決めずに玉を抽出し、しかも抽出後の玉の補充においても規則性が見られない場合のような現象であるとされた（[Lexis 1877]）。

レクシスは分散の度合いという指標を用いて、統計データに規則性を見出せるかどうかだけでなく、規則性の度合いを測定する尺度を示し、それを数値で表現する方法を確立した。それによって、数値の見かけ上の一定性や恒常性を「神の力」と見ることも、個人を外部から強制する「社会の力」と見ることもなく、分散を不均等にしている要素（たとえば死亡率曲線における乳幼児の死亡）だけを抜き出したり、時系列順に並べられた複数の統計データを分散のあり方の変化にしたがって区別するといった、統計データの分類や操作を確率数学を用いて行う方法を考案したのである。⑲

デュルケムにおける犯罪率・自殺率の一定性という認識は、先のレクシスの分類に当てはめると、社会統計を一つの壺からの復元抽出に等しいものと見ていることになる。ここでは、基礎となる確率は壺（社会）の中の白玉と黒玉の個数比によってあらかじめ決められている。この確率は、一個一個の玉の属性には（ケトレが考えるようには）還元しえないが、「社会」という壺全体にとっては本質的であり、そのため個人に外在的な強制力として作用するのである。

デュルケムは、社会の個人に対する外在性、集合体にに固有の傾向や実在性を主張し、社会的事実を事物《もの》のように扱うことを主張しつづけた。たしかに彼は、社会という「実体」を個人という別の実体にただ対置したのではなく、その社会観はつねに人と人との結合 association、関係、絆という、個と社会全体の「あいだ」への注目によって特徴づけられていた。だが、結合そのものが個人を超える力、「個人を超越した道徳力」［Durkheim 1898→1967:27＝1985:39］を生み出すという信念は揺るぎないものであった。この信念を支えた大きな柱として、大量観察による統計的規則性の発見という、この時代の統計学の所産が存在していたのである。

二　医学・生理学との関係

ここまで、社会的事実は事物《もの》として考察しうるというデュルケムの考えが、社会事象の統計的規則性と、そこから導出された、社会は固有の実在であるという命題によって根拠づけられていることを見てきた。ここで、統計数値の一定性や恒常性が社会の正常な状態＝規範的な状態の証と見なされたが、デュルケムが、社会的事実の特定の状態をなぜ規範的なものと考えることができたかについては、当時の医学・生理学における「正常と病理 le normal et le pathologique」についての思考という、統計学とは別の文脈を考慮に入れておく必要がある。デュルケムにとって、たとえば犯罪や自殺が過少でも過多でもないことが社会の健康な状態、望ましい状態でありえたのは、統計学における平均概念が、生理学における健康と病についての思考と結びつけられたからである。それによってデュルケムは、統計的規則性をめぐる数学的な問題に深く入りこむことなく、それとは別の道具立てを用いて、社会のある特定の状態が正常＝規範的であると考えることができたのである。

(1)　規範 norme の語とデュルケムによるその使用

一九世紀に、規範 norme に関わる語がさまざまな領域で用いられるようになったことは、カンギレーム『正常と病理』（1966）以来、たびたび指摘されている。一九世紀には、norme/normal 以外に normalité/normatif/ normalisation などのことばが生まれ、医学・統計学の他、教育学・犯罪学・精神医学および工業製品の規格化に関わる研究など、多くの領域で用いられるようになった（［Ewald 1992:202］［Hacking 1990:160ff＝1999:237ff］）。そこで、デュルケムにおける正常性と規範性との結合を見てゆく前に、norme という語そのものについて予備的な考察を加えておく。

カンギレームは、norme をその語源から次のように規定している。

「*norma* が直角定規を表わすラテン語であり、*normalis* が垂直を意味していることが分かると、多種多様な他の領域に持ちこまれた norme と normal という用語が持つ意味の起源の領域で、知らなければならないほぼすべてのことが分かる。あるnorme、すなわちある定規（規則）régleとは、まっすぐにしたり立てたり立て直したりするのに役立つものである」[Canguilhem 1966→1993:177=1987:221]。「ラテン語の*norma*は、語源学的に、normesとnormalという用語のもとの意味を担っており、これはギリシャ語の*ορθος*に等しい。orthographe（正書法）……、orthodoxie（正統性）、orthopédie（整形術）は、先駆的な規範概念である」［180f=226f］。

つまりnormeは、「あてがわれるべき正しい定規」という意味を語源的に担っていることになる。

そして、正常normalという語については、「正常という用語自体は、はじめは教育制度と衛生制度という二つの制度内の特殊な語彙であったが、そこから日常語に入りこみ、定着した。そして少なくともフランスでは、教育と衛生の分野での改革は、フランス革命という同じ一つの原因の影響下で同時に起こった。正常という用語は、一九世紀には、学校における模範や有機体の健康状態を指していた」［175=219］と述べている。

ハッキングはカンギレームの著作を参照しながら、normalという語について以下のように述べる。「ラテン語とギリシャ語における両者の一致から、normとorthoはたいへんな力を持つことになる。一方で、この語は記述的である。一本の線は直角orthogonalであったり垂直normalであったり（たとえば円の接線に直交するat right anglesなど）そうでなかったりしうる。これはその線の記述である。しかし直角right angles〔という表現〕の背景には、評価的な「right」が潜んでいる。ある角が直角であるというのは単なる事実であるが、それはまた「正しいright」角度、よい角度でもある。……したがって、normalという語は物事がどのような状態にあるかを言うために用いられるが、物事がどうあるべきかを言うためにも用いられるのである」[Hacking 1990:163=1999:241]。

つまりnormalという語は、現に存在している事物の状態の記述と、それを「正しい」とする価値評価との両方を同時に行う特殊な機能を持っていることになる。デュルケムは、このnormalの語の二重性、存在と当為の両方を一度に表現するという特性を、自らの学問的目的のために利用している。

『規準』第三章、「正常なものと病理的なものの区別に関する諸規準」の冒頭で、デュルケムは「科学、とりわけ人間の科学に帰せられる役割」[Durkheim 1895a→1986:47＝1978:121]について述べ、自らの立場を次のように規定している。まず科学の役割に関して、デュルケムは二つの立場に反対を表明する。一つは、「科学は全く同じ価値と同じ利益を持つ諸事実しか知らない。したがって、それらを観察し、説明するが、評価は下さない」[47:121]という立場である。デュルケムは、このように事実と価値、存在と当為を分離し、科学の対象を事実の記述に限定することが、逆に価値や当為に関しては感情、本能、生の力などを拠りどころとする「神秘主義」に陥るとする。二つめに、こうした神秘主義を避けようとして「観念論的方法」を取る立場がある。ここでは科学による事象の評価が目指されるが、「評価が下される唯一の手段は、現象を支配している何らかの観念へとそれらを関係づけることのように思われていた」[48f:123]。しかし、現象や事実をそれ自体として考察せず、頭の中で作られた一般的な観念へと帰してしまうことは科学的ではないとデュルケムは考える。

これらの立場に対して、彼は、現象そのもの、「事実そのものに内在する客観的基準を見出す」ことで、「科学がその固有の方法に全く忠実なままで、実践に導きの光を与える」[49:124]ことを求める。つまり、現象を主観を交えずに考察することが、人間にとっての規範を与え、事実の考察の内部から価値評価をもたらすと考えたのである。

ここでデュルケムは、価値評価を行う際の指標として「健康」を挙げる。そして、「科学によって定義されうるような健康の状態」[49:124]が明らかになれば、事実の観察に基づいた価値判断がなされるとする。健康状態は、「われわれのあらゆる実践的推論の基礎とされるべき規範」[49:125]となりうるのである。社会についての学としての社会学は、社会の健康状態と病気の状態とを事実の観察に基づいて明らかにし、それによって、人々の行動の指針、つまり行為規範を示すことをその任務とする。

デュルケムは、ここで言う社会の健康を社会の正常状態として捉えることで、社会的事実の中に規範性を見出すこと、社会の健康を、一状態の記述であると同時に正しい状態＝正常状態として評価することを目指した。これによって、社会学が現にあるものとあるべきものとを結びつけ、人間の行為・実践に客観的な指針を与えられると考えたのである。その際参照されたのが、当時の医学・生理学における健康と病についての考え方であった。デュルケムはこの思考を、前章で論じた統計学的な思考と結びつけていったのである。

(2) コント、ベルナールにおける正常と病理

一九世紀フランスの医学において、正常なものと病理的なものとの関係をどう捉えるかは、健康と病を定義するための基礎となっていた。当時の医学では、生理学と病理学の質的な区別が取り払われるという変化が生じていた。解剖学の発達により、病はある人が全体として罹るものではなく、特定の器官あるいは組織へと限定されるようになってきた。それと同時に、「正常と病理の関係についての一つの理論が形成された。それによると、生きた有機体においては、病理的現象とは対応する生理的現象からのある程度の量的な変異以外の何ものでもない。意味論的に言うと、病理的なものとは、正常なものから見て *a*〔欠如・否定・喪失〕や *dys*〔困難・欠陥〕よりも、むしろ *hyper*〔過度・過多・過剰〕や *hypo*〔過少・不足〕によって示されるようなものとなった」[Canguilhem 1966→1993:14=1987:17]。

カンギレームは、正常と病理とを質的な違いではなく量的な差異として捉えるこの思考を、主にコント

Auguste Comte（1798-1857）およびベルナール Claude Bernard（1813-1878）を例に説明している。

コントは『実証哲学講義』第四〇講「生物学的科学の総体についての哲学的考察」において、正常と病理についてのこの思考方法をブルセ François-Joseph-Victor Broussais（1772-1838）に帰し、次のように述べている。

「病理的状態は、根源的には生理的状態と少しも異ならない。この観点からすると、ある面では、病理的状態は正常な有機体のそれぞれの現象に固有の変異の限界（上限であれ下限であれ）をある程度拡張しただけで、その単なる延長上にある。病理的状態が、本当に新しい現象、つまり純粋に生理学に属する類似のものをある程度持つことのないような現象を、生み出すことはありえない[20]」[Comte 1838→1893:261]。

彼はさらに、この原理を社会有機体の考察にも拡張する。

「この原理は、生物学的な問題に対する直接の有効性に加えて、実証的教育の一般的な体系の中で、究極の科学〔社会体に関する科学〕に対して生物学と類似の手続きを取るための好ましい論理的な準備となるはずである。というのは、集団という有機体はきわめて複雑であるため、個々の有機体よりもさらに、重大で多様な障害をしばしば有しているからである。私は、ブルセの原理を社会有機体にまで拡張すべきだと断言してはばからない。そして実際に、私は社会学的法則を確かめ、あるいは完成するためにしばしばこの原理を適用してきた[21]」[Comte 1851-54: Ⅰ-652f]。

のちに述べるデュルケムの所説との対比のため、正常なものと病理的なものとの相違を量的な差異として捉えようとするこの発想を、コントおよびベルナールの生命観との関連で理解しておく必要がある。コントは言う。

「生命の概念はつねに、欠くことのできない二要素の必然的な相関関係を想定している。すなわち、しかるべき有機体としかるべき環境 milieu との相関関係である」[Comte 1838→1893:234f]。そして、この相関関係を発見し記述することによって、「生命現象が……〔自然を支配する〕一般法則にしたがっており、単にその法則が形を変えたものにすぎない」[212] ことが明らかにされる。つまり、生命をそれを取り巻く環境との関係で捉えれば、生命現象が自然法則（物理化学現象と同じ法則）にしたがっていることが示され、それによって生命に関する学問が実証的な「科学」になると主張されているのである。

ベルナールにおいてはこのことは、彼の方法論の中心となるデテルミニスム déterminisme という用語で説明されている。「それぞれの生命現象はすべての自然現象と同様に、物理化学的条件によってつねに決定されているというのが、デテルミニスムの原理である」。そして、「すべての自然科学においてデテルミニスムは根本である」ので、その原理を「生命現象にまで拡張しなければならない」[Bernard 1878=1989:47f]。このことは、一方で「生命力」や「生気」といった生命体に秘められた特別な力によって生命を捉える「生気論」の批判を、他方で生命を機械のように捉える（ベルナールの用語では「唯物論的に」捉える）ことの批判を意図している。「我々は生気論者と一線を画する。というのも、いかなる名称をつけようともいわゆる生命力は、それ自体では何もなしえず、自然の一般的力という手助けを得てはじめて活動しうるのであり、この一般的力なしには自己の存在を示すことができないからである。

同様に唯物論者とも一線を画する。生命発現は物理化学的条件の影響に直接さらされるとはいえ、生物が示す特殊な秩序体系に諸現象を統御していくことは、この〔物理化学的〕条件には不可能だからである」[Bernard 1878=1989:42 強調原文]。そして、生命発現が物理化学法則にしたがいながらも「特殊な秩序体系」から成ることを示すために、生命をその内部環境 milieu intérieur および外部環境との関係において捉えようとする。ベルナールは、生命体がその内部に有する環境を意味する「内部環境」という概念を用いることで、生命体の外界への依存と独立性という見かけ上の二律背反が、実は生命体が物理化学法則にしたがっていることの証左であるとするコントの考え（[Comte 1838→1893:226ff]）を、明確にかつ一貫した論理によって説明しようとした[22]。

このように、生命の科学に物理化学的な一般法則を適用すると同時に、生物をその環境との連関、相互作用において捉えようとするベルナールの立場は、正常と病理とを質的に断絶させず、量に還元することで連続的に捉えることの要請へとつながってゆく。

まず、生命科学への物理化学法則の適用は、正常と病理とに共通の尺度を当てはめ、両者の差異を量に還元することによってはじめて可能となる。「最終的にはデテルミニスムの公準は、生理的なものと病理的なものの本質的な同一性〔という思考〕に内包されている、質の量への還元という帰結をもたらす。たとえば、健康な人と糖尿病患者との違いを、内部環境〔体内〕のブドウ糖含有量の違いに還元すること、誰が糖尿病で誰が糖尿病でないかを見分けるという医療行為を、単なる量的なレベルの差異と見なされた腎臓の限界値によって行うことなどは、自然科学の精神にしたがうことである。自然科学は、その基底に法則を有している現象を、共通の尺度に還元することによってのみ説明するからである」[Canguilhem 1966→1993:66=1987:89]。

また、生物をその環境との関係、相互作用において捉えるという生命科学の目的は、生理学と病理学が相互に補い合うことではじめて可能になる。「この〔ブルセの〕原理の必然的な結果として、生理学的状態についての正確で理にかなった観念は、おそらくしっかりした病理学理論にとって不可欠の出発点となるであろう。逆に、同じくらい明らかなことだが、病理学的現象を科学的に検討することは、もっぱら正常状態に関わる研究を完成するための手だてとして最適なのである」[Comte 1838→1893:261f]。生物が周囲の環境（および内部環境）とどのような関係を持っているのか、つまり生命現象が正常状態を保つための条件とその限界がどこにあるかを知るためには、病理的状態にある生物を観察し、また実験によって病理的状態を作り出すことが役立つ。逆に、何をもって病理的状態とするかを定めるには、まず正常状態における生物と環境との関係を明らかにしておかねばならない。ここから、生物の生存条件を知り生命科学を確立するためには、正常と病理を同質のものの量的変異として捉え、相互に比較可能にすることが必要なのである。

このように、コントおよびベルナールにおいて、質を量へと還元し、生理学と病理学を一つの説明原理の下に捉えようとすることは、物理化学的な法則を生命体にも適用し、また生命を環境との連関で捉えることにより、生命を扱う学問を科学として成立させようとする意図と結びついていた。

デュルケムは、正常と病理の区別を量的な差異へと還元するこの思考を受けとりつつも、それを物理学や化学ではなく統計学的な思考と結びつけてゆく。他方で、生命体をその環境との相関関係によって捉えるという方法は、正常と病理の量的、すなわち（デュルケムにとっては）統計的な把握とはいったん切り離され、統計的方法によって得られた正常状態が真に正常と言えるかどうかを別の方法で検証するための手段として用いられる。このデュルケムに独特の生理学的思考と統計学的思考の結びつきを、次に検討してゆく。

(3)　デュルケムによる統計学と生理学の社会学における統合

コントとベルナールは、質を量に還元し、数値化することで、医学・生物学を科学として成立させることを目指した。しかし彼らにとって、このことは統計データを援用することには結びつかず、むしろ生命の科学が厳密な意味での科学となるために、統計学という「雑多な事実の寄せ集め」に頼ることは拒絶された。

コントは医学に統計を用いることも、また社会科学に統計を用いることも拒絶した。彼は統計学的規則性には何ら法則と呼べるものを見出せないと考え、現状では科学にふさわしい方法ではないと判断していた（[Porter 1986:155ff=1995:180ff]）。ベルナールも医学における統計の利用には否定的であった。「統計学は確率 *probabilité* を与えることができるのみで、確実性を与えることは決してない。……統計学から引き出された結果がなぜ法則と呼ばれるのか私には理解できない。科学法則というのは、私にとっては、確実性と絶対的デテルミニスムにのみ立脚しうるもので、確率に立脚しうるものではないからだ」[Bernard 1865:239=1970:222 強調原文]。「大数の法則と呼ばれるものは、医学者にとっては何の価値もない。ある大数学者の表現を借りれば、その法則は一般的にはつねに正しいが、個々のものにとってはつねに誤っている。すなわち、大数法則は〔医学にとって重要な〕個々の事例については何も教えてはくれないということだ㉓」[242f=225]。

またベルナールは、平均の使用についても、「生理学や医学に諸種の平均を用いることは、しばしば結果として表れる平均値に虚偽の正確さを付与し、現象の生物学的性格を破壊してしまう」[235=219 強調原文] として批判している。

これに対してデュルケムは、正常と病理の量的な把握を統計学的認識と結びつけてゆく。このことを示すために、ふたたびデュルケムの犯罪率・自殺率や出生率に関する議論を見てゆく。

「自殺と出生率」（1888）の中ですでに、デュルケムは以下のように述べている。「実際、出生率が社会的事実であること、すなわち生ける事実であることを忘れてはならない。そもそも、有機体の属性の中で無限定かつ絶対的によいものは存在しない。あらゆる生物の発育は、ある決まった点から点への範囲内にある場合に健康だと言える。生命現象には、ここからここまでは正常でそこから先は病理的となるような範囲がある。このことが出生率にも当てはまる」[Durkheim 1888 → 1975:232=1990:180]。

また『規準』においても、「正常な場合とは、ある犯罪がそれぞれの社会類型に応じて一定の水準に達していて、しかもそれを超えていないときのみである」［Durkheim 1895a → 1986:66＝1978:151f］と述べている。「何ごとも、無限定で度を超しているのはよくない」［70＝158］という「中庸」を評価する道徳哲学を、デュルケムは正常と病理を同一のものの量的な差異と見る学説に訴えることで正当化し、そこからある一定の範囲内に収まること→正常→健康→社会の望ましい状態という価値評価を行う。ここで、前節で取り上げた自殺率・犯罪率等の一定性の評価が、正常を過少でも過多でもない状態と見なす学説と結びつけられている。

では、正常の範囲は何をもって決定されるのか。その尺度はいかにして与えられるのか。デュルケムは、第一に統計的に得られる平均を、第二に社会生活の一般的条件との関連の有無を挙げる。これらが、正常なものと病理的なものを区別する規準となるのである。

「1°　ある社会的事実は、対応する進化の段階におけるある種に属する諸社会の平均の中に生じるとき、社会発達の特定段階にある特定の社会類型にとって正常である。

2°　現象の一般性が、その社会類型における集合生活の一般的な条件に結びついていることを明らかにできれば、前記の方法による結果を検証することができる」［64＝148 強調原文］。

まず1°に関してデュルケムは、社会学的現象における平均は、「あらゆる生物学的現象と……同様に」［55＝133］、種 espèce（社会種）における一般的な存在を意味していると考える。「最も一般的な形態を示す諸事実を正常であると呼ぼう。そして、もう一方の〔例外的で少数にしか見られない〕諸事実には病態的あるいは病理的という名を与えよう。もし、ある種の中で最もしばしば見られる形態のもとに最もしばしば現れる諸特徴を、一つの全体のうちに、また一種の抽象的な個体のうちにまとめあげて構成する図式的な存在を平均類型と名づけるなら、正常類型と平均類型とは混じり合い、健康のこの基準から隔たっているものはすべて、病態的現象であると言えるだろう」[24] [56＝134]。

デュルケムはここで、正常状態＝過少でも過多でもない状態を、ある社会種に属する個々の社会の平均として捉えている。[25] たとえば、ヨーロッパ諸国における平均的な犯罪率、平均的な自殺率、平均的な出生率などが、その社会種に属する社会の正常性の基準となる。[26] ここで平均は、種において最もしばしば現れるもの、つまり一般的な特徴を示していると考えられている。そしてこの一般性自体が、一般的でない状態（たとえば著しく種の平均と離れた自殺率を有している状態）と比べた、その状態の「優越性の証し」[58＝139]であり、健康な状態の証拠とされる。

この、平均すなわち一般性の重視と、すでに述べた、ある社会における自殺率・犯罪率の一定性の重視とを照らし合わせてみると、デュルケムが正常と病理についての学説を統計学的な発想に基づいて解釈していることが分かる。過少でも過多でもない正常状態とは、まず、ある社会を同じ種に属する別の社会と比較した場合に、それらの社会における平均からの偏差が大きくない状態であり、また、一社会における通時的な比較においては、一定性と恒常性が保たれている状態を指す。デュルケムは、複数の社会の比較においても単一の社会の時系列比較においても、統計データの分布が中心（すなわち平均）付近に集まっている状態を正常状態と見なし、これを正常とは過少でも過多でもない状態であるという生理学の考え方と結びつけることで、正常＝健康＝望ましい状態＝実践の規範となるべき状態として捉えている。

だが、これだけではある社会の正常＝健康の基準としては十分ではない。というのは、「種全体が進化の途上にあり、まだ新しい形態の下にしっかりと固定化されていない過渡期」[60＝142]には、平均は必ずしも正常状態の指標とはならないからである。この点はとくに、ヨーロッパ諸国における自殺の激増が正常か病理的かを判断しようとする『自殺論』において重要なものとなる。デュルケムは当時のヨーロッパ諸社会を進化の途上にあると見ていたため、自殺の激増が「文明の代償」［Durkheim 1897→1960:420=1980:348］であるか否か、つまり文明社会にとって正常であるか否かは、それらの国々における自殺率の平均を取ることによっては明らかにされえないと考えた。そこで第二の規準（2°）が適用されることになる。

「現象の正常性は、もっぱら、それが当の種の生存条件に結びついていることによって、たとえば生存条件の明らかに必然的な結果であったり、有機体がそうした条件に適応するための手段であったりすることによって、説明されるであろう」［Durkheim 1895a→1986:60=1978:141］。このことは、ある現象が正常であるか否かを「その社会の構造」［62=145］との関連で判断することを意味する。それによって、たとえば自殺や犯罪といった一見すると害悪＝病でしかないような現象も、社会にとって、その「生命の必要不可欠な条件である」［Durkheim 1897→1960:415=1980:342 強調原文］かぎりにおいて、正常現象であることが明らかになる。他方でこの規準は、たとえば当時のヨーロッパ諸国における自殺の激増が、その社会の生存条件に結びついていないという判断をもとに、それを病理的で異常な現象と見なすことを可能にする。この第二の規準によって、統計的に示された平均や一定性が正常状態を表しているかどうかが検証される。ここでデュルケムは、コントやベルナールの、生命体をその生存条件との関連で捉えるという方法を、社会に対して適用している。しかし、それを正常と病理についての量的な把握とは切り離し、中程度の量＝平均＝一定性によって正常とされる状態が真に正常状態であるかどうかを、別のしかたで検証するための手段とするのである。

デュルケムは医学・生理学から、第一に、正常と病理の違いを量的な差異に還元し正常と健康とを同一視する、第二に、生命体を生存条件との関連で捉えることでその正常状態と病理的状態とを示すという、二つの思想を借り受けた。[27] それによって、統計学的認識に基づいて「社会的事実を事物《もの》のように扱う」ことと、社会をその結合associationのあり方、社会構造によって捉えるという、デュルケムにとって社会認識の根本となる二つのテーゼを、社会学すなわち社会の正常と病理を診断するための学問において統合しようとしたのである。

おわりに

以上のようにデュルケムは、一方で統計数値の一定性や統計データの平均値を正常、つまり過少でも過多でもない状態という生理学的思考と結びつけ、そこから平均や一定性を正常＝健康＝規範的状態として解釈した。さらに、社会現象の正常性を社会構造や社会の結合形態との関連で捉えるために、生命体の正常と病理をその環境や生存条件との関連で捉える方法を社会学に応用しようとした。彼は、物理化学法則を生命現象に適用することで生命の科学を真に「科学」の地位に高めようとした、コントやベルナールとは異なる目的と方法を持っていた。[28] デュルケムの目的は、個人に還元しえない社会が実在し、そこに何らかの規範性が存在することの証明にあった。その証明の手段として、統計学における大数法則や平均概念を、医学・生理学における正常と病理の量的な把握と結びつけて利用し、また、生命現象をその環境との関係、相互作用において捉える学説を、社会という生命体にも適用しようとした。それによって、社会が固有の実在であることだけでなく、社会のどのような状態が正常すなわち規範的で、どのような状態が異常で病理的なのかを、「客観的な事実の観察に基づいて」示すことができると考えた。

事実の観察が規範的な言明を可能にする、その意味で科学は実践に指針を与え、何をなすべきかを人に教えることができるという、デュルケムの学問と道徳との関連づけは、安定性・恒常性、平均＝中庸 la moyenne こそが正常なもの、健康なものであるという、統計学と医学・生理学から借り受けた発想を、社会学の方法的規準として適用することで可能となったのである。

こうしたデュルケムの方法は、現存する社会を規範の根拠とし、社会の特定の状態であると同時にあるべき状態としての正常状態を規範的状態とすることで、その社会のうちに生きる個人に規範を「外から」強いることをもたらした。

一七世紀に確率の数学が、ヨーロッパの小さな知的サークルの中で書簡の形ではじまったとき、確率は「賭け＝ギャンブル」と結びついていた。そこでは、不確実な未来に対して個人が賭けを行うという、信念や期待にもとづく未来への投企が問題となっていた。だからこそ、パスカルはこの世にあと一時間いられるかどうかが分からないという不確実性の意識に基づいて、神の存在に賭けるべきことを確率の数学を用いて示そうとしたのである（『パンセ』断章二三三〜二四二）。賭けに確率計算を用いることは、予測しえない未来に対して、人間の理性が届きうる範囲と限界を数値で示すことを意味した。ここで人は、確率によって示された知りうることの限界を前提として、ゼロか一かの判断、つまり神の存在に賭けるか否かの判断を下すことを強いられる。

一九世紀には、統計データを収集し、分析・解釈するために、信念に関わる確率（主観確率）よりも頻度論が重視され、それまで偶然にゆだねられていた事柄に「秩序」「法則性」「確実性」を見出そうとする努力がなされた。[29] それによって確率の数学は、未来の不確実性と不確かさを前提とした個人の賭けに関わるものではなくなり、むしろ、社会をその未来を含めて統制し制御するために用いられるようになる。確率計算は、一見すると不確実で偶然的な事象の中に秩序と安定性を発見するための道具となり、賭けよりは保険に、個人が期待と損失の度合いを知ることよりは社会の成員が安全性を確保することに役立つものとなる。デュルケムはこの世紀の終わりに、統計的規則性を秩序と社会規範の源泉として解釈することを徹底して行った人物であった。

(1)　たとえば、［宮島 1977: 第一章第一節］［折原 1965］を参照。

(2)　なかでも、『宗教生活の原初形態』(1912) において展開された、集合表象論、あるいはカテゴリーの社会性に関する思想は、本章の考察から除外する。デュルケムはこの著書で、原始宗教における「儀礼」に着目し、社会をその「結合 association」様式という観点から捉えている。そして、結合行為の反復・くりかえしに表象や認識の成立根拠を見ようとしている。このことは、彼が規範の根拠を社会の内部に、社会の存在自体に求めるためのもう一つの思想的拠り所となっていると思われる。

(3)　最近のデュルケム研究のうち、本章のテーマと関連するものを挙げておく。まず、フランスではグローバル化や移民問題との関係で、既存の福祉国家の限界が指摘されている。この文脈で、二〇世紀福祉国家の思想的基礎を据えたデュルケムら「社会連帯主義」思想の読み直しが行われている（［Donzelot 1984, 1991］［Rosanvallon 1981, 1995］）。また、このテーマとの関連で、デュルケムの時代の norme 概念の変容について考察した文献もある（［Ewald 1986:Livre Ⅱ-chap.1］）。

(4)　デュルケムは一八九二～九三年と一八九三～九四年に、ボルドー大学で犯罪社会学の講義を行っている（［Lukes 1973 → 1985:617-618］）。この講義の過程で、犯罪が社会全体のレベルでは正常現象であることを明確に認識するに至ったと考えられる（［Durkheim 1895b → 1975:173=1990:124］［Hacking 1990:173f=1999:256f］）。

(5)　ロンブローゾと犯罪学イタリア学派に関しては、［Darmon 1989］を参照。また、ロンブローゾ自身を含むイタリア学派が、犯罪原因を徐々に社会環境に求めるようになっていったことは、たとえば［Lombroso 1906］［Ferri 1905］などに明らかである。

(6)　ベルティヨンの人体測定法とゴルトンの指紋分析については、［渡辺 1995, 2003］を参照。ゴルトンとデュルケムの統計学の相違については、第三章で検討する。

(7) ケトレやデュルケムの時代には、結婚、犯罪、自殺、選挙における投票行動など、人間の意志や行為に関わる事柄の統計は、とくに「道徳統計」と呼ばれていた。

(8) ケトレは、天体観測に適用される誤差法則 loi de l'erreur を、個人および集団の身長や胸囲などの人体の計測にも適用しうると主張した。彼は一八四四年の論文［Quetelet 1844］で、天体の位置の計測における測定誤差を割り出すために用いられてきた指数関数が、人間社会の現実の中に見出される法則を表現していることを、身長や胸囲などの人体の計測にもとづいて示している。この指数関数は、

$$\frac{1}{\sqrt{2\pi}}e^{-\frac{x^2}{2}} \qquad e\text{は自然対数}$$

という式で表わされ、ド・モアブル、ラプラス、ガウスをへて、天体の測定誤差を調べるために利用されるようになった（標準正規分布の確率密度関数として知られている）。ケトレ以前にフーリエも、誤差法則の社会現象への適用を示唆している（cf.［Porter 1986:93-100=1995:111-117］）。つまりケトレは、特定の時点における惑星の位置といった対象の「観測誤差」と、多くの兵士の胸囲の数値のばらつきといった現実に存在する「変異」が、同一の法則に服する（現在「正規分布」と呼ばれる分布を示す）ことを主張したのである。ここからケトレは、変異を誤差と同一視し、大量の測定データから得られる正規分布の中心を「真の」値（天体の真の位置に当たる）として、この数値で表される架空の人間像、つまり平均人を理想化するに至った。本書第三章二を参照。

(9)［折原 1981］は、この部分を以下のように説明している。「たとえば、フランス人の平均身長、平均寿命、平均知能指数、平均的気質など、諸特徴の平均値を結合して一つの全体にまとめあげれば、フランス人の「平均タイプ」がえられることになる」［下 70］。

(10) デュルケムは、ここでのケトレ批判の着想を、ワグナー、ドロービッシュ、マイア、エッティンゲンなどのドイツ歴史学派の統計学者の著作から得ている（［Durkheim 1897→1960:337=1980:267］）。彼らについては次節で扱う。

（11）ケトレが、すべての人間が個人として持つ身体的な数値と、「社会の根本性質を取り扱うべきであって、個人の性質および運命を取り扱うものではない」社会統計とを同一視したことを、クナップは「人類学」（人間の身体の計測と類型化に関わる学問のこと）と社会統計との「人為的結合」であると批判している（[Knapp 1872=1942:281ff]）。

（12）デュルケムにおける原子論的社会観の批判について、[宮島 1977] は以下のように述べている。「一九世紀後半に実証主義のおちいっていた一つの悪しき傾向は、自然主義的な還元主義である。これに関しては、イッポリット・テーヌの名が想起されるが、かれの有名な原理、『すべての複雑な与件は、これを規定している他のより単純な与件の合成から生じる』……は、人間の高度な精神生活やその所産も究極的には単純な心理的・生理的法則や物理・化学的法則に還元して説明しうるとする。デュルケムは、こうした還元主義の否定においてこそ、社会的なものの心理的なものからの区別が可能となり、その固有性が明確化され、同時に社会学を自律的なディシプリンとして定礎することができると考えた」[51]。

（13）このことは、デュルケムの社会統計の扱い方を他の統計学者と比較する場合に、必ずしも明確にされていない。たとえばハッキングは、デュルケムにおける正常＝道徳的なものと、ゴルトンにおける正常＝凡庸なものとを比較する際、社会全体についてのみ語っているデュルケムと、個人の評価を問題にするゴルトンとの差異を明確にしていない（[Hacking 1990:chap.20]）。[Oberschall 1987:118] におけるケトレとデュルケムの相違点の指摘にも同じことが言える。

（14）[Porter 1987] を参照。ただしそれ以前から、数字とそこから抽出される規則性に基礎を置くケトレ統計学は、ドイツにおける国情学の伝統を揺さぶるものとして、統計学の科学としての根拠と領域画定に関する議論を引き起こしていた（cf. [Knies 1850]）。なお、『人間に就いて』は一八三八年、『社会体制論』は一八五六年にすでに独訳が出版されている（cf. [足利 1966:79ff]）。

（15）デュルケムは一八八五～八六年にドイツに留学しており、また『自殺論』には、この論争に火をつけたワグナー『一見恣意的に見える人間行為における合法則性』（1864）をはじめ、エッティンゲン『道徳統計学』（1882）、マイア『社会生活における合法則性』（1877）『自殺統計』（1895）、ドロービッシュ『道徳統計と人間の意志自由』（1867）などが引かれている。したがって、デュルケム自身この論争をよく知っていたはずである。

(16) この論争の経緯については、[Porter 1986,1987] [Hacking 1987] [足利 1966] を参照。

(17) ここでレクシスが取っている、一つ一つの粒子の力学的法則にしたがった動きが観察不可能な場合の、マクロなレベルで生じる結果についての統計的な推測という発想は、熱力学の分野でマクスウェルやボルツマンが個々の気体分子の複雑な運動を観測できない場合の法則を統計的に考えるようになったのとよく似ている。これについては、[Porter 1986:chap.5,7] を参照。

(18) 両者の見解の相違の背景には、因果性の理解の相違があると考えられる。デュルケムの、社会が個人に対して有する強制力という考え方、犯罪や自殺の原因を社会に求めてゆく方法は、社会事象における因果についての彼の考え方と密接な関係を有している。『規準』第六章で展開された因果論は、J.S.ミルの帰納論理を自身の社会学的方法に適合するように解釈がえしたものと言える。帰納論理は確率に関わる論理であり、デュルケムの確率・統計理解を知るうえで検討に付されるべき主題であるが、ここではこれ以上立ち入らない。

(19) レクシスの分散と、ゴルトン－ピアソンの相関・回帰は、現代の数理統計学の基本的手法となっている。こうした統計手法は、遺伝学において優生学的発想と結びつき、また偏差値やIQテストに用いられることで、デュルケムの場合とは異なる統計学的「正常性＝規範性」を生み出したと考えられる。この問題については、『確率革命』の「訳者あとがき」四〇一頁に挙げられた諸文献、および本書の第四、第六章を参照。

(20) コントはこの原理を、主にブルセの『刺戟興奮と狂気について』(1828) から学んだとされる ([Canguilhem 1966])。コントがブルセ一人の「天才」に帰した ([Comte 1926 =1931:348]) この原理は、実際にはブラウン、ビシャ、ピネルにまでさかのぼりうる ([Hacking 1990:244f Note. 21＝1999:250 註(21)])。

(21) ただし、コントは『実証政治体系』においては、一方で生命体と社会体との差異を強調している (cf. [Comte 1851-1854: Ⅱ-304])。

(22) ベルナールの内部環境概念に関しては、[Bernard 1865:127-132＝1970:126-130] [小松 1989:xxxiff] を参照。

(23) コント、ベルナールが統計学の利用に反対したのは、裏を返せば、医学や社会科学に統計学を積極的に用いようとする人々が存在したことを意味する。当時、社会統計はコンドルセ、ラプラス、ポアソンによって、医学統計はルイ、ラディケ、ファーによって研究が進められていた。コンドルセ、ラプラス、ポアソンについては [Hacking

1990:chap.11］を、ルイについては［Porter 1986＝1995:182-184］［Hacking 1990:84＝1999:120］を、ラディケについては［Coleman 1987］を、ファーについては［Lécuyer 1987:322-328＝1991:238-246］を参照。

(24) また、『分業論』第一版序論には、以下のようにある。「ある道徳的事実が一定の社会類型にとって正常であるのは、その事実が、この種の諸社会の平均において見られる場合であり、それと反対の場合には病理的である」［Durkheim 1893＝1971:421］。

(25) デュルケムは、「社会種 espèce sociale」という概念を、生物学における生物種との類比で、諸社会を分類し、類型化するために使用している。ある社会は、それがどのような結合様式にしたがって構成されているかによって、各社会種に分類される。この分類の規準に関しては、『規準』第四章を参照。

(26) ただし、前節で見たケトレの平均人批判を展開している『自殺論』では、平均を規準として正常と病理を区別するという方法はとられていない。また、註(24)で引用した部分は『分業論』第二版以降は削除されている。

(27) デュルケムの中でこの二つの思想がどのように結びついていたかは、必ずしも明らかではない。少なくとも『規準』においては、ともに医学・生理学という学問領域から借り受けた発想であることから、正常と病理の量的把握と生存条件説とを医学的メタファーによって結びつけているのみで、両者の論理的な結びつきは示されていない。

(28) デュルケムは、こうした一九世紀実証主義の物理化学主義的傾向を「還元主義」として批判し、社会学は社会の固有性を独自の方法で明らかにすべきであると考えていた（註(12)参照）。

(29) 確率を信念に関わるものとして考える流れは、ベイズ、ラプラスをへて二〇世紀まで、論理学と経済数学の世界で生きつづけ、近年では決定理論 decision theory を通じて社会科学の中心テーマの一つとなっている。なかでも重要な文献として、［Ramsey 1990］、とくにその第四章に含まれる諸論文を参照。なお、信念の度合いを示すための純粋に数学的な確率計算が、経験（実際の試行）と無関係に行われうるかどうか、両者に関係があるとすればいかなるものであるのかは、一七世紀以来問題となりつづけている。これについては［Hacking 1975］、とくにその第八・九章を参照。

* 統計学古典選集の各巻からの引用は、漢字を新字体に、かなづかいも現代かなづかいに改めた。

第三章　断片化される社会——ポスト福祉国家と保険

はじめに

イアン・ハッキングは、『偶然を飼いならす』の中で次のように書いている。

デュルケムはケトレを論駁し、ケトレを乗り越えたとしばしば言われる。だがこれはまちがいである。いくら厳しい批判を浴びせても、彼は結局ケトレの枠内にとどまった（ゴルトンはケトレを本当に乗り越えていたので、ケトレに対して辛辣になる必要が全くなかった）［Hacking 1990:178＝1999:262］。

ケトレ（1796-1874）、デュルケム（1858-1917）、ゴルトン（1822-1911）。彼らは社会統計学の黎明期にそれを作り出し、発展させ、普及を促した代表的な人物である。だがハッキングは、年代順の「統計学発展史」とは異なった観点から、ケトレ‐デュルケムとゴルトンとの間に截然と線を引く。ケトレ‐デュルケムとゴルトンは、正規分布という同じ曲線を違ったしかたで捉え、統計分布に関する全く異なる解釈、意味づけを行ったと言うのである。そして、後の歴史から見るとゴルトンは「成功者」となったのに対し、デュルケムはそうではないと指摘する。ハッキングにとってゴルトンが成功者であるのは、彼が編み出した統計的技法が、たとえば現在のＩＱテストにおけるような「偏差の法則」の利用法の源泉となったからである。

本章では、ケトレ‐デュルケムとゴルトンのこうした線引きを導きの糸としつつも、ハッキングとは別の角度から両者の対比を試みる。そして、ケトレ‐デュルケムにおけるような、「社会の天文学的概念化」（クナップ）によって理念的に支えられてきた「福祉国家」が現在変貌しつつあることを、保険の領域に登場した新しい商品を例に説明する。

一　社会的リスク

ケトレによる平均人の発見、デュルケムによる社会の正常状態の発見が、福祉国家形成の重要な思想的・技術的基盤となったことについては、すでに多くの研究がある。なかでも、社会保障制度における「リスク」という概念の重要性に着目し、「リスクの社会化」が福祉国家成立の鍵となったことを明らかにした著作として、フランソワ・エワルド『福祉国家』［Ewald 1986］がある。エワルドは、フランスで社会保険が整備されるきっかけとなった労働災害 accident du travail という事例を取り上げ、そこで「事故」の把握のしかたが変化したことが、法思想にはかり知れない影響を与えたと論じている。

エワルドは、「労災保険 assurence accidents du travail」という仕組みは、事故が起こった際の責任の所在について一八〇度の思考の転換があってはじめて作られたと主張する。かつては、事故が起これぱその責任は当事者、すなわち事故を直接引き起こした人間に帰せられていた。どんなに危険な作業に携わる場合でも、事故が起これば当人に帰責される。それを避けるためには、誰に責任があるかを雇用主との間の裁判で争うしかない。つまり、責任主体としての個人―個別の事故に関わる因果（事故の原因と結果の連鎖）―過失に対する帰責という図式で、労働事故が理解され、処理されていたのである。[1]

しかし、一九世紀の裁判闘争や労使紛争を通じて、事故を当事者の過失ではなく、特定の仕事や作業に内在するリスク（職業的リスク）として捉えようとする機運が生まれる。事故という現実に対処する際、「誰が責任の主体なのか」を問うのではなく、職業や仕事の場ごとに存在する固有のリスクに対して、関係する人々がその負担を分け合うべきだという考え方が出てきたのである。ここでは、事故の際に補償を行うべきなのは当事者ではなく、その業務を必要とする雇用主であり、また分業化された社会においてその仕事を何らかの意味で必要とするすべての社会構成員である。ここから、「個人の責任」とは別種の「社会のリスク」という思想が生まれてくる。社会のリスクは、誰であっても特定の個人の過失や責任に転嫁されることはない。それは社会、つまり人が多数集まってさまざまな相互行為によって生を営む場そのものに内在する、固有の「社会的リアリティ」なのである。[2]この社会的リアリティは、個人や個別の因果性（たとえば個々の事故における直接の原因‐結果の連鎖）とは別種の、集合体にのみ属する対象を、人々が意味あるものとして知覚してはじめて成立する。事故が起こる「リスク」という発想は、現在では当たり前になってしまっている。しかし、実際にあるときある場所で起こった個別の事故以外に、社会が内包する可能性として事故の「リスク」が存在するというのは、少なくとも一九世紀初頭にはなじみの薄い考え方であった。たとえば、自動車工場の特定の組立工程作業場において、日本全国の作業場を調査した場合に特定の事故率の数値が得られるとする。その数値に意味を見出すためには、所在地も構成員も個々の機械の配置もそれぞれ異なる作業場について、それらの差異を捨象して事故を集計することに意味があるとされなければならない。それはちょうど、全く違った人生を歩み全く違った理由で自殺をする多くの人たちから、社会の「自殺率」をはじき出すことに意味を見出すのに等しい。

二　社会に固有のリアリティ

こうした、「個別事例の差異を超える何らかの実体」として、統計データおよびそこから得られる確率が有意味とされるようになるには、さまざまな思想的支柱が必要であった。なかでも重要な役割を果たしたのは、誤差法則の社会事象への適用である。そして、この試みを本格的に行った最初の人物が、ベルギーの天文学者かつ社会統計学者、アドルフ・ケトレであった。誤差法則とは、天文学における天体の観測誤差に関わる法則である。これは一八世紀末にラプラス、ガウスらによって発展させられたもので、観測値の誤差が、壷からの復元抽出やコイン投げの大量回試行によって見出された分布（二項分布の極限としての正規分布）にしたがうというものである。つまり、コイン投げのようなチャンスゲームをくりかえし行った場合に出現する、釣り鐘型の曲線（ベル・カーブあるいは正規曲線）が、天体の観測結果という全く別の領域に適用されたということである。そして、天体観測を通じてこの法則に親しんでいたケトレは、これをさらに別の驚くべき領域へと移入した[3]。

ケトレが取り上げたのは、五七三八人のスコットランド兵士の胸囲の分布であった。彼は、兵士の胸囲といった人間集団に関わる測定値もまた、天体観測やコイン投げと同じく誤差曲線（正規曲線）を形づくると主張したのである（[Quetelet 1844]）。ここでのケトレによる誤差法則の「拡張」は、次の二つの点で独自の解釈を含んでいた。第一に、実際には一つの「真の値」が存在するはずの天体観測とは異なり、多数の相異なる人間の胸囲の測定に誤差法則を適用することができたのは、こうした分布をもたらす原因を、観測者や観測条件の側が生み出す「誤差」から、測定される対象自体に内在する「変異」へと、彼が読み替えたからであった。つまりケトレは、観測者の側ではなく、観測対象となる人間の多様性自体が生み出す法則を見出そうとしたのである。第二に、ここからケトレは「誤差」との類比を用いて、分布の原因となる人間集団が持つ多様性を、一つの真の値へと収束するものとして解釈した。

先に挙げた兵士の胸囲のデータをもとにした著名な論文を書いた際、彼は五七三八人の異なる兵士の胸囲を問題にしていること、つまり多様な個人からなる集合体について論じていることを十分自覚していた。だからこそ、その分布が一人の兵士の胸囲をくりかえし測定した場合のデータの分布と酷似していることに、驚きを覚えたのである。

しかし、ケトレはこの驚きを、多様なはずの個人の集合体は、まるで一人の人間をくりかえし測定した際の「誤差」であるかのような分布を形づくる、と表現する。つまり、いったんはデータの散らばりの原因として認識された多様性を、ふたたび「誤差」へと引きつけて理解するのである。そのため、個人の多様性は、天体観測や一人の人間の身体計測に見られる誤差と類似のものとされる。では、誤差を取り去ったあとの「真の値」とは何なのか。天体観測においては、それはたとえばある惑星の真の位置であるだろう。一人の人間の身体計測においては、その人の真の胸囲や真の身長の値であるだろう。では、五七三八人の兵士の場合にはどうか。この場合、正規曲線の中央に現れる「平均値」は、一体何を表しているのだろうか。

ケトレに対してしばしばなされてきた批判は、この平均値を「平均人 l'homme moyen」という一つの実体と見なし、統計データを平均人発見のための道具としてしまったというものである。第二章で見たように、デュルケムはこうしたケトレ批判を代表している。たしかにケトレは、『人間に就いて』(1835) ですでに、平均人という生身の人間ではないがすべての人にとって模範となるべき「平均の化身」を、滑稽なまでに称揚している。だがこうした批判は、平均人という語がイメージさせる「一人の人間」、あるいは「一つの人間像」というモデルに引きずられすぎているとも言えるのだ。

ケトレは「平均人」という創造物を通じて、統計分布の平均値に意味を与えようとした。しかしここで彼が行ったのは、実は平均人という架空の存在を作ったこと以上に、個々の人間に決して還元することのできない「社会」に、固有のリアリティを与えることであった。個人の多様性の中に法則を見出したケトレは、それを平均人という単一性へと還元することで、個→集合体→個へと逆戻りしたわけではない。平均人が物理的世界におけるどんな人間にも還元不可能な一種の「イデア」であることは、すでに『人間に就いて』の中でくりかえし主張されている。そのイデアが、集団を構成する個々人から集められた統計を通じてはじめて姿を現すこと、つまり集合体としての社会に固有の属性であることを、誤差法則や正規分布を用いて「証明」したところにこそ、ケトレの重要性がある。(4)

先ほど挙げた例に戻れば、個別のケースごとに事情も関係する人間も異なるさまざまな事故について、それらの集計によって得られる数値に意味が見出され、事故が起こる可能性が「社会のリスク」として捉えられるためには、個別事象の多様性からは独立しているが、なおかつ個別事象の集計によってのみ得られるような、「社会的リアリティ」の知覚が必要であった。ケトレはこの社会的リアリティという、見たりさわったりできないために理解されにくい実在が、たしかに存在することを表現しようとして、「平均人」という語を用いたのである。ここでケトレが発見した社会という実在は、「分割不可能性」という特性を持っている。ケトレが好んだ平均値は、もとになるいずれかの個人データに還元することはできない。だが同時に、どの一つのデータが欠けても、平均値は変化してしまう。つまり、要素へと還元することはできないが、一つ一つすべての要素を必要とするような性質のものなのである。

三　多様化した社会における連帯

今述べたような社会の分割不可能性は、一九世紀末のフランスでは全く別の文脈で、政治的な議論の的になっていた。自由主義経済の浸透と個人主義道徳の広がりが生んだ数々の弊害に反対する、「社会連帯」の主張においてである。デュルケム、デュギー、ブルジョアらに代表されるこの思想は、社会を把握するに当たって一八世紀以来用いられてきた「主権」「契約」といった用語を放棄する。重要なのは、国家主権の単一性でも、主権者としての国民でもない。また社会契約でも、契約当事者となる自由な主体でもない。社会における人と人との有機的なつながり、すなわち「連帯」こそが重要なのである。[5] ばらばらの個人が契約によって社会を作るのではなく、個人はあらかじめ存在する社会の中に生まれる。「契約はそれ自体では自足的ではない。社会が生み出す、契約を規制する力があってはじめて可能となる」[Durkheim 1893→1991:193=1971:210]。「自由は、自然状態に固有の属性などではない。自由とは、逆に社会が自然を征服することなのである」[380=372]。社会の中に生まれる個人は、社会に対して連帯の義務を負う。なぜなら人は、分割不可能な社会という実在の一構成員だからである。

そして、この連帯の理念が制度として具体化される方式において、前節で見たケトレ流の社会的リアリティの把握が一つの雛形となった。そのことを見てゆく前提として、ここでデュルケムの思想を取り上げる。

　デュルケムの近代社会像には、少なくとも二つの異質な見方が含まれている。第一は、ハッキングが「ケトレの枠内にとどまった」とする、平均的なものへと「回帰」することによって安定化に向かう社会像である。自殺率の急激な上昇を社会の病理状態と診断する『自殺論』（1897）のみならず、『社会分業論』（1893）、『社会学的方法の規準』（1895）においても、デュルケムは平均的なものと正常なもの、健康なものを結びつけ、社会の健康をその平均的な状態に求めている[6]。

　平均値の安定性の説明において、ケトレは「誤差の相殺」というアイデアを多用した。これは、身長や胸囲といった集団の全成員が持っている属性データにおいては、平均からはずれた者同士の値は互いに相殺し合うので、全体として見ると平均値は集団を最もよく代表し、また個々の成員が入れ替わっても平均値が安定することを指している。しかしデュルケムは、たとえば自殺のような誰もが起こすわけではない稀少現象には、誤差の相殺というアイデアは適用できないとする。にもかかわらず、自殺や犯罪といった人口全体からするとまれな事柄についても、その発生率が比較的安定しているのはなぜか。つまりデュルケムは、正常な自殺率や犯罪率が平均と一致する理由を説明しようとした。ところが、ここから人間の多様性そのものに照準を合わせた統計学を構築する代わりに、彼の思考は統計学の外に飛躍してしまう。そして、多様な個人からなるはずの社会が、なぜ全体として見た場合には一定の自殺率を持つのかという問いに、「個別意識を支配する一種独特の *sui generis* 力」[Durkheim 1897→1960:345＝1980:274 強調原文]としての社会の力が存在する、という答えを与える。つまり、個人個人としては多様で異質な諸存在であり、それらを包括する全体など存在しえないように見えるとしても、社会の力はそうした諸存在のすみずみにまで浸透し、「宇宙的な諸力」［348=278］に匹敵する影響力を与えているのである。目に見えないし、さわることもできないが故に知覚されにくい「社会的リアリティ」が、ケトレ同様デュルケムにおいても平均の中に見出されている。

デュルケムとケトレを分かつのは、第二の点である。デュルケムはなぜケトレの「平均人」モデルをあれほど激しく批判したのか。『自殺論』における直接の批判から読みとることができるのは、ケトレが社会的なものの個人からの独立性、あるいは社会の分割不可能性を曖昧にしたからである。しかし、『社会分業論』を併せて読んでみると、問題の核心は社会と個人の峻別にあるのではなく、社会の内実をどう見るかにあることが分かる。デュルケムにとって、近代社会の最大の特徴は、その複雑性であり多様性である。社会分業の発達によって個人の生活はきわめて多様化している。そのため、それらの人々の算術平均から「平均人」を割り出すことには、多くの場合意味がなくなってしまっているのである。ケトレのモデルは個体性がほとんど顕現しない原始社会には適当かもしれないが、構成員の多様性・個性という近代社会に固有の特徴を内包することができない。複雑化した社会には、その社会にふさわしい「連帯」のモデルが必要であり、それはすべての構成員を「平均人」によって代表させるようなものではない。

では、実際の「社会連帯」はどのような理念にしたがって具体化・制度化されたのか。多様で複雑な分業社会に対応したものであったのか。この問いに答えるために、「社会的リスクの配分」を通じて形成された、福祉国家の社会編成理念を見てゆかなければならない。

四　社会保険制度の理念

これまで見てきたように、ケトレにとってもデュルケムにとっても、社会は「分割不可能な固有の実在」であった。それはたしかに個人から構成されるのだが、個人に分割、還元することはできない。しかし他方で、社会連帯とは、たとえば労働事故として現実化するリスクを誰がどのように負担するのかという問題に他ならない。そのため、「分割不可能な社会」という認識があってはじめて出現しえた、ある社会に固有のリスクという考えは、それにどう備えるかという場面では、分割不可能なものを分割せざるをえないのである。

二〇世紀福祉国家の中核を形づくってきた社会保障制度は、保険料の拠出と保険給付の両面において、まさに社会連帯の理念を金銭の配分に置き換えたものだと言える。そこでの配分の方法はどのようなものか。高度に複雑化し、多様化した社会にふさわしいものなのだろうか。

福祉国家の社会保障制度といっても、制度のあり方は国ごとにさまざまで、歴史的にも変遷を遂げてきた。そこでここでは、制度の多くに共通して見られる一般的な特徴と、それを支える理念を検討する。また、社会保障制度の中でも社会扶助は除外し、「社会的リスクの分担」という考え方が根底にあり、そのために負担と給付の間に何らかの関係づけがなされる社会保険のみを対象とする。

社会保険の拠出を行う主体は、国や都道府県・市町村などの公的団体と、使用者（雇用主や企業）、被雇用者（あるいは住民）の三者に大きく分けられる。ほぼすべての社会保険を税収でまかなうデンマークのような国もあるが、同じ国でも制度ごとに三者の拠出割合は異なる。三者の中で、国や地方公共団体の拠出分は、税収からの拠出に他ならず、社会的リスクを納税者が負担することを意味する。税制のあり方や税の累進性の度合いによって程度は異なるが、平等化（貧富の差を縮小し、保障を均質化する）機能を果たしている。次に、使用者の拠出分はしばしばかなりの比率に上るが、これは労働力を必要とする主体が、相応の社会的リスク負担を分け持つべきであるとする理念を反映している。最後に被雇用者や住民の拠出分についても、これらの人々が社会的リスクを負担すべき社会の一員であることを意味しているが、これについては拠出（＝負担）がどのような原則で行われるかをさらに詳しく見ておく。

拠出については、定額負担か応能負担（所得金額に一定の率を乗じる報酬比例制など）が主である。また、給付については、最低生活保障か従前所得保障の原則がとられる場合が多い（医療保険は通常現物給付）。ここに見られる拠出と給付の関係は、たとえばあらかじめ一律に定められた額を支払いつづけると、一定期間後に定められた額を受け取れる、あるいは毎月の給与から定率を支払うことで、失業・退職時に以前の所得水準に見合った保障を受けられるというものである。後者の場合の給付格差についても、個人が自由に掛け金や掛け率を選択できるわけではないし、給付反対給付均等（出した分だけ返ってくる）ではなく従前所得保障の意味を持つ。つまり、以前の所得・生活水準に近づけるという基準にしたがって、生活の保障が行われるのである[7]。

また、加入の有無および負担・給付条件は一律に定められ、選択の余地がない場合が多い。そのため、社会保険に入るかどうかを個人が自由に選んだり、個人の側の都合で負担金額を選択してそれに応じた保障を受ける可能性は限られている。

日本における代表的な社会保険である、年金と健康保険を例にとってみよう。まず、年金については、国民年金および企業年金を含むすべての加入者にとって土台部分となる基礎年金の保険料は定額制で、支給も定額である。この基礎年金に、報酬比例年金（厚生年金・共済年金の報酬比例部分や国民年金基金）が上乗せされる仕組みである。

健康保険については、保険料は報酬比例方式、給付は現物給付で、被保険者および被扶養者について三割の自己負担が別途必要となる。健康保険のうち、被用者保険の保険料は報酬比例制で、国民健康保険については、所得、被保険者数、資産などに基づいて保険料が決定される。保障については、支払い保険料による格差は存在せず、加入者全員が同水準の保障を受けられる。

このように見てくると、制度の画一性、強制性、所得再分配機能、最低生活保障機能などが目立った特徴であることが分かる。ここでは、リスクが高い人ほど多くを支払うということはない。むしろ払える人が多く払うのである。このため、賦課方式に見られる「世代間扶養」とならんで、「社会連帯」や社会に対する義務と権利の理念、相互扶助の原則を具体化した制度であるといえる。ここでは社会連帯は、多様な社会構成員を画一化・平準化することによって果たされる。低リスク層および高所得層が、高リスク層および低所得層を支え、リスクと保障をともに平準化・平均化するのである。(8)

この制度の下では、それぞれの個人は、分割不可能な社会の一員として強制的に迎え入れられる。社会保険制度における「連帯」は、個人の多様性を生かしたまま社会連帯を築くというより、生活水準を「平均人」へと近づけ、個人の選択の幅を狭めることで、社会全体の予見可能性を高めることによって達成される。これは、社会の複雑性を減少させることでリスクが特定層に集中することを避けるというしかたで、リスクに対処する方法であるとも言える。

五　ゴルトンと多様性の統計学

ケトレによる誤差法則の拡張を支持し、それをさらに推進した人物に、イギリスのフランシス・ゴルトンがいる。ゴルトン統計学の最大の特徴は、ハッキングを含め多くの研究者が指摘するとおり、平均ではなく例外に、平均値よりは誤差や偏差に強い関心を示した点にある。[9] ケトレについて論じた際、彼が分布を形づくる個々の兵士の胸囲の数値を「真の値」からの誤差として理解したことを指摘したが、ケトレ－デュルケムとゴルトンを分かつのは、まさにこの点である。ゴルトンは、数値のばらつきを誤差とは見なさず、また平均へと関心を集中させることもなかった。彼こそが、変異や偏差への強い関心に導かれて、多様な要素からなる統計分布を多様なままに捉え、利用する道を開いたのである。

ゴルトンが平均ではなく偏差に、言い換えると統計分布の中心ではなく両端に興味を持った理由は、おそらく統計学の外に求められるべきであろう。ゴルトンは、天才であれ無能な人間であれ、「普通とは違う」人、例外的な存在に心惹かれていた。これはちょうど、デュルケムが平均に関心を寄せたのが、社会という存在の個人からの独立性・超越性に執着し、ルヌーヴィエ経由の「創発主義」哲学を終生代わらぬ立場としたからであったのと対照的である。例外への関心は、ゴルトンを優生思想へと近づけた。そのため彼は、現在では優生思想を「実証」するために統計学を利用した人物として、すっかり悪名高い存在になってしまっている。

しかし、本章の主題にとって重要なのは、彼の優生思想や人間の能力を遺伝のみに帰す生物学主義ではない。ゴルトンは、分布の中の極端なもの（両端）に関心を寄せた結果、ケトレやデュルケムにとって分割不可能であったものを分割した。彼は社会を、すべての成員がその中心へと引き寄せられ、個人を超越した力を持つ一つの実在として捉える、ケトレやデュルケムに見られる「社会の形而上学」とでも呼ぶべき思想とは無縁の人物であった。最初の著書『遺伝的天才』（1869）のタイトルからも明らかなとおり、ゴルトンの関心は分布の中の特定の「部分」に向かっていたのである。

ここから直接出てきた彼の統計学上の貢献は、一つは「回帰」[10]であり、もう一つはクラス分けによる序列化である。後者は、身長や胸囲のように直接数値としては計測できないが、優劣や順位をつけることができる対象に統計学を応用するために考案された。そしてこの手法は、ケトレやデュルケムにとっては分割不可能であった社会を、分割する手続きによって成り立っている。

ゴルトンは、人間の才能というものが、身長や胸囲などの身体的特性同様、正規分布を形づくると信じていた。[11]そこで彼は、『遺伝的天才』において、正規分布をなす（誤差曲線を形づくる）と仮定された人間の精神的能力について、どのくらいの割合の個人を「傑出している eminent」と言えるかを明らかにし、またそれ以外の「凡庸な mediocre」[12]個人の知的能力の程度を示すため、平均値からの距離にしたがって分布を一四のクラスに分けた。そして、真に傑出した人間がこれらのうち上位二つのクラス（および一四のクラスの外部に置かれた、百万人に一人のクラスX）に含まれるようにした。[13]

もちろん、統計分布のある部分だけに注目するのは、ゴルトンが最初ではない。たとえば、一七世紀にはじまる死亡表の伝統の中ですでに、死亡率が極端に高くなる年齢や年代についての研究がなされていた。しかしゴルトンは、ある部分集団や個体が、全体の平均からどの程度ずれているか、すなわち偏差を表現するために、分布を分割する手法を編み出したのである。

ゴルトンははじめから、個人を超えた社会の力や、個人の生活や道徳性を外部から規制する社会的なるものには関心がなかった。彼が興味を抱いたのは、統計分布の中である特定の位置を占め、その意味で社会的に評価された個体の特徴であり、また、分布の左右に現れる特定の集団であった。彼は一見ばらばらに見える個人がいかに社会によって規制された存在であるかを示す、平均そのものには注意を向けなかった。ゴルトンにとっては、平均は偏差を測定するための道具にすぎない。統計は社会への統合ではなく、社会集団の中で、ある個人やある部分集団を特徴づけ、際立たせるための手段なのである。

こうして、「誤差法則 law of error」は「偏差の法則 law of deviation」となり、平均および偏差は多様性計測のための尺度として利用されるようになった。

六　リスクを細分化する社会

社会の成員を強制的に保険加入の対象とすることで、平均化・均質化を図る社会保険制度とは別に、民間の保険会社が扱う私保険がある。[14] 私保険は社会保険とは異なり、個人による自由な選択の範囲が広く、掛け金と保障との対応関係もはっきりしている。しかし、大数の法則が成立することを前提に、一人一人では対処しきれないリスクに対して、大きな集団を作り拠出金を集めることで対応するという原則は共通している。このため、私保険であっても「相互扶助」の要素を有する業務を営む保険会社の多くが、相互会社として発展してきた。

さらに、従来日本の私保険制度は、保険商品と保険料率について事前認可制を取ってきた。このため、大蔵大臣による事前の認可を受けなければ、保険商品を発売することができなかった。これが結果として、保障内容の同質化と、どこの保険を選んでも似たような商品しかないという、保険会社の横並びにつながった。また、損害保険分野における料率算定制度の下で、火災保険・傷害保険・自動車保険などの主な損害保険については、保険会社は料率算定会があらかじめ算出した料率を使用する義務を負うという原則を取ってきた。[15] この二つの制度が、とくに個人の日常生活に関わりの深い生命保険や傷害保険、自動車保険などの私保険を、契約者にとっては社会保険に近い性格のものにしてきたと言える。

しかし、一九九三年にはじまる日米保険協議をきっかけに、保険業の自由化がまず損害保険分野、とくに自動車保険を中心に進められた。そのなかで、事前認可制の廃止と算定会制度の抜本的な見直しが行われた。これによって、自動車保険の「社会保険」的な要素は大幅に失われ、自由化路線の色濃い保険商品が登場することになる。以下では、保険制度改革の急先鋒ともいえる自動車保険を例に、「社会的リスク」をいかに負担するかについての、福祉国家とは別の考え方、制度のあり方を示したい。

福祉国家の社会保険制度の最大の特徴は、低リスク層が高リスク層のリスクの一部を負担することで、社会的リスクを平準化するというものであった。ここでは、保障水準という結果の平等に第一の価値が置かれている。自由化以前の自動車保険は、年齢や過去の保険事故の有無によって保険料率に格差があるものの、この格差は統計から得られたリスク格差を下回るものであった。つまり、高リスク層の保険料を低リスク層が一部負担することで、リスクの平準化がなされていたのである。[16] ところが、自由化によって新しく登場した「リスク細分型自動車保険」は、この原則を根本的に変えてしまった。テレビや新聞で宣伝を見ない日はないこの商品は、はじめ「差別型自動車保険」と呼ばれていたように、保険契約者を「差別」することによって成り立つ保険である。

リスク細分型自動車保険は、当初は、保険協議の日米合意で認められた、年齢・性別・地域・使用目的・使用類型・車種・運転歴・安全装置（エアバックの有無）・複数所有の有無という九つのリスク要素を組み合わせ、保険契約者をチェックすることによって成立した。現在日本でさかんに宣伝されている商品は、こうして細分化された自動車保有者のうち、低リスク層のみをターゲットに絞りこむことで、保険料を大幅に引き下げるものである。つまり、保険契約者をリスクに応じて「差別」し、高リスク層ははじめから対象外として引き受けを拒否するのである。結果として、低リスク層がリスク細分型保険に集中すると、リスク細分化を行っていない保険商品の契約者には高リスク層の割合が高くなり、保険会社はこうした保険の料率を上げなければならなくなる。

ここに見られるのが、「社会的リスク」の平準化ではなく「細分化」という考え方であり、統計分布のある部分だけを切り取って利用するという手法である。リスクを階層ごとに分け、その一部のみを保障の対象にするのである。もちろん、この手法は保険数理の比較的単純な応用であって、ゴルトンの序列化の手法に直接の起源を持つわけではない。しかし、ここで考えたいのは、二つの手法に共通して見られる、ケトレ－デュルケムにおける平均・平準化への志向との隔たりである。そしてまた、「社会の分割不可能性」という理念、あるいは個人は分割不可能な社会の一員であるという考えとの距離である。

労働事故に関する一九世紀の裁判闘争の歴史を見れば、たとえば事故の多い職種とそうでない職種とにリスクの差があるという認識が早い時期から存在したことは明らかである。しかし、福祉国家形成期には、事故を起こした当事者の責任に帰すことができない高いリスクを、どのように社会全体で負担してゆくべきかという方向で議論がなされた。これは、リスクの高い層、低い層を統計分布の中から切り分け、各個人が自分自身のリスクに相応の負担を行うという発想とは根本的に異なっている。

私保険、それも自動車保険の一部に認められるにすぎない新しい保険商品から、「福祉国家以降」の保険制度全般のあり方を占うのは行きすぎかもしれない。しかし、少子・高齢化が加速する日本では、今後公的年金の給付水準低下は避けられず、民間保険を併用して「自己責任」の下でリスクに備えるべきであるとの主張が、保険会社のキャンペーン以外のところからも聞かれるようになっている。また、自由化の進展によって、生命保険分野でもリスク細分型保険が登場している。たとえば、喫煙の有無を保険料算定の際に考慮し、「非喫煙者や健康体の契約者を優遇し、割引する」保険は、最初期に登場した商品である。また、最近増えている通信販売による定期保険においては、一定額以上の死亡保障の申し込み要件として健康診断書の提出を要請している。そして実際に、日常生活を支障なく送っている人であっても、診断書の検査結果の数値次第で保険料が「標準」(メディアで宣伝されている保険料)よりも引き上げられている。これは優遇されない者、相対的に高額の保険料を支払う者との対比において「標準」を設定する、差別型保険に他ならない。しかもその具体的な審査プロセスや基準値が、加入希望者にあらかじめ提示されることはない[17]。また「健康である」とはどういうことかについての定義次第では、個人の遺伝情報すら保険契約の際の審査(差別)対象となる時代が来るかもしれない[18]。

七　リベラルな保険制度における「個人」

リスク細分型保険のような商品も、実際には個人ごとに個別のリスクを評定しているわけではない。保険統計によってはじめてリスク計算が成立する以上、そんなことはそもそも不可能なのである。つまり、保険制度は特定のリスク層に含まれる大量の保険契約者が存在しなければ成り立たず、差別型の保険といえども、従来の保険同様「大数の法則」を前提としたリスクの分担を行っている。それが相対的に「同質の」集団であるという以外に、用いられる統計技術に違いはない。

しかし、契約を取り結ぶ個人の側の意識はどうだろうか。今まで見ず知らずの高リスク者の分を言われなく負担させられてきたが、今後は自分のリスクに見合った額だけを負担すればいいのであり、保険会社と個々の契約者の間で一対一対応の「公正な」関係が築かれると感じるのではないか。つまり、個人の中に、「相互扶助」や「連帯」ではなく、自分の人生を自分で管理する、リスクマネジメントの主体としての個人という新たな価値観が生まれてくるということである。

自己責任と自助努力によるリスク管理者としての個人という像が前面に出てくるのは、リスク細分型保険だけではなく、年金を含む保険制度改革全般に共通している。自己責任に基づくライフプラン構築の一環としての保険という像は、病気・老齢・失業・事故などに備えるために、強制加入の社会保険以外の私保険の役割が重視され、「自由化」によって多様な保険商品が生みだされることで浸透してゆく。そしてこのことが、生活のさまざまな側面に、「企業家」モデル（[Foucault 1979→2004:152]）の行動様式を行きわたらせることになるのである。[19]

かつてマイケル・イグナティエフは、「福祉国家は、連帯を求めるこのニードneedを制度化しながらも、それと同時に、資力のある者とそれを必要としているものとをお互いに見知らぬ他人のままにさせておく」[Ignatieff 1984:17＝1999:27]と書いた。国家規模の社会保障制度を通じて、持てる者は持たざる者と「連帯」しているはずだと分かっていても、直接のつながりを欠いた強制的な制度化が、連帯の感覚を失わせるというのである。彼は、本来ニーズを満たし合うためのシステムが、実際には他者のニーズへの想像力を欠如させてしまうことを嘆いた。だが、少なくとも福祉国家においては、個人を強制的に社会へと迎え入れることで、「相互扶助」と「連帯」の理念を通じた社会統合が試みられてきた。これに対して、これから到来するであろう「自由な」社会においては、他者のニーズへの想像力はもはや必要とはされない。個人は自分のニーズを知り、それに順位をつけ、どの程度それらを満たせるかを資力や能力との間で勘案しながら、自己責任の名において人生を設計すればよいのである。

こうした社会が希望に満ちたものなのか、寒々としたものなのか、あるいは公正なのかそうではないのか、それはまだ分からない。だが、従来の福祉国家とも、自分の人生を管理することを強いられる「自由な」社会とも異なる、別の関係を見出す道も残されている。巨大な福祉国家システムか、自助努力や自己責任の社会かの二者択一である必然性はない。多様化・複雑化した社会にふさわしい別の連帯、別の支え合いを構想することも、可能性としてありうるのだ。[20]

(1) 正確には faute で、これは過失だけでなく故意・怠慢などを含む法律用語である。
(2) フランスを例に、職業上のリスクから社会的リスクへと保険思想が展開していく詳しい経緯は、[Ewald 1986: Livre Ⅲ] で述べられている。
(3) 誤差法則と大数の法則、およびケトレによるその社会事象への適用については、本書第二章一—⑵、とくに註(8)を参照。
(4) ハッキングは、ケトレが一八四四年の論文において「社会的リアリティ」を発見するプロセスについて、四つの段階に分けて説明している (cf. [Hacking 1990:chap.13])。
(5) 社会連帯思想が福祉国家形成に果たした役割については、[Donzelot 1984] を参照。
(6) 正常と健康とを結びつけるデュルケムの発想には、当時の医学・生理学の考えが強い影響を与えている。本書第二章二を参照。
(7) 社会保険の拠出と負担の特徴については、たとえば [厚生省 1999:37ff] で簡潔な説明がされている。
(8) 高所得層が低所得層を支えるといっても、慈善や施しとは決定的に異なる。諸個人は社会の一員としての義務を果たすために保険料を支払い、「不慮の事態」に当たっては社会から生活を保障される権利を持つ。すべては社会という運命共同体=リスク共有体のフィルターを通して行われるのである。
(9) たとえば、[Porter 1986=1995:147ff] [Kevles 1985=1993:26] を参照。
(10) ゴルトンは例外が凡庸さへと戻ってしまうという意味で、はじめのうち回帰を「退行 regression」と呼んだ。これについての説明は、[Hacking 1990:chap.21] にある。
(11) ゴルトンにとっては、知性や才能は遺伝によって決定され、身長などと同様生物学的な特性であった。したがって、身長が正規分布をなすなら、才能も同じ分布を形づくるはずなのである。

(12) 平均的なものは、ケトレやデュルケムにとっては理想的なもの、健康、正常性、中庸といった価値を持ったが、ゴルトンにとっては単に「凡庸なもの mediocrity」[Galton 1869:36] にすぎなかった（cf. [Hacking 1990:167=1999:248]）。

(13) [Galton 1869:33f] を参照。この表によると、彼が傑出者としたクラスＦ、Ｇ、Ｘに含まれるのは百万人中二四八人、凡庸としたＡ、Ｂ、ａ、ｂ（大文字は平均以上、小文字は平均以下）に含まれるのは百万人中八三万八一四〇人であった。

(14) 私保険の対象となるのは個人だけではなく、企業や事業者などの団体を対象とする多くの保険が存在するが、以下では個人向けの保険（生命保険、損害保険）について論じる。

(15) 自賠責保険以外は、上下一〇パーセントの範囲内での使用義務。一九九七年九月以前は、外資系を含むすべての損保会社が算定会に加盟していた。

(16) たとえば年齢による格差について、[山口 1998:194] の図3を参照。

(17) この問題は、健康診断における「正常」と「異常」の線引きが、因果論によってではなく統計的根拠に基づいてのみなされていることとも関わっている。健康と病気の間に質的断絶を見るのではなく、統計に基づく健康の度合いあるいはリスクの度合いという別の尺度が用いられているのである（本書第四章参照）。しかし、なぜ特定の数値を閾値として「異常値」が定められるのか、そしてその数値がなぜ特定額の保険料引き上げに結びつくのかを、統計集団ではなく一人の人間として生きる個人に説明することには、困難が伴うはずである。

(18) 医療保険が大部分民間に委ねられ、なおかつゲノム研究や遺伝子診断がさかんなアメリカでは、すでに保険契約時の遺伝情報による差別問題が生じており、それに関係する訴訟や、差別を規制するための法制化が進められている。

(19) ちなみに、ＥＵ諸国は生保・損保ともに事前認可制を廃止し、年金改革においても積み立て方式や投資先を個人が選択する、アメリカの企業年金４０１Ｋのような方式の採用が進んでいる。福祉国家の典型といわれてきたスウェーデンにおいても、大胆な年金改革がはじまっており、制度全体の変化は日本より先行している。

(20) 「新しい福祉国家」を構想する試みとして、[Rosanvallon 1995] が示唆に富んでいる。

第四章　健康包囲網――高血圧の定義に見る統計

はじめに

一九五五年、ジョージ・ピッカリング George W. Pickering（1904-1980）は次のように書いている。「まず強調したいのは、正常な血圧と病理的に高い血圧とを明確に区分することは、恣意的で人為的な営みに他ならないということである。本態性高血圧 essential hypertension とは、連続的に変化する分布曲線の上端〔右端〕を表しているにすぎず、この分布曲線が二種の母集団からなるという決定的証拠は何もない」［Pickering 1955:1155］。

本態性高血圧という「病気」に関しては、患者集団と非患者集団、あるいは病気の人と健康な人との間に、任意の線引き以前の自然な区分は存在しない。この主張は、カンギレームの『正常と病理』［Canguilhem 1966］における議論を思い出させる。この著書の中でカンギレームは、正常と病理の境界を質ではなく量によって決定しようとし、また生理的な状態と病理的な状態との連続性を重視した一つの学説、あるいは思考様式を取り上げている。(1)

本章では、この学説を「ベルナールの学説」と呼ぶ。ベルナールの学説に代表されるような思考法と、冒頭に引用したピッカリングに見られる、統計的、あるいは生物測定学的思考法とは、一見すると似通って見える。ともに、病気を正常状態との量的連続性のもとに捉えようとするからである。しかし、注意深く検討すると、両者は全く異なる思考様式、あるいはものの見方をしていることが明らかになる。だからこそ、ベルナールは医学における統計の使用を強く批判することと、病気を量によって捉えることが両立すると考えたのであり、他方でピッカリングは、高血圧という「病気」が統計によってしか定義できないと断言したのである。

本書のテーマから明らかなとおり、ここで注目したいのは、ピッカリングの立場、すなわち健康と病気とを、統計的、生物測定学的に把握しようとする立場である。この立場は、現代の医学において決定的な役割を果たしている。にもかかわらず、その立場の特異性は十分検討されることがないままである。この思考法は、公衆衛生や予防医学の領域で、たとえば健診におけるスクリーニングに際して援用されるだけではない。「生活習慣病」という新たな病名が作られたときの病因論構築や、病気の定義そのものにも関わっている。

以下では、まず医学における統計的思考法を特徴づけるため、それを「病原菌説」および「ベルナールの学説」と対比する。さらに、この思考法がメンデル遺伝学に基づく病因論とも異質であることを示すため、一九五〇年代から六〇年代の高血圧をめぐる論争を参照する。こうした対比を通じて明らかにしたいのは、統計的思考法が因果論的、あるいは決定論的思考とは根本的に異なった論理と思考様式を有することである。統計的思考法に特有の論理は、因果ではなく相関を、決定論ではなく確率論を基礎とし、絶対確実な真理ではなく相対的な妥当性・信頼性を与えるために、個別の因果構築とは別のやり方で推論と予測を行う。統計的思考法は確率・統計によって世界を構築し、世界を説明する。[2]そしてそれが、説明対象となる領域に応じた固有の帰結を生むのである。章の最後に、医療・医学分野におけるその帰結を、最近の医療言説を取り上げて論じる。

一　病気とは何か——対立する二つの考え

(1)　単一原因説

〈病原菌説〉

カンギレームの『正常と病理』が医学思想史において現在も参照されるのは、病理現象と正常現象の質的同一性と連続性の仮説が、医学において重要な役割を果たしつづけていることを指摘したからである。この仮説は、ピネル、ビシャを経てブルセに受け継がれ、コントによって社会科学へと広められた。医学界では、一九世紀半ばにベルナールがこの思想の喧伝者となり、生理学と実験医学の方法論的基礎に据えた。

医学史において、この学説の重要性が否定されてきたわけではない。だが、病気とは何かについての単純明快でそれ以上に成功した考え方を前に、しばしばベルナールの学説は脇に追いやられてきたことも確かである。その考え方とは、現在では「コッホの病原菌説」と呼ばれているものである。

病原菌説は、「病気とは外からやってきて有機体につけ加わる、生理現象外の実体である」[Canguilhem 1966

→1993:34＝1987:45］という考えを支持する、発見に裏づけられた思考である。一九世紀半ばのパストゥールによる発酵と微生物の関係の発見、一八八〇年のエーベルトによる腸チフス菌の発見につづいて、一八八二年には、コッホが結核菌を発見した。それ以降、一九世紀末までに新たな病原菌が相次いで発見される。細菌学の時代とも呼ばれるこの時期の医学研究の成功は、その後の近代医学の病気概念に大きな影響を与えた。また、当時死亡率上昇の主要因であった伝染性疾患の多くが、微生物やウィルスによってもたらされることが分かり、予防ワクチンが開発・実用化されたことで、医学の基礎研究が公衆衛生や健康政策にとって重要であることも再認識されたのである。(3)

「病原菌説」に相当する説を最初に提示し、当時混乱状態にあった病因論を整理したのは、コッホの師に当たるチューリヒ大学のヘンレであった。ヘンレはすでに一八四〇年、『病理研究』という著書の中で、のちに「コッホの三原則」と呼ばれる原則を示した。その原則の有効性が、結核菌をはじめとする病原菌の相次ぐ発見によって追認されたのである。

コッホの三原則は、現在では医学における決定論的――古典的病因論として、次のようにまとめられている。

「①　微生物Aは、病気Bに罹ったすべての患者に見出され、また場合によっては、病理学的変化と臨床経過を説明できる。

②　偶然的な非病原性微生物として〔も〕、他の病気には見出されない。

③　体内から分離し、純培養して再接種すれば、同一の病気を引き起こす」［佐々木・等々力 2000:65］。

つまり、病気Bの発生原因は微生物Aだけであり、単一の原因が単一の結果を生む。そのことを証明するために、通常動物による比較実験（一方には菌を接種し、他方には接種せず、その他の条件を等しくして経過を観察する）が行われた。「実験室での病気の再現」というプロセスが、因果性検証の役割を果たし、医学の科学的地盤を揺るぎないものにすると考えられたのである。

〈ビタミン欠乏症〉

パストゥールやコッホの時代は、細菌学の黄金時代と呼ばれ、細菌の発見ラッシュに医学界全体が沸いていた。そのため、医学研究者たちは新たな細菌探しに躍起になり、「脚気菌」のような、のちにその存在が否定される菌も発見された。一八八五年には東京大学の緒方正規が、またそれと前後してオランダのペーケルハーリングらが、それぞれ独自に「脚気菌」発見を公表している[4]。

同じころ、脚気の原因を栄養不良であるとする説を唱える研究者も出てきた。病原菌説のように外部からの侵入者としての菌を想定せず、栄養状態という身体条件に脚気の原因を求める説である。この説の主唱者の一人である日本海軍医務局長の高木兼寛（のちの慈恵医大創設者）は、脚気が栄養不良によることを疫学研究の手法を用いて証明しようとした。

高木はイギリス留学経験者で、東大や陸軍におけるようなドイツ流の医学とは異なった知的背景を持っていた。軍隊に多い脚気原因を解明したいと考えた彼は、監獄において脚気の発生が少ないことに注目し、海軍の食事と監獄の食事とを比較した。そして、脚気は病原菌による感染症ではなく、食事中の窒素不足と炭素過多によって起こると考えるに至った。この仮説を検証するため、太平洋を周回する二つの船において、献立の変化が脚気発生にどのような影響を与えるかを調査することを思いついた。一八八三年に従来どおりの献立で航海した「龍驤」においては、乗組員三七六人中一六九人が脚気にかかり、うち二五人が死亡していた。高木は翌年同じ航路を取る「筑波」について、自ら献立を考え、採用させた。その結果、患者は一〇人に激減した。しかもそのうち八人は彼の献立を受けつけなかった人々であった[5]。

この手法は、現在なら「ヒストリカルコントロール試験」と呼ばれる、疫学研究の手法である。実験群に当たるのが、高木が考えた献立を採用した船の乗組員であり、コントロール群（比較対照群）に当たるのが、実験的介入なしの献立で航海した「龍驤」の乗組員である。これに、実験が行われた船に同時に乗っていた非介入群との比較試験が加わって、実験の信頼度を高めている[6]。

同じころ、インドネシアに派遣されていたオランダの軍医エイクマンは、鶏の餌に白米だけを与えると脚気に似た症状を呈し、玄米に変えると回復することに注目していた。ここから彼もまた、脚気が伝染病ではなく食物に関係する病気であると推測した。そして、彼の門下生が一九〇七年に発表した、米ぬか中の必須栄養素の存在という説に刺激を受け、一九一一年、ドイツのフンクが米ぬかからのこの栄養素の抽出に成功し、これがビタミンと名づけられる。

たしかに脚気の場合、病原菌という誤った原因が退けられる際、統計的な比較対照研究が大きな役割を果たしている。この手法は、ドイツをはじめとする「大陸的な」思考に染まらず、当時から疫学研究がさかんだったイギリス留学経験者の高木だからこそ思いついたものである。だが脚気の歴史の中では、こうした原因発見のプロセスは、単一の病気発症に対して単一の原因を求めるための手がかりとして捉えられているにすぎない。脚気の研究史は、ビタミン発見という輝かしい成果が必ず結末に出てくることで物語が締めくくられる。統計データ（高木の海軍船における比較データや鶏の食餌と病気発症の関連データ）は、原因究明のための一階梯として語られるエピソードにすぎない。統計は、いわば照準を定めるべき場（たとえば米ぬか）を特定するための補助手段の役割しか与えられていないのである。

脚気の原因となる栄養素は、ビタミンB_1と名づけられ、この栄養素を補給することによる治療や予防は目覚ましい成果を上げた。では、「ビタミン欠乏症」においては、先ほどの病原菌説に見られたコッホの三原則は適用されないのだろうか。外部からの菌の侵入がないという点では、欠乏症は感染症とは異なる。しかしこの点を除けば、病原菌説はここでもほぼ無傷のまま残っているとも言える。というのは、単一の（あるいは特定できる複数の）栄養素の欠乏状態という一つの原因が、脚気（あるいは他の欠乏症）という一つの結果につながるのであり、また、その栄養素を実験的に排除することで、病気の状態を再現することもできるからである。つまり、一九世紀末に発見された病気の二大要因である病原菌と栄養素欠乏はともに、単一原因説と結びついていたのである。

〈単一原因で起こるのか〉

単一原因によって病気を説明する方法は、原因と結果を一対一で対応させるという意味で、因果論的であり、また、病気を比較実験によって確実に再現できると考える点で、決定論的である。だが結核や脚気は、本当に単一の原因によって起こるのだろうか。

この点に関して、佐藤純一は次のように書いている。「純粋な医学的観察・実験から検討すれば、このコッホの条件は、出発当時から、実験的にも臨床的にも問題があった、もしくは破綻していたとも言えよう。たとえば、医学的観察からは、第二条件に関して、菌を持っていても発病しない保菌者の問題、また実験的にはコレラなどの発病実験失敗が第三条件の問題として存在していた」［佐藤 2000:119］。

脚気の例に戻るならば、高木兼寛の比較実験では、介入前の献立でも脚気にかからなかった多くの乗組員がいたこと、また自らの献立によって脚気の発生率が減少したものの、皆無になったわけではないことから、献立の変更と病気発生との関係を、因果ではなく相関として考える余地もあったことになる。決定論という言葉が、すべての個別事例について例外なく原因－結果を特定できるという強い意味で用いられるならば、高木の比較実験の結果はその条件を満たしていない。しかし、その後のビタミン発見は、単一原因説を採用することで成し遂げられた。病原菌説においても、栄養素欠乏説においても、たとえ他の知られていない原因が病気発症に関連しているとしても、それらはあくまで「偶然的な」要素であり、主要因が単一である以上、単一原因説は否定されないと解釈されたのである。(7)

(2) ベルナールの学説

〈正常と病理の量的連続性〉

単一原因説はいたって簡潔に病気のメカニズムを説明しており、一般社会に流布されるには格好のものであった。現在でも、多くの病気が「敵となる病原体の侵入」や「何らかの栄養摂取の偏り」によるというイメージは根強い。だが、病原菌説が唱えられたのと同じころに、これとは異なった疾病観もまた、医学研究の中心から発せられていたのである。当時、正常と病理の連続説というこの疾病観を唱えた代表的人物は、医学者・生理学者で、パストゥールとも親しかったコレージュ・ド・フランス教授、クロード・ベルナールであった。ベルナールの疾病観を、ここでは次の二点にまとめておく。

① 正常状態と病理的状態とは、量によってのみ異なる。つまり、質的な相違はない（等質性）。

② 病理的状態とは、正常状態からの過多または過少としての逸脱である。つまり、両状態は連続している（連続性）。

ここでは、カンギレームに倣って、『糖尿病および動物のグリコーゲン生成についての講義』［Bernard 1877］を取り上げる。この著書でベルナールは、糖尿病という「絶妙な」例を挙げ、単一原因説とは異なるしかたでこの病気のメカニズムを説明している。

糖尿病は、その名称から明らかなとおり、尿中の糖の存在によって特徴づけられてきた。古代から、「甘い尿」というしるしによって糖尿病が見分けられてきたという。だが、その発症メカニズムについての定説は未だ確立されていなかった。

ベルナールによる糖尿病の発症メカニズムは、次のようなものである。尿中に糖が排出されるのは、血糖値がある限度に達したときである。血液中のブドウ糖の量が限界に達すると、腎臓は余分な糖を尿中に排泄し、体外に出そうとする。こうして排出された糖分が、糖尿病の指標となる。では、糖尿病は腎臓の異常から生じると言ってよいだろうか。ベルナールはその奥に潜むさらなる原因を追求した。彼の功績は、尿中ではなく、血液中にブドウ糖が恒常的に存在することに注目し、それによって糖尿病患者と非糖尿病患者とに共通する体内メカニズムを明らかにしたことにある。血液中のブドウ糖の存在は、異常でも病理的でもなく、まさに正常な現象である。「血液中の糖の存在は、糖尿病患者だけでなく、生命のあらゆる条件下にある人間や動物に認められる。……したがって、糖は血液の病的な要素ではなく、生理的要素である」［Bernard 1877:220］。しかもこれは、食物からの摂取によって直接起こるのではなく、空腹時であってもつねに糖が存在するという意味で、体内の生理的メカニズムに関わっている。むしろ、「血液中の糖の欠如こそが、病的現象であり、いわば生命とは両立しえない」[133]。彼はすでに動物実験によって、肝臓が糖を生成することを示し、そのメカニズムの一部も解明していた。肝臓において、「まずグリコーゲンが生成され、次いでこれが糖に変化する」[299]ことで、ブドウ糖が作り出される。ベルナールは、生物が外部の環境から取り入れたものをそのまま体内に蓄えるのではなく、固有の内部環境 milieu interne の働きを通じて恒常性を維持していると主張していた。血液中にブドウ糖が恒常的に存在するという事実は、このことを証明する格好の例であった。したがって、血糖は生理現象であるが、その数値が三%から四%を超えると、尿中への糖の排泄という病理的状態に移行する。[8] つまり、糖尿の状態であれ、正常状態であれ、一つの同じ血糖という事実しか存在しない。正常状態と病理的状態を区別するのは、量の相違でしかなく、そのため、どこかで決定的に質が変わる点を定めることはできないのである。

さらにベルナールは、正常な血液中の糖だけでなく、「正常な糖尿」の存在をも示唆していた。彼は、動物実験で人工的に作り出された糖尿は一過性で長続きしないが、その発生メカニズム自体は慢性的な糖尿病の場合と何ら変わりがないことを指摘したあと、次のように推論を進める。「実際に、われわれはつねに糖尿的な diabétiques ou glycosuriques 状態にあると言えないだろうか。つまり、全く健康なすべての人に、正常な尿中の糖が存在しないだろうか」[391 強調原文]。ベルナールは、これまでの自身や他の人々の研究から確たる答えは出ていないとしながら、次のように言う。「多くの場合、その〔正常な尿中の糖の〕存在の痕跡 traces が見られる。一種の移ろいやすい糖尿が存在し、生理状態と病理状態の間で、いたるところで感知しがたい移行がなされている」[394]。

こうしたベルナールの主張を、カンギレームは次のように評している。「クロード・ベルナールは、いかにも反論を受けそうな気がした場合に、自分の解釈にとくに有利な証拠となる事実を持ってこようとして、皮肉にも、逆に実験的証拠なしに、理論に照らしてその事実を認めてしまう」［Canguilhem 1966:35＝1987:46］。実際、糖尿の「痕跡」というのが、いったいどんな具体的事実を指し示しているかは定かでない。ベルナールは、糖尿を生理的メカニズムには存在しない新しい現象と考える説に対抗しようとして、糖尿からその過剰を取り除いた生理的メカニズムの痕跡を探し求めた。生理状態と病理状態との連続性に対する強すぎる信念が、「事実が学説に反するときには事実に従い、学説を棄てねばならない」という自ら立てた公準[9]を裏切らせたのである。

〈反‐統計学〉

ベルナールにおける正常と病理の量的連続性の主張は、糖尿病の例では血糖値という一つの数値を焦点として組み立てられている。この数値を、彼はどうやって発見したのだろうか。一見、健康人から得られる統計的平均値を基準に、正常な血糖値の範囲を定めたと考えられそうである。だが実際には、ベルナールは統計を科学的でないとして斥けていた。すなわち、「生物学にきわめてしばしば応用される数学の〔理化学的計算以外の〕他の形式は、平均値または統計学の利用である。だが、これもまた医学あるいは生理学においてはいわば必然的に誤りを導く[10]」［Bernard 1865:235＝1970:218］。

ベルナールが統計的平均値を痛烈に批判した例として有名なのが、「ヨーロッパ人の平均尿」の話である。「人の尿を二十四時間にわたって集め、平均尿を分析するためにすべての尿を混ぜ合わせたとしたら、まさに実在しない尿を分析していることになる。……この種の例のきわめつけを考え出した生理学者がいた。その人は、さまざまな国の人々が行き交う鉄道駅の公衆トイレで尿を集めれば、ヨーロッパ人の平均尿を分析できると信じていたのだ！」[236=219 強調原文]。この話は失笑を買うもので、平均の使用としては粗雑にすぎるが、ベルナールのレトリックには最適のものだった。もっとも一九世紀半ばという時代は、統計と平均値の熱狂時代とも言え、無意味かつ偏執的な数字集めとその粗雑な加工があふれていた。科学としての医学・生理学を定立しようとした厳格な医学者が、怪しげな似非科学による数字の濫用を非難したのは無理ないこととも言える。だが、ベルナールの統計への嫌悪は、統計の不正確でまちがった使用を戒めるという考えとは別のところから来ていた。統計的推論そのものが、本質的に不正確で非科学的だと考えていたのである。

たとえば、年齢・性別・地域を限定した上で、一定の条件下で健康な人の尿を採取し、それらを混ぜ合わせることなく成分を調べ、そこから得られた値を平均した場合はどうだろう。ベルナールはこの場合でも、平均値から何らかの基準や尺度を作り出すことには反対したはずである。「たとえばある医者が、特定の病気について大量の観察 un grand nombre d'observations particulières を集めたとする。そして、個別事例で観察したすべての症状について、平均的な記載をしたとしよう。これもまた、自然界には決して見出すことのできないものの記述である」[236=220]。平均値が忌避されるのは、それが個々の現実をそのまま映すことがないからである。したがって、この場合には平均値ではなく、「典型例として最適な経験を、しかも必ず現実に存在する事実を代表するような経験を」[237=220] 選び出さなければならない。事例の集計に基づく数値に意味を与えるよりは、典型例を選び出し、そこから個別の因果に基づいて特定の病理状態や生理状態を確定すべきなのである。この主張は、多数の家族の生活費や収入を平均するよりも、典型となる一家族を選び出して詳細な調査を行う方が正しい代表値が得られるとした、ル・プレ Le Play の家計調査についての考えを思い起こさせる。だが、ベルナールの立論は、もう少し深い認識論的な立場に由来している。

ベルナールが標榜するデテルミニスム（決定論）は、統計的推論とは推論の技法そのものが異なっていた。このことは、彼が統計的推論をどう捉えていたかを見るとはっきりする。「統計学は確からしさ *probabilité* を与えるかもしれないが、決して確実性 *certitude* を与えはしない。正直に言って、統計学から引き出した結論がなぜ法則 *loi* と呼ばれているのか理解に苦しむ。というのも、統計的法則などは、私に言わせると確実性や絶対的デテルミニスムという根拠を持たず、確からしさに依拠しているにすぎないからである」[239＝222 強調原文]。したがって、「医学者にとっては、大数の法則と呼ばれているものは何の価値もない。この法則は、ある偉大な数学者の表現を借りるなら、一般的にはつねに真実であるが、個別にはつねに誤っている。つまり、大数の法則は個別の事例についてはは何も教えてはくれないのである」[242f＝225 強調原文]。医者は、個別の患者や症例を前にして、その病気をいかに特定し、どう治療するかを考えなければならない。そうした責務は、たとえば兵士の胸囲の平均値を割り出したり、賭けを何度もくりかえした場合の勝ち負けを計算することとは質が違う。集団ではなく個人が、多くの症例の平均ではなく目の前の一つの症例を解明することが、医師の責務だからである。(11)

こうした批判をくりかえす際、ベルナールが拠って立つのは、確からしさは確実性とは無関係だという主張である。個別の事例について因果を確定できないものは、何も教えてはくれない。ここには、完全に決定された事実と、未だ決定されていない事実の二通りしかない。中間項は存在せず、たとえば八〇％の確からしさというのは意味をなさないのである。八〇％病気にかかっており、二〇％はかかっていないというのは、無意味な言明ではないか。あるいは、特定の症例について決定的な説明がなされなければ、次に同じ症例に出遭ったとき、何の役にも立たないではないか。「自然現象は、それを生み出した原因との関係によってのみ認識される。言い換えれば、現象の法則 *loi* とは数量的に定められたこの関係に他ならない。しかも、与えられたあらゆる事例において、原因と結果との関係を予見できなければならない」〔145=142 強調原文〕。法則は、すべての場面で因果的、決定論的に事実を説明できなければならず、確からしさをもとに確からしさを推論していくなどというのは、科学の資格を欠いた行いである。

このように、ベルナールにおいては、量による正常と病理の把握は、決して統計的推論へと結びつかない。というのも、医学を生理学の基礎の上に打ち立てること、生理学において物理化学におけるような厳密な決定論的法則を探し出すこと、これが、科学としての医学・生理学を確立するための必須条件だからである。量の導入は、絶対確実な数値を用いて生物の生理的メカニズムを説明するという、医学の科学化のための手段なのである。

だが、その後の医学研究の歩みにおいては、こうした厳格な決定論的公準は必ずしも守られなかった。たとえ絶対確実な知識が得られなくとも、八〇％の確からしさは二〇％の確からしさよりも確実性に近いのである。何年以内に特定の遺伝性疾患を発症する確率が何％である、あるいはこの胎児がダウン症で生まれる確率が何％である、もっと一般的には、「ヒトの発癌に関与する因子の⅓が食べ物、⅓がタバコ」〔川根 2000:1439〕といった言明は、決して無意味だとは思われていない。現在ではむしろ、人が行動規範や価値基準を作り上げる際の重要な情報源となっている。確率・統計からの推測は、個別事例について確実には何も言わないかもしれない。だがそれは、何も教えないわけではない。可能性の大小や平均からの偏差は、絶対の無と絶対の有の間の広大な領域で、多くの事柄を語る数値として扱われるようになるのである。

二　病気を統計的に定義する

(1)　高血圧は病気か

〈高血圧の発見〉

ベルナールの正常と病理をめぐる学説は、質的断絶という考えを排除し、量概念によって決定論的医学・生理学を確立しようとしたため、次のような疑問を引き起こした。「病気という概念は、はたして数量化を行う科学的認識によってアプローチできるような、客観的な実在なのだろうか」[Canguilhem 1966:40＝1987:54]。糖尿病の例において、病気と正常とを区別する境界は、本当に数量的に決定されるのだろうか。ベルナール自身は、腎臓はどのような場合にも一定の限界点までは、ブドウ糖を尿へと排泄することはないと考えた。そのため、この限界点を数値によって確定できれば、病気を客観的・数量的に定義できると考えていた。だが現在では、腎臓の濾過の限界点は人によって異なることが知られている。血糖値がそれほど高くないのに尿に糖が認められる人もいれば、高血糖でも尿に糖が排出されない場合もある。あらゆる人に共通する特定の数値によって病気を定義するのは、無理な試みなのではないか。病気の定義には、何らかの「質の変化」という考えが暗黙裡に含まれるのではないか。

だが、この問いを全面的に否定し、病気の定義から一切の質的な要素を排除して、量概念のみを用いようとした人物がいる。冒頭に引用したジョージ・ピッカリングである。ベルナールの場合と異なり、彼は量の導入と決定論的説明とを和解させようとはしなかった。代わりに、統計的な思考法に基づいて病気を定義し、その帰結として、正常と病理の境界線そのものが人工物 artefact にすぎないと言い放ったのである。こうした病気の定義は、彼が高血圧という特異な病気を研究対象とした点によるところが大きい。

そこで、まず高血圧という病気の歴史を概観しておく必要がある。血圧測定そのものは、動物の動脈を生きたまま切断するという残忍な方法で、一八世紀から行われていた。一九世紀には、脈派計 sphygmometer（一八三四）、脈派記録計 sphygmograph（一八六〇頃）が考案されたため、生きた人間の脈が「非侵襲的に」記録されるようになった。現在でも用いられている加圧式血圧計が開発されたのは、一八九六年、イタリアの医師リヴァ－ロッシ Riva-Rocci による。

血圧測定の黎明期に、それを精力的に推進し、病気の予見に役立てたのは病院の医師や開業医ではなかった。人の寿命を予測することに最も関心を持っていたのは、病院ではなく保険会社の医師たちだった[12]。高血圧という概念が生まれる前の一九世紀半ば、彼らはすでに心臓と血管に関連する病気が重大な死因になることを認識していた。二〇世紀に入ると、アメリカの保険会社の医師たちが先頭に立って、血圧測定とデータの保管、予後の追跡調査を行うようになった。一九一〇年には、ノースウェスタン相互生命保険会社の医療部長フィッシャーが、収縮期血圧 140mmHg 以上の人の保険加入を拒否したとされる[13]。高血圧という概念は、保険会社の医師たちの実践の中から、医学研究者の論文がほとんど存在しない時代に、すでに作られはじめていたのである。この概念の出自そのものが、生命保険という確率・統計ときわめて関連の深い分野にあったことは興味を引く。

高血圧という病気の歴史は、血圧を測定する器具の開発、および測定の普及の歴史とそのまま重なっている。「正しく測ること」が、この病気の発見をもたらしたのである。高血圧の原因研究は遅れていたが、血圧の測定値が他の重大な病気の兆候として非常に価値があるということは、保険会社の測定データの蓄積と、予後の追跡によって明白であった。しかし、血圧が死に至る病気の前触れとして注目される一方で、高血圧自体が病気か否かについては論争に決着がついていなかった。その第一の理由は、血圧の上昇以外に何ら症状がなく、原因もはっきりしないタイプの高血圧が多数を占めていたことにある。これをはたして病気と呼んでよいものかどうか、医師たちも戸惑っていたのである。

〈高血圧は人工物である〉

二〇世紀半ばまでに、高血圧は二種に分けられるようになった。腎疾患や内分泌疾患など、既知の別の疾患から起こる一症状としての高血圧は、二次性高血圧 secondary hypertension、原因がはっきりしないが中年期以降に血圧上昇が起こる場合には、本態性高血圧 essential hypertension と呼ばれるようになった。[14] 現在では、大部分の高血圧が本態性高血圧に分類されている。[15] この本態性高血圧が、定義に困難を引き起こしたのは当然であった。というのも、重篤になって血圧を測定しないかぎり本人にも医師にも高血圧を推定できず、また原因もはっきりしないとすると、血圧の値によって病気を便宜的に定義する以外に方法がなくなってしまうからである。

だが、一九五〇年代当時、高血圧に対してこのような意見を積極的に表明する人は少なかった。「なかには、本態性高血圧が他の病気と比べられるような臨床上の実体を表しているかどうか疑わしいと考える人たちもいるにはいた。しかし、こうした考えがしばしば曖昧にごまかされているのを見ると、一般的には、本態性高血圧は単一原因からなる特定の病的実体 morbid entity を表しているという考えが、広く受け入れられていることが分かる。つまり、正常な血圧と高血圧の間にはっきり区別を設けるのが普通なのである」[Pickering 1955:1155]。

このような時代に、高血圧の定義に一種の「革命」をもたらしたジョージ・ピッカリングは、一九三九年から一九五六年までロンドン聖母病院の部長を務めていた。研究者としては、一九三〇年代にすでに血圧調節におけるレニン‐アンジオテンシン系の重要性を示し、認められていたが、高血圧の定義をめぐる論争でさらに有名になった。ピッカリングが一般人口の血圧分布についてまとまった研究成果をはじめて発表したのは、一九五四年の『臨床科学 Clinical Science』誌上であった。「本態性高血圧の病因論」と題されたこの連続論文 [Hamilton, Pickering, Roberts and Sowry 1954] は、ピッカリングが聖母病院医学校の同僚三人との連名で発表したものである。この研究は四つの論文からなるが、第一論文で、母集団全体における血圧分布と年齢・性別の分布を検討している。

彼らは正常血圧を特定するために、できるだけ網羅的で偏りのないサンプルを集めようとした。というのは、当時まで血圧データが最も多く蓄積されていたのは、前に述べた保険会社で、それ以外は大きな工場や大学などが主だった。しかしこれらのデータには、母集団から高血圧群を除外する傾向があり、また年齢や性別に偏りが出るという欠点があった。大集団の調査では、囚人と看守についてのデータを集めたアルヴァレツらの論文 [Alvarez and Stanley 1930] と、これを参考になされた一般人からの無作為抽出によるロビンソンらの論文 [Robinson and Bruce 1939] が知られていた。だが、前者は特殊な環境下にある集団であり、後者についてはデータ処理上の問題点が指摘され、いずれも不十分なものだった。[16]

ピッカリングたちの調査では、病院内で血圧に関連がないとされている科（歯科や皮膚科など）に通院してくる患者たちが選ばれた。計二〇三一名（女性一二〇四、男性八二七）の横断研究を通して彼らが得た結論は次のとおりである。[17]「この論文で示されたデータから、正常血圧と異常血圧を分ける一つの線を引くことには、便宜上という以外いかなる正当化もできないのではないかと思われる」[Hamilton, Pickering, Roberts and Sowry 1954:

28]。そのため、「本態性高血圧という用語は、ある恣意的な arbitrary 価値基準を超えていて、しかも観察された動脈圧を説明できるほかの病気が一切見当たらないような、母集団の一部分を表しているにすぎないと思われる。どこに線を引くかによって、本態性高血圧をありふれた病気にもまれな病気にもすることができる」[29]。実際、当時まで研究者ごとに異なるさまざまな正常血圧値が提起されてきた。⑱ ピッカリングらは、こうした正常値の規定が、いわばどれも正しい、あるいはピッカリングの表現では「どれも支持する証拠がない」[Pickering 1968:231] と結論づけたことになる。

〈単一遺伝子説〉

しかし彼らは一方で、「これらの分布曲線には、血圧に関して二種類以上の母集団が含まれている可能性を排除しきれない」[Hamilton, Pickering, Roberts and Sowry 1954:28] というただし書きをつけている。これは、高血圧集団と正常集団という二種類の質的に異なる集団が存在するかもしれない、という留保である。また、第四論文では、血圧に対する遺伝の影響（遺伝を高血圧の原因とできるかどうか）を、統計を用いて詳細に検討している。これには理由があった。彼らは、高血圧は何らかの病的実体に対する病名であり、そのため病気の集団と正常集団とには質的な差異があるという、当時流布していた学説を無視できなかったのである。

ここでは、こうした学説の代表者として、ピッカリングと論争をくりひろげた、マンチェスター大学のプラット Robert Platt の説を取り上げる。プラットは、高血圧は単一遺伝子による遺伝性の疾患であるという説を唱えており、そのため、一般集団の血圧分布はガウス型の分布（正規分布）を示さないとした。プラットの説をもう少し詳しく見ておこう。

一九五九年の時点では、彼は次のように書いている。「本態性高血圧を中年期に高い血圧をもたらす遺伝的な傾向として捉えるこの考え〔プラット自身の考え〕によると、二つの母集団があることになる。一方は、中年期に血圧が注目すべき上昇を示し、しばしば死亡率に深刻な影響を与えるが、もう一方は長期にわたって血圧がほとんど上昇しない集団である。もしこれが本当なら、一般集団についてのいかなるサンプルも年齢による上昇を示す。なぜなら、サンプルは二つの母集団の平均を示すからである。また、中年期の血圧の頻度分布は、二峰性 bimodal の分布を示すと思われる。血圧のいわゆる正常レベルで一つめのピークを、母集団中の高血圧集団を表すところでもう一つのピークを持つはずだからである」[Platt 1959:55]。そして、ピッカリングらの論文を取り上げ、彼らの主張は臨床医の経験と合致しないし、ガウス分布から見てゆがんだ形になる高血圧の分布曲線に、二峰性の分布が潜んでいる可能性もあると指摘している。彼はまた、ピッカリングらの論文に示されたデータを再検討し、高血圧が単一あるいは少数の優性遺伝子によって決定されることを示そうとした。彼は、高血圧患者の親族のデータが二峰性の分布を示せば、親族の中で高血圧が遺伝したグループと遺伝しなかったグループに分けられると考え、それに成功したと主張した。たしかに、プラットが作成したグラフ（[Platt 1959:56f]）では、とくに収縮期血圧についての図5で顕著に、150mmHg のあたりに谷間ができている。

六〇年代には、プラットの形勢はすでにあまりよくなかったので、彼の説は若干の修正を加えられてさらにややこしくなっている。彼は本態性高血圧患者の親族の収縮期血圧を示したデータを再度ピッカリングらの第四論文から引き、そのグラフに一般集団のグラフを重ねて比較した。それらを分析した結果、彼は以下の結論にいたった。「この分布曲線を説明するために、私が提案する遺伝メカニズムは次のとおりである。ホモ結合体では重度の高血圧を引き起こし、ヘテロ結合体では緩やかな血圧上昇をもたらす単一の遺伝子の存在である」[Platt

1963:901]。重症の高血圧患者の親族が、必ずしも同じように高血圧になるわけではなく、数値にはかなりのばらつきが見られた。メンデル優性遺伝という自説を保持しつつこの現象を説明するため、プラットは、高血圧遺伝子ホモ型、ヘテロ型と、高血圧遺伝子を持たないホモ型という三種類の遺伝型に人間集団を振り分けようとした。

彼は、双子や高血圧患者の親族のデータに基づく研究を長年行ってきた。その経験から、高血圧患者だけを見ると、明らかにその血縁の者にも高血圧が非常に多く、これがプラットに遺伝の役割を強く意識させたのであろう。とくに一卵性双生児の血圧値が、たとえ長期間離れて生活していてもきわめて近い値を示した例から、環境要因を過小評価してしまったのかもしれない。そのため、フラミンガム研究などの貴重なデータが蓄積され、一般集団での血圧分布についての研究成果が出はじめても、遺伝による病気という実体entityを否定することができなかった。あるいは彼は、医学の伝統である、「病気のカテゴリーを、患者の観察から作り出す」という作業を、忠実につづけていただけとも言える。ピッカリングらの研究と、その後のピッカリングの挑戦的な主張は、プラットに見られるような古典的医学の伝統的思考法に、鋭く対立するものだったのである。

(2)　決定論と統計的思考法

〈メンデル派の遺伝理論〉

高血圧の原因に関して、プラットはある年齢を超えると血圧を上げる働きをする遺伝子の存在を想定していた。彼の遺伝説はメンデルの法則にしたがった遺伝を想定している点で組み合わせ論を用いた遺伝の考え方をとっている。これは、一九〇〇年頃にメンデルの法則が「再発見」されて以来、まず合衆国に普及し、そこから世界に広がったメンデル派の遺伝観である。二〇世紀前半には、アメリカは優生学の全盛期で、黒人差別と移民排斥を熱望する世論に力を借りた人々が、刑務所に収容されている「劣等者」の家系を訪ね歩いて膨大な家系図を書いた時代であった。一方イギリスでは、優生学 eugenics ということばの発明者で、生物測定学 biometry 発展に貢献したゴルトンが、遺伝研究における最も著名な人物であった。弟子のピアソンもまた、生物測定学の手法を忠実に守ろうとした。そのためイギリスでは、二〇世紀初頭にはピアソン率いる生物測定学派とイギリス優生学協会のメンデル派とが遺伝学の世界で対立していた。[19] ゴルトン自身は『遺伝的天才』［Galton 1869］で、家系調査を用いて才能の遺伝を立証しようとしており、メンデル派とあからさまに対立した形跡はない。しかし、生物測定学派とメンデル派の対立は、イギリス優生学運動の中での単なる派閥争いではなく、両者の思考枠組みの違いに原因がある。

メンデル派の遺伝の考え方は、次のようなものである。ある特定の遺伝子の組み合わせが、特定の遺伝型を作り出し、その組み合わせによって表現型が確定される。人間の血液型なら、ＡＡ、ＡＯの二種類の遺伝型が、Ａ型という一種類の表現型をもたらす。この考えは、ある特定の原因が定められた結果を生むという意味で、因果論的・決定論的である。現在の遺伝子研究では、これよりずっと複雑な多因子遺伝のメカニズムが主要対象となっているため、これほど単純な組み合わせで説明されるケースはまれである。病気の原因となる候補遺伝子の選定に当たっては、統計データをもとにした有意性検定や、信頼区間を設定した誤差のコントロールといった統計的手法が用いられる。だが、遺伝子研究は一九八〇年代から急速に発展した分野で、プラットの頃にはごく限られた知識しかもたらされていなかった。そのため当時のメンデル派は、限られた原因遺伝子についての知識が得られれば、病気の原因を特定できると考えていた。メンデル遺伝学は、古典的な決定論の延長上に病気の原因を特定するという、因果論に基礎を置く「科学的要請」に合致すると見なされていたのである。

〈生物測定学〉

これに対して、ゴルトンの遺伝についての考え方は、徹頭徹尾統計的であった。第一に彼は、人間を集団として取り上げた場合、その身体的・精神的特性の多くが正規的に分布すると考えていた。第二に、それが遺伝によって決定されるという信念を持っていた。そして、第一の考えと第二の考えを結びつける際に、独特の推論をしたのである。具体的には、遺伝について彼の頭を悩ませたのは次のような事態である。たとえばある世代に非常に背の高い人がいる。その子どもは多くの場合やはり同じように背が高いが、親の代ほどではない。才能についてもしばしば同じことが起こる。ゴルトンはこれを、凡庸さへの退行 reversion と捉えた。しかし、ある世代を全体として取り上げた場合には、分布は同じような形を取るだけでなく、その平均値は一定している[20]。

たとえば、彼はある家系の中で最も傑出した人物を頂点として、次のような遺伝の図式を考えていた。「統計の示すところによると、頂点に至る前の世代には、才能 ability の平均的増大が規則的に見られる。また、あとにつづく世代には、同じように規則的な才能の減少が見られる」[Galton 1869:84]。ゴルトンの示した一覧表によると、ある家系のうち最も傑出した人物の祖父が秀でている割合は七・五%、父親が秀でている割合は二六%、息子は三六%、孫は九・五%というようになる。一方で優れた人間と凡庸な人間が世代ごとに入れ替わることと、他方で世代全体を相互比較すると才能の分布は一定しているという（ゴルトンにとっての）事実とを整合的に説明するために、彼は再度統計的な思考法に活路を見出す。ゴルトンは、部分の入れ替わりと全体の一定性を同時に説明するための不思議な道具を用いて、こうした現象を説明したのである。この道具はのちに quincunx と名づけられた。日本語では「五つ目型」とでも訳されるもので、最初のタイプは一八七三年ごろに考案された。quincunx

は四角い箱で、前面にガラスの蓋がついており、上部に漏斗のような形の入れ物がある。そこから小さな玉が下に向かって落ちる。途中には、正方形の四つの角および中心の五つの点を基本形とする釘の出っぱりが多数作られ（この基本形から五つ目型と呼ばれる）、玉はその釘に当たってランダムに向きを変えながら下に落ちる。パチンコによく似た装置である。ゴルトンは多数の玉を落とすとそれらが箱の底にたまって正規分布を形づくることを示した。一八七七年には、彼は改良版を発明している。そこでは、玉が落ちていく途中に、いったん中間地点が作られる。中間地点の底板は取り外し可能で、縦に等間隔に間仕切りがある。中間地点でも玉はもちろん正規分布を示すが、おもしろいことに、たとえばそこから一つの間仕切り部分の玉だけを下に落とすと、落ちた玉は小さな正規分布を作る。この分布は全体の分布を同じ形のまま縮小したものになる。つまり、全体の分布は、部分の小さな正規分布の総計なのである。[21]

ゴルトンは、遺伝が基本的にはこうした仕組みで起こると考えていた。分布の特定の幅に属する人々（五つ目型の中間地点で一つの間仕切りに入る人々）の子孫は、親の代全体が作る分布と同じ形の小さい分布を作る。右寄りに落ちる玉（子孫）もあれば、左寄りに落ちる玉（子孫）もある。こうして、集合的に見ると人間の諸特性は統計的規則性（ゴルトンにおいては誤差法則）にしたがって、親の代から子の代へと伝えられるのである。

〈相関と因果〉

話がややこしくなったが、注目したいのはここでのゴルトンの説明方法である。彼は、人間の特性の分布もその遺伝のあり方も、ともに統計的規則性によって説明できると考えた。人間の特性は正規分布し、遺伝も誤差法則にしたがう。ここでは、個々の人間の遺伝メカニズムを、一つ一つ因果的に説明するという方法は取られない。

集団として見ると、遺伝は統計的規則性を示し、個人として見た場合には、たとえばある身長の親から生まれた子どもの身長がある範囲に収まる確率はどのくらいか、というしかたで示される。つまり、ゴルトンは人間の特性やその遺伝を説明するために、要素還元的・因果論的な手法を全く使うことなく、確率・統計のみに依拠した説明を行ったのである。

生物測定学はゴルトンの弟子のピアソンによって体系化が進められたが、その思考法がメンデル派と相容れなかったのは、このことから容易に想像できる。というのも、メンデルの法則は事象を基本的な要素単位に分解し、次にそこからの組み合わせや総合によって複雑な現象を説明するという、近代科学の基本的推論様式の枠内にある。これに対し、ゴルトンは現象を要素へと還元することなく、むしろそれらを集めて統計を取ることで、はじめてそこに規則性が現れると考えたからである。しかも、統計的規則性が生まれるプロセス、たとえば遺伝のメカニズム自体も偏差の法則にしたがうとして、統計規則を用いて説明しようとした[22]。ゴルトンの発想は、どこまで行っても要素還元的な思考と交差することなく、徹頭徹尾統計的である。

ベルナールが科学の要諦とし、プラットが科学的医学の前提と考えた決定論的な思考法と、生物測定学派との考え方の相違は、ピアソンによって深められた相関 correlation 概念にはっきりと表れている。ここでは、相関は統計数学のツールの一つという以上の哲学的意味を帯びている。ゴルトンもピアソンも、ある事象と別の事象との関係を考える際、原因→結果という因果の連鎖を一つ一つ確定していくという方法をとらなかった。むしろ、事象Aと事象Bがどの程度関わりを持つかという「度合い」の問題として考えた。親の才能はどの程度子の才能と関わっているか。腕の長さと身長とはどの程度関わりがあるのか。ここでは、ある原因がある結果を必然的にもたらすとは考えられていない。親から子への遺伝の程度は、両者の相関の度合いとして表現できる。相関は、理科の成績と数学の成績といった、原因‐結果の関係にはないが関わりを持つと考えられる事柄や、喫煙と癌との関係のように、百パーセントの原因でないことは明らかだが、多くの場合強い関わりがありそうな事柄を対象とする際、威力を発揮する概念である[23]。そしてここで、相関の度合いの決定は、集められたデータからの相関係数の算出として、つまり統計集団のレベルにおいてのみ行われるのである。

ピッカリングの高血圧についての考えが、こうした生物測定学の思考法と共通するのは明らかである。彼は、血圧分析の基本を次のように述べている。「動脈圧とは、物理・化学的というよりは生物学的な量であり、生物測定学の標準的手法によって分析できる」[Pickering 1968:2]。生物測定学によって血圧を分析するとは、人口集団におけるその分布を測定し、個人をそのうちのどこかに位置づけるということである。ここでは、個々の事例において特定の血圧状態をもたらす因果的なメカニズムは、副次的なものとなる。

たとえば、プラットが固執した高血圧の遺伝についてのピッカリングらの分析はこのことを示している。彼らは一〇九人の本態性高血圧者の一親等に当たる親族の血圧を測定しそれを正常血圧者の一親等一〇二人の数値と比較した。さらに、他の研究者のデータも参照して得られた結論は、次のとおりである。まず、年齢に関係なく本態性高血圧者（拡張期血圧 100mmHg 以上）の親族集団は、正常血圧者の親族集団より血圧が高い。そして、「高血圧への遺伝の寄与度を最もよく表すのは、回帰係数〔あるいは相関係数〕〇・二かそれより少し大きい数値である」[Hamilton, Pickering, Roberts and Sowry 1954:297]。また、「動脈圧を決定する遺伝的要素はおそらく多因子 multifactorial である」[298]。

現在でも、高血圧は多因子病であるとされ、その原因を因果論的に確定することは不可能なままである。遺伝学は「ゲノム医学」として飛躍的な進歩を見せているが、その結果明らかになったのは、高血圧には多くの遺伝要因や環境要因が関与しており、しかも同じ要因（因子）が高血圧につながる場合とそうでない場合があることである。また、多数の因子の組み合わせや複合のしかたによって、結果に大きなばらつきが出てくる。そのため、それぞれの因子の役割を確定することも困難である。相関や寄与度といった統計的推論方法は、このような場合に集団レベルでのおおよその目安を与えるのに役に立つ。統計的推論は、絶対確実な知（エピステーメー）ではないが、ただの憶測（ドクサ）でもない、証拠 evidences に基づく知識、あるいは情報を与えてくれるのである。[24]

〈どこからが高血圧か〉

このように、多因子病としての高血圧に関して、統計的思考法が有力な説明法を提供するとしても、一つの問いが答えられないまま残っている。いったいどこからが高血圧なのか。たとえ線引きにはっきりした根拠がないとしても、妥当な線をどこかに見出さねばならない。だとすれば、何を基準に妥当性を判断すればよいのか。

これについてピッカリングは、これまで検討してきた諸論考を発表する以前から、高血圧を病因ではなく重症度で分類する方が妥当であるとしていた。なぜなら、急激な死亡に至る悪性の経過をたどる症例が、病因ではなく重症度に関わっていることが、症例研究や動物実験によって突き止められたからである。また、長期間病状が変わらない良性の高血圧であっても、血圧が高ければ高いほど降圧治療の効果が大きいとした。どちらの場合も、患者の年齢・性別や生活習慣などに合わせた、「治療の効果」という観点からの診断を薦めている。したがって、誰にでも適用される単一の境界血圧値は定められていない。

たとえば、合併症がない良性高血圧の場合には、三回受診して常に拡張期血圧 120mmHg 以上なら血圧が高すぎ、90mmHg 以下ならまず害はないとする。また、五〇歳以上で、男性 100mmHg 以上、女性 105mmHg 以上がつづく場合には、降圧治療を開始すべきとしている（[Pickering 1970＝1974:123]）。治療を開始するか否かの判断基準は、比較対照試験から得られる。これは、ほぼ同じ血圧値を持つ症例群を、治療群とコントロール群（比較対照群）に分け、前向き研究（長期間の追跡調査）によって死亡および罹病のリスクの違いを統計的に算出する方法である。こうした試験結果を参照した上で、治療を開始することによる患者の精神的負担や、投薬以外の生活習慣改善（禁煙や塩分制限）によって血圧値を下げる可能性の検討、また投薬による副作用と降圧による死亡・罹病リスクの軽減との比較などを通じて、最良の治療法を選択すべきとしている。

現在の高血圧の定義においても、基本的にはピッカリングの考えと同じ方針が採用されている。医学界では一九八〇年代以降、診療ガイドライン作りがさかんになっている。高血圧にも世界的に認められるガイドラインが存在するので、それを参照して、現状での高血圧の定義と分類がどうなっているかを見ておこう。

高血圧ガイドラインとして広く認められているのは、ＷＨＯ－ＩＳＨ（世界保健機関－国際高血圧学会）ガイドラインと、ＪＮＣ（米国合同委員会）ガイドラインの二つである。一九九九年版のＷＨＯ－ＩＳＨガイドラインが作成されるまで、二つのガイドラインの定義は異なっていた。[25] この理由について、一九九九年版ガイドラインは次のように述べている。「血圧の高さと心血管リスクには連続的な関係があり、また高血圧の定義が本質的には恣意的なものであるため、種々の国内および国際的な権威によって発表された定義、とくにＪＮＣとＷＨＯ－ＩＳＨガイドライン委員会から発表された定義には相違が見られる」[Guidelines Subcommittee:chap.4]。ここで「連続的な関係」とは、特定の血圧値で突然リスクが変わる断絶点（グラフの勾配が変わる、あるいはなだらかな曲線または直線ではなくなる）がないということ、すなわちどこからが危険かを分布自体の切れ目によって特定できないということである。また、高血圧の定義の恣意性も、はっきりと認められている。

表1　高血圧の定義

カテゴリー	収縮期血圧(mmHg)	拡張期血圧(mmHg)
至適血圧	＜ 120	＜ 80
正常血圧	＜ 130	＜ 85
正常高値血圧	130 〜 139	85 〜 89
グレード1高血圧（軽症）	40 〜 159	90 〜 99
サブグループ：境界域高血圧	140 〜 149	90 〜 94
グレード2高血圧（中等症）	160 〜 179	100 〜 109
グレード3高血圧（重症）	≧ 180	≧ 110
収縮期高血圧	≧ 140	＜ 90
サブグループ：境界域高血圧	140 〜 149	＜ 90
患者の収縮期血圧と拡張期血圧が異なるカテゴリーに属する場合は，高い方を採用する。		

（1999年版 WHO-ISH ガイドラインより）

その上で、高血圧は表1のように定義されている。

さらに、高血圧患者の管理については、血圧だけでなく「他のリスク因子や糖尿病などの随伴疾患、標的臓器障害、および心血管疾患あるいは腎疾患の有無にも基づくべき」[*ibid.*] だとする。これらのリスク因子の組み合わせによって、患者は低リスク群、中等リスク群、高リスク群、超高リスク群に再分類される。この分類の根拠となっているのは、フラミンガム研究（註(16)参照）の被験者についての、一〇年間の平均リスクに関するデータである。ここでは、心血管疾患のリスク因子の有無やその組み合わせ、また他の環境因子との組み合わせによって、死亡率や罹病率にどの程度の差が出るかについての統計調査が、患者分類の根拠となっている。たとえば、「六十五歳の男性糖尿病患者が一過性脳虚血発作の病歴を持ち、145/90mmHg であった場合は血圧は同じでも年齢が四十歳で糖尿病も心血管疾患の既往症もない男性と比較すると、主要な心血管事故の年間リスクは二〇倍である」[Guidelines Subcommittee 1999:chap.2] といったしかたで、リスクの複合による重症度分類の根拠が示される。

こうした分類につづいて、生活習慣改善および薬物投与による治療法が検討される。とくに生活習慣については、薬物の場合のように薬理学的な降圧作用のメカニズム解明が難しいこともあり、効果の証明はもっぱら統計研究によっている。たとえば、「高血圧患者における無作為化比較試験で、ナトリウム摂取量を一日約180mmolから一日80~100mmolまで制限すると、血圧が平均して収縮期で約4~6mmHg下がった」［Guidelines Committee:chap.5］といった具合である。もちろん、降圧薬の効果についても、その化学的・薬理学的なメカニズムの研究だけでなく、臨床試験の積み重ねと、それらを総合して評価するためのメタ分析は欠かせない。「これまでの利尿薬やβ遮断薬を基本にした降圧療法の無作為化臨床試験は、合計約四七〇〇〇人の高血圧患者を対象に平均約五年間にわたって行われた。……平常の拡張期血圧を最終的に5~6mmHg低下させることにより、脳卒中のリスクを三八%低下させ、冠動脈疾患のリスクを一六%低下させることができ」［*ibid.*］たことが分かれば、これらの薬の有効性が「臨床的」に、すなわち統計的に認められたことになる。

また、日本高血圧学会の『高血圧治療ガイドライン二〇〇〇年版』［日本高血圧学会2000］は、WHO－ISHの基準を掲げ、日本では「血圧値が140/90mmHg以上の者および降圧薬服用者を高血圧とすると、三〇歳以上の男性では四八%が、三〇歳以上の女性では四〇%が高血圧である」［15］としている。この数字は、一回限りの測定データを採用したもので、正確性に欠けるとのただし書きがある。それにしても割合が高すぎ、多く見積もりすぎではないかとの感は否めない。これは、一九九〇年に行われた第四次循環器疾患基礎調査をもとにした数字だが、別の論文では、一九九八年の厚生省国民栄養調査をもとに計算すると、高血圧患者が日本で三七〇〇万人に上ると指摘されている。㉖

「患者」の降圧目標値に関して言えば、一九九九年ガイドラインはさらに厳しい基準を設けている。一九九三年のWHO－ISHガイドラインでは、正常血圧値は140/90mmHg未満で、「至適」や「正常高値」といった煩瑣な区分はなかった。それが、九九年版では、若年・壮年または糖尿病のある患者では、至適あるいは正常血圧値（130/85mmHg 未満）に、高齢患者は少なくとも正常高値（140/90mmHg）に到達させるべきという理由で、新たな区分がつけ加えられた。九九年版で降圧治療目標値が下がった理由については、「欧米を中心にして行われた大規模臨床試験の成績、あるいは降圧効果の優れた降圧薬の併用療法によって降圧目標まで降圧が可能になったことによる」［日本高血圧学会 2000:23］とされている。だが、ＷＨＯ－ＩＳＨガイドラインが根拠とする試験結果から、この目標値を導き出せるかどうかは数値の解釈によるとしか言いようがない[27]。絶対的な基準が存在しないのが、本態性高血圧という病気の本質なのである。

本態性高血圧の定義は「本質的に恣意的」である。同じ意味で、治療目標値も恣意的でしかありえない。根拠となるのは、大規模試験でのリスクの増大や減少でしかなく、しかもそれぞれの試験結果には、さまざまな解釈の余地が残されている。あるいは試験自体を別の視点から眺めてみた場合（たとえば、降圧治療がもたらす心血管性疾患以外の病気への影響など）評価が変わってくる可能性もある。ところが、こうした「恣意性」は、ガイドラインの数値がいったん確定し、それがＷＨＯのような「権威」によって承認されたとなると、もはや顧みられることすらなくなってしまう。つまり、医師会や学会、製薬会社、病院関係者、そして公衆衛生を担う公的機関である厚生労働省やＷＨＯなどの利害関心や損益計算、保健戦略によって、高血圧の閾値はどのようにも決められうるのである。もちろん、ＥＢＭ（根拠に基づく医学）が推奨され、個々の医師が勘と経験だけで治療を行うことが批判されている今日、何の「客観的」根拠もない治療は許されないのだろう。しかし一方で、診断と治療の根拠そのものが、比較試験をはじめとする統計調査結果に基づいて作られている以上、そこには絶対確実な根拠や基準など、はじめから存在しないのである。

ピッカリングが示したプラグマティックとも言える高血圧の治療法は、患者一人一人に関わる臨床的な経験ぬきに一義的に高血圧を定義することが無意味であることを、彼自身よく知っていたことを示している。しかし、彼が行った高血圧の統計的定義は、それがいったん数値化されると、数字そのものが実体であるかのように力をふるいはじめるのである。

(3) 予防医学のストラテジー

〈健康には限度がない〉

高血圧という「病気」は、病気であるかどうかが質ではなく量として、あるいは程度の問題として捉えられた先進的な事例であった。だが、高血圧はもはや特殊な例外ではなくなっている。最近では、たとえばピッカリングの教え子である疫学・予防医学研究者、ローズ Geoffrey Rose が次のように書いている。「ピッカリングがはじめて示した高血圧の疾患としての特徴というものは、現在では、例外的なものではなくて、通常のもの the norm になっている。感染症を考えてみても、明らかな『臨床的』症例から、特殊な検査によってしか分からない症状のない不顕性感染の例まで、すべて連続的、数量的に捉えられている。癌のような臨床的な疾患も……、一連の連続的な病理学的変化の諸段階を持つ」[Rose 1992:8=1998:9]。ローズは、例外は単一遺伝子異常によって起こる先天的異常のみで、しかも単一遺伝子が原因の多くの疾患においてすら、多様な発現様式があるとしている。したがって、「ほとんどすべての疾患は、あるかないかの定性的〔な質の差異〕ではなく、どの程度であるかという〔意味で〕定量的に捉えられるということになります」[9=10]。統計を日常的に使いつづけている疫学研究者から見れば、病気を質によって定義するなどというのは、異なる多数の症例や比較対照試験によって出てくる多様な結果を無視する、それこそあまりにも大雑把な話ということになるのだろう。さらに彼は、収縮期血圧が上がるほど、冠動脈疾患または脳卒中での死亡割合が連続的に上昇しているグラフを示し、重症化に伴うリスクの上昇も連続的であることを強調している。

こうした定量性・連続性という前提をもとに、ローズが主張する「予防医学のストラテジー」は驚くべきものである。まず、リスクの連続的分布の中での、特定のリスク段階（ゴルトンの五つ目型なら同じ間仕切りに入る人々）の数に注目する。すると、多くの人がかかる病気、たとえば現在日本では「生活習慣病」という名称が与えられているような病気においては、ハイリスク集団の数は実はそれほど多くない。平均値とその周囲にたいていの人が収まるのである。こうした平均に近い人々が持つ、一人一人としてはほんのわずかなリスクが、集団全体として見ると人数が多いことから、実はハイリスク集団以上に全体の死亡率を押し上げるというのである。たとえば「〔コレステロールによる死亡者という〕高めの範囲にいる集団に大きく関わる」[24＝26]。問題は、〔ハイリスク集団ではなく〕むしろ分布の中心よりやや高めの範囲にいる集団に大きく関わる」[24＝26]。そのため、予防医学が効果を上げるためには、ハイリスク集団だけでなく、「集団全体、リスクの全分布を対象とするべき」[27＝29] だということになる。ローズはこれを、「ポピュレーション・ストラテジー」と呼び、すべての人に健康管理の重要性を理解した行動を取らせるための戦略であるとする。なぜなら、「平均的健康よりもさらにより健康なほうが好ましい」[*ibid.*] に決まっているからである。

〈健康日本21〉

こうした発想は、日本において厚生労働省が進めている「健康日本21」プランにおける、一次予防重視の方針にそのまま反映している。日本における予防医学は、大正期の工場法下の健康診断にはじまり、戦後の職域健診、学校での定期健診の普及によって、健診を通じた早期発見、早期治療を基本方針としてきた。しかし、結核に代わって死因の上位を占めはじめた成人病に対して、健診による発見は十分な効果を上げなかったという評価が下されるようになった。そこで、早期発見・早期治療という「二次予防」の方針に代わって、いっそうリスクの低い層に対する「一次予防」という考え方がクローズアップされることになる。昭和三〇年代から用いられてきた「成人病」という用語は、一定年齢になるとリスクが高まるので健診でチェックするという意味を含んでいた。これに対して、平成八（一九九六）年に導入された「生活習慣病」という用語には、中高年だけでなく、国民全体の日々の生活を変えてゆこうという意図が表れている。当然のことながら、背景には医療コスト削減という大きな目標があり、予防効果を高めることで、国民医療費を抑制し、高齢化に伴う医療費負担増を抑えようという目的がある。[28] 一次予防は、まさにローズの言うハイリスク集団以外の大多数の人々をターゲットとした健康増進戦略であり、健康なうちに、もっと健康になるための自己管理を勧めるという政府の方針である。

「健康日本21」別表は、まさに目標数値のオンパレードである。そこから読み取れるのは、一次予防戦略が、これまで医療の対象とはならない「その他大勢」のおおむね健康と見なされてきた人々にも、つねに自分の健康状態に気を配らせることを目標としている点である。たとえば、「適正体重を維持している人」と区別される、適正でない体重の人とは、どんな人だろうか。彼らは、なだらかな分布のどこかで恣意的に区切られた数値に基づいて、適正でない状態、あるいは病気にかかるリスクが相対的に高い状態にあると見なされた人々である。もちろん、線引きに根拠がないわけではない。その根拠が、統計に、それもデータを特定の観点から解釈した結果の複合にのみ依拠するというだけである。病気の治療としての医療ではなく、多くの人が健康を維持するという予防医学の観点からは、食事についても、食塩摂取制限やカルシウム摂取の推奨は言うまでもなく、自分の適正体重を維持することのできる食事量を理解している人を成人の八〇％以上にする、運動については、意識的に運動を心がけている人を六三％以上にするなど、実に意欲的な数値が並んでいる。最後の「別紙」には、喫煙による各種疾患の相対危険度の増大と、禁煙による危険度の減少についての疫学研究結果の数値が並んでいる。

これらの数値を見て、健康増進に励む人もいれば、余計なお世話と思う人もいるだろう。しかし、少なくとも日本では、今後医療費の個人負担が増え、民間保険への依存が高まることはまちがいない。公的保険や福祉が基礎的な部分しか（あるいはそれすら）保障できなくなるのは時間の問題だからだ。そうなれば、健康は単に寿命や快適な生活の問題ではなく、経済的コストの問題として、まさに個人の生活設計の大きなウェイトを占めざるをえなくなる。そして、病気と健康との間にはっきりとした境界がなく、一次予防に医療コスト削減の可能性が求められる以上、健康追求と個人の自己管理にも終わりがないのである。

これは、健康と病気に関して「リスクの細分化」を行い、リスク評価を個人の行動や生活習慣へと反映させる、新しい統治戦術の一つである。人は、病気であるか健康であるかという質的な二分法に基づいて、どちらかに振り分けられるのではない。どんな人間も何らかの度合いのリスクを抱えている。その度合いに応じた健康への配慮と生活習慣の改善が、自己責任と自己管理の問題として浮上してくる。これが、二一世紀の「健康包囲網」の姿となるであろう。

おわりに

ベルナールは、統計が個々の事例について確実には何も言わないこと、確からしさはどこまで行っても確実性には至らないことを、統計学の限界と捉えた。しかしそれは、現在では統計学の限界というよりは無限の可能性であるかのように見える。たとえば大規模比較試験について、「千人、万人を対象としなければ見つけられないような違いが、臨床上（つまり患者や医者にとって）どのような意味があるのか」［近藤 2001:266］という疑問は、たしかに持ちつづけるべきものである。しかし、実際には一〇〇〇例のうちのたとえば二例に関わる結果であったとしても、ある治療や予防の「根拠 evidence」として、「相対危険度」がこれだけ高まるという表現で別の数字に翻訳され、さらにそこから治療目標値が作られ……といくつもの段階を経ると、根拠となった臨床試験そのものの内容を一般の人々が知り、それについて自分なりに解釈する余地はほとんど残されていない。山のようなガイドラインと日々産出される臨床試験結果（しかも大部分が英語）をいちいち検討している暇のある人は、そういないはずだ。そして、一人の人間や一つの症例については確かなことを言わないはずの統計数値が、確率や相対危険度として示されるとき、それ自体をもとにして個人が行動様式や生活習慣を修正し、自己管理するための判断の「根拠 evidences」となっていくのである。

統計は、それが集団を対象とするにもかかわらず、個人の判断やふるまいを規定する力を持つ。それはまるで、「社会」という個人にとっては外在的な一種の力が、個人を外部から動かし、全体としての秩序を作り出すという、デュルケムが描いたダイナミズムのようである。たとえ高血圧の定義が恣意的な基準による人工物にすぎないとしても、国際的に権威を持ったガイドラインとなり、その基準値に基づいて保健衛生政策が立てられ、治療が行われ、予防のための指導やキャンペーンがなされれば、それは個人にとってはどうすることもできない強制力を持つのである。恣意的であることと、個人が自由に操れることとは全く別の事柄である。いったん社会的な規範力・拘束力を持ってしまった基準は、その根拠を自然に求めることなしに力を発揮しつづけることができる。むしろ統計という、社会集団なくしてはその存在自体ありえない、確からしさprobabilityに拠った基準であるからこそ、特定の制度の下で、特殊な利害関係・権力関係に規定されて決められうる反面、いったん決まったものが既成のルールとして、個人にとって逃れられない強制力を持つという、一種の顛倒が起こるのである。

かつてミシェル・フーコーは、近代においてはじめて医学は集団のものになったと言った。この集団の医学は、今では病気の定義や治療の根拠にまで浸透している。それによって、社会の「住民population」である医療サービスの受け手は、統計によって定められた病気と健康の定義にしたがって、自分の生活習慣を改善し、健康を管理することを強いられる。二一世紀は、健康が文字通り人の財産となり、終わりなき健康を死ぬまで追求しつづけるよう駆り立てられる、際限のない時代になるのだろうか。

（1）　この学説はカンギレームの著書では「ブルセの原理」と呼ばれている。その内容は本書第二章二―⑵を参照。

（2）　この点については、[Hacking 1990:chap.21] で、ゴルトンにおける遺伝法則の捉え方を例に説明されている。本章における「統計的思考法」という考えは、このハッキングの議論をもとに着想したものである（本章二―⑵「決定論と統計的思考法」を参照）。なお、統計的推論の論理一般については、[Hacking 1965] を参照。また、絶対確実な認識とは別種の、「人間的な合理性」に関わる論理の探求史（確率論史）については、[伊藤 1997] を参照。

（3）　[Rosen 1958:chap. Ⅶ] を参照。

（4）　[常石 1989] を参照。

（5）　高木の実験については、[松田 1986] を参照。また、高木がイギリスに留学した経緯、および彼の説に対する陸軍軍医森林太郎（鷗外）の執拗な攻撃については、[吉村 1991] を参照。

（6）　疫学研究は、基本的に統計を用いた比較研究の手法を取るが、方法の違いによって細かく分類されている。分類の細目については、[Dawson-Saunders and Trapp 1994:chap.1] を参照。
（7）ここで「偶然的」というのは、科学における説明からは排除されるべき「ノイズ」の意味で、確率計算の対象となる、たとえば「半分の合理性（信頼度）」を生み出すような偶然ではない。
（8）ただし、ベルナールはここで、食事の後には血糖は増加し、空腹時には「その強度は弱まる」[Bernard 1877:132] ことを認めている。また、血糖値が変化しやすい性質のものであることも認めている（第八講参照）。
（9）[Bernard 1865:287f=1970:267] を参照。
（10）フランスでは、医学における統計の使用は、保険会社の医師たちの特殊な世界を除いてなかなか普及せず、この傾向は現在でもつづいていると言われる。こうした傾向の大きな原因が、ベルナールをはじめとする医学界の権威が統計を認めなかったことにある。このことについては、[Postel-Vinay 1996=1997:44] を参照。
（11）ベルナールは、平均値の使用と統計学全般とを一応区別して論じている。平均値が個別事例の差異を相殺してしまうために批判されるのに対し、統計学は大数についての頻度や確率しか導き出せないために批判されている。
（12）保険会社の医師たちの活動について書かれた資料はあまりない。それ自体を主題とした数少ない著書として、[Stévenin 1951] がある。
（13）[Postel-Vinay 1996=1997:55f] を参照。
（14）中年期における過度の血圧上昇を高血圧の指標としたのは、[Allbutt 1915] が最初であるとされる。なお、現在では幼児・青少年期の本態性高血圧も認められている。
（15）欧米の高血圧専門外来では、九〇～九五％が本態性高血圧で、日本の数少ない疫学研究である久山町研究では、二次性高血圧は三・八％にすぎなかったという報告がある [日本高血圧学会 2000:71]。
（16）[Postel-Vinay 1996=1997:155] を参照。結局、一般集団を対象にした大規模な血圧調査は、一九四八年にはじまるフラミンガム研究を待つことになった。この研究は、米国マサチューセッツ州フラミンガム市に在住する一般市民の、長期にわたる健康調査プロジェクトである。ピッカリングたちの研究のように特定時点で多くの人を測定する「横断研究 cross-sectional study」ではなく、動脈性疾患にはいっそう適切とされる、同じ対象集団を長い間定期的に測定する「前向き研究 prospective study」であった。ただし、フラミンガム研究の結果は六〇年代になってからまとまって発表されはじめたため、当時は利用できなかったと思われる。

(17) 調査結果を年齢・性別のヒストグラムにしたものは、[Hamilton, Pickering, Fraser and Sowry 1954:20,21] にある。その一部は、[Pickering 1970=1974:32] に再掲されている。

(18) [Postel-Vinay 1996=1997:152] に正常血圧の一覧（ピッカリングの論文からの引用）がある。そこに掲げられた例では、120/75mmHg 未満から、180/110mmHg 未満までの幅がある。

(19) これについては、[Kurl 1992] を参照。

(20) [Galton 1869:26ff] を参照。ここから回帰分析に至る彼の思考の歩みについては、[Porter 1986:chap.5] [Hacking 1990:chap.21] [Stigler 1986:chap.8] などに解説がある。

(21) 最初の五つ目型は、[Stigler 1986:277] に写真が掲載されている。二番目のもののゴルトン肉筆のラフスケッチと、ピアソンがそこから書き起こした図は、同書 278-279 ページにある。ハッキング『偶然を飼いならす』日本語版の表紙は、ピアソンのこの図から取った。

(22) [Hacking 1990:chap.21] を参照。ハッキングはこの思考のあり方を指して、ゴルトンにおいて統計法則の決定論からの自律・独立が完成したとしている。

(23) ピアソンが、相関を因果性に取って代わる概念とし、その発見の功績をゴルトンに帰した文章が、[Hacking 1990:chap.21] の末尾に引用されている。また、事象の関係についての、完全な因果性ではなく部分的な相関という考えは、信念の度合いについての確率論（主観確率論）における、完全ではなく部分的な合理性という考え方と対応している。

(24) [Hacking 1975] によると、中世ヨーロッパでは、evidence は権威ある書物や裁判における証言など、現在なら間接証拠・伝聞証拠と呼ばれるような証拠・根拠を意味した。これがルネサンス期に自然の徴としての「物証」の意味に転化し、しかも証拠としての信頼度が、徐々に頻度や規則性によって測られるようになった。確率・統計がもたらす「確からしさ probability」は、アプリオリな定理から演繹的に導き出されるような知ではないが、単に人の意見や風説を寄せ集めたものでもない。物的証拠の積み重ねによって、事象の規則性を経験的かつ漸進的に導き出すというここでの推論の技法は、現代の「Evidence-based medicine（根拠に基づく医学）」が、最良の根拠とするものに他ならない（cf. [Sackett, Richardson, Rosenberg and Haynes 1997]）。

(25) 一九九三年のＷＨＯ－ＩＳＨでは、正常血圧が140/90mmHg未満、軽症高血圧が140~180/90~105mmHg（収縮期・拡張期の両方でもいずれか一方でも）、境界域高血圧が140~160/90~95mmHg（同）、中等度高血圧が180/105mmHg以上となっている。一九九九年のＷＨＯ－ＩＳＨ版の改定により、一九九七年のＪＮＣ－Ⅵと同じ基準になった。

(26) [近藤 2001] を参照。この論文は一般向けに書かれたものだが、そのなかで、根拠となった試験データがすべて欧米のものであること、フラミンガム研究そのものに再解釈の余地があること、日本には降圧薬の効果を測定できるような大規模研究は存在しないこと、もともと欧米と比べて日本では心血管病の発症が二分の一程度であること、日本高血圧学会のガイドラインが学会全体での議論を踏まえたものではないこと、などが指摘されている。そして、ガイドライン作成に関わった学会の「権威」たちが、製薬会社による企業提供ページにしばしば論文を発表していることも、統計を用いて!示している。

(27) ここで根拠とされている四つの論文は、血圧値を下げれば下げるほど心血管リスクが減少するという、高血圧研究の中ではいわば当たり前のことを確認している。だが、ちょうど130/85mmHgまで下げなければならないことの「決定的」証拠は提示されていない。私見では、そこまで下げるべきかどうか、かなり微妙な数値である。

(28) 「健康日本21とは（概要）」第２－３－(1)参照。「健康日本21（二一世紀における国民健康づくり運動）」は、http://www. kenkounippon21.gr.jp/index.html から、その概況を知ることができる。また、ここでの一次予防重視の方針は、二〇〇三年五月一日施行の「健康増進法」では、今後の国民の健康づくりのための基本的な方向の筆頭に挙げられている。

第二部

第五章　正しく測るとはどういうことか?——知能多元論の起源と現在

一　何が「測りまちがい」なのか

スティーヴン・グールド『人間の測りまちがい』[Gould 1996]（初版一九八一、増補改訂版一九九六、増補改訂版日本語訳一九九八）は、知能測定に関わる差別の歴史を描き出した著作である。モートン、ブロカ、ロンブローゾといった、悪名高い頭蓋計測学者たちの時代にはじまり、知能テストと因子分析の導入によって「一般知能g」が出現し、それが人種差別や移民制限へと利用されてゆく歴史を丹念にたどっている。この著作の第一の批判対象は、「知能の遺伝決定論」と呼ばれる主張である。知能測定の手法が洗練されてゆく中で、この主張が形を変えながらくりかえし執拗に現れる様子を描いている。知能の遺伝決定論という、一見素朴な人種主義や差別主義にすぎないと思われがちな主張を論駁するために、グールドのような優れた研究者がここまで精力を傾けるのは不思議なほどである。だが、一九九四年に出版されたハーンスタインとマレーの共著『ベル・カーブ』[Herrnstein and Murray 1994] がアメリカで瞬く間にベストセラーになったこと、同書がまさしく知能の遺伝決定論を支持する八〇〇ページもの大部の著作であることを考えると、同書出版を契機にグールドが増補改訂版を準備した心境を推しはかることができる。

実際、知能が遺伝によって決定されているという主張、またそれを人種間の生得的知能の差異へと結びつける議論は、アメリカではあとを絶たない。この系統の団体や人脈が、二〇世紀前半の断種法や移民制限法に結びついた、いわゆる「ナチ・コネクション」の運動家たち以来つづいていることは、キュールの『ナチ・コネクション』[Kuhl 1994] でも指摘されている。『ベル・カーブ』が一斉にマスコミに取り上げられ、一般の人々や研究者から非難の嵐を巻き起こして逆に話題をさらったのも、アメリカでは今なお「人種」が大きな政治的争点であり、また知能が遺伝するか否かが、ゲノム解析が進みつつある現在、新たなステージで論争の的となっていることをうかがわせる(1)。

遺伝子レベルで人間の生得的能力解明が進みつつある今日、グールドの著作がきわめてアクチュアルな意味を持った論争の書であり、またそれが必要な試みであることは十分理解できる。だが、私がこの論文で行いたいのは、こうした知能の遺伝決定論批判とは別のことである。

『人間の測りまちがい』の目的ははっきりしている。まちがった測定方法を批判すること、あるいは測定結果のまちがった解釈を正すことである。では、当のグールドにとって「正しく測る」とはいったいどういうことなのか。グールドのみならず、遺伝決定論者と対立する見解を代表する「社会環境論者」、すなわち、知的能力は環境や教育によって改善可能であるという考えに立つ人々にとって、人間の知的能力を正しく評価するとは、どのようなことなのか。この問いに対しては、グールドの著作は十分な答えを与えてくれない。手がかりを求めて私がたどりついたのは、現在の知能テストの原型を世界ではじめて作った人物、アルフレッド・ビネであった。ビネにとって、知能検査とは何だったのか。私は、このことを調べてゆく過程で、はるか一世紀前にその時代特有の知的パラダイムの中で作り出された「正しく測る」ことのモデルが、現在の教育改革や「精神遅滞」者の処遇のあり方にまで影響を与えているのではないかと考えるに至った。彼の中では、知的能力を定量的に測定することと、適正な教育によってそれらの能力を伸長させることとが、自然な事柄として結びついていたのである。こうした問題関心の下に、ビネの時代と思想を見てゆくことにする。

二　グールドの批判

はじめに、グールドによる知能の遺伝決定論批判について、もう少し詳しく説明しておく。彼の批判対象は、相互に関連する三つの主張を含んでいる。第一に、知的能力が生得的であるという主張。第二に、その能力が遺伝によって決定されているという主張。第三に、知的能力が、すべての人を直線上にランクづけできるような単一の実在であるという主張。すなわち、「知能のような、社会的に定義された漠然とした概念が脳の一定部位にあり、ある程度遺伝しうる『もの』として認められているという考え、また、それを一つの数値として測ることができ、したがってそれを所有する量によって人々を直線上にランクづけられるという考え」［Gould 1996:269＝1998:337］である。グールドはこうした考えを、知能テストによって得られた数値の「具象化 reification」によって生じるとして、厳しく批判している。

グールドの著書の特徴は、現代の遺伝決定論の論拠となっている、「一般知能 general intelligence」すなわち g に、詳細な検討を加えている点にある。g は因子分析という手法を用いて「発見」された概念である。因子分析とは、スピアマンによって開発されたもので、「複雑な相関システムを数少ない次元に還元する数学的手法」[275=345] を指す。これはたとえば、成長中の身体の百カ所の測定値の間に存在する相関関係を、「因数分解」をくりかえして複雑性を縮減し、一つの主成分(第一主成分)へと還元してゆく数学的処理法のことである。つまり、多くの数値に含まれる情報を、その損失を最小限に保ちながら単純化して表現するための操作である。グールド自身、因子分析の手法を用いてペリコサウルス(哺乳類の祖先とされる動物)の二二種類の骨の測定値間に見られる相関を研究している。この結果彼が見出したのは、「大きな動物には大きな骨があり、小さな動物には小さな骨がある」[280=349] という、いわば当たり前の事実であった。しかし、これが知能テストに適用されると、意味は全く違ってくる。グールドによると、複数の知能テスト間に見出される相関マトリクスについて、それらの相関係数のうち最も高い値であっても、ペリコサウルスの骨の場合に見られる最低の値に及ぶことすらきわめてまれである。にもかかわらず、スピアマンは知能テストの相関係数を因子分析にかけることで得られた第一主成分を「一般知能 g」と呼び、「すべての認知活動の根底にある、一つのまとまった特質」[281=350] を表現したものと見なした。そして、「知的価値を表す単一直線上の尺度で人々をランクづける」[*ibid.*] ために g を利用できると考えた。それぞれの知能テストの結果はペリコサウルスの骨の測定値に当たり、その背後には、動物の身体の大小に当たる、優れた知能と劣った知能という「実体」があるというわけだ。

ここでスピアマンは、因子という数学的抽象を、知能テストの根底に存在する原因、すなわち知能を指し示すものとして具象化・実体化している。もちろん、情報の圧縮プロセスで多くの情報が捨象される(グールドは、知能テストにおいては、gはせいぜい五〇から六〇パーセントの情報しか反映しないとしている）。だがスピアマンは、測定値の中の特殊な因子（S因子と呼ばれた）の影響が互いに打ち消しあって、大集団の平均値では「gのみが全テストに共通の因子として残される」ことで、こうした情報の捨象による偏りは是正されると考えた。「大数の法則」を連想させる、多様性の相殺という考えによって、彼はgが知能という実体を表すことを保証できるとしたのである。

さらに、スピアマンはgが遺伝するという確信を持っていた。特殊因子であるS因子は教育の成果を反映するが、一般因子であるgは遺伝による生得的なものである。スピアマンはgを脳の一般エネルギーであるとする奇妙な説を唱えていたが、このエネルギーは生まれつきの脳の構造によって生じるもので、生後の環境によって変わることはないと主張した。

グールドは、gを脳内に存在する何らかの実体と同一視すること、さらにそれを遺伝による生得的なものとすることを批判している。第一に、因子分析によってデータ間の相関を示すには、単一の一般因子に還元する方法以外に、多因子へと分解する方法が存在する。因子分析の幾何学的な説明を用いるなら、gは「一組のベクトル内に軸を位置づける多くの可能な方法の一つを表すにすぎない」［283=355］からである。第二に、gの実体化が仮に可能だとしても、それが遺伝によって決まる不変のものであることが証明されたわけではない。たとえば、一般知能を人間の脳に局在する何らかの実体を反映していると考えたとしても、それが環境によってもたらされたのか、遺伝によって生得的に決まったのか、あるいは両者の複雑な相互作用の結果であるのかについては、相関係数の計算や因子分析といった数学的処理の外部に、原因についての説得力ある情報が必要である。相関はしばしば背後に存在する原因を推測するための手がかりを与えるが、実際に原因が特定されるためには、因果の系列に属する情報が必要となる。この意味で、スピアマンは二重の誤りを犯しているのである。

三　知能多元論

では、グールドにとっては、知的能力とはいったいどのようなもので、どう評価されるべきなのか。これについては、『人間の測りまちがい』では直接の答えは与えられていない。しかし、彼が遺伝決定論に反対の立場を取ることは明らかにされている。この立場はしばしば「社会環境論」と呼ばれるが、この用語には注意が必要である。「厳格な遺伝決定論者とその反対者との間の相違は、戯画が示唆するような、子どもの成績がすべて生まれつきであるという確信か、あるいは、それは環境と学習の働きによるものだという確信か、というものではない。コチコチの反遺伝決定論者は、子どもたちの間に見られる生まれつきの多様性すら否定しているのではないか、と私には思われる」［182＝220］。彼は、人間の知的能力に生得的なものが一切関わらないと言っているのではない。相違はむしろ、社会政策や教育の力を信じるか否かにある。「彼ら〔反遺伝決定論者〕は、しばしば広範で全く予期しない方法ですべての子どもの学力を高める創造的教育の威力を強調する」［183＝221］。

注目すべきは、グールドが知能テストそのものに反対しているわけではないことである。ある子どもがどんな才能を持っており、どの部分では遅れているのか、どのような教育・訓練を施せば、能力を十分に発揮することができるのかを知るための「道具」としては、知能テストは意味を持つ。「知能テストは、それにふさわしい教育を通じて潜在能力を高めるための理論」［*ibid.*］としては役に立つものなのである。(2)

この立場は、アメリカにおける「古き良きリベラル」の伝統を思い起こさせる。すなわち、社会政策や教育を通じて子どもの生育環境を改善し、諸能力を高めて社会に貢献できる人間を作り出す。それによって個人の自己実現や幸福と、社会の発展を同時に達成しようとする考え方である。この点でグールドは、『ＩＱの科学と政治』［Kamin 1974］で遺伝決定論を批判し、『知能は測れるのか』［Eysenck versus Kamin 1981］では、遺伝決定論を支持するアイゼンクと論争した、ケイミンの立場を継承している。社会改革や社会的正義の実現を求めるアメリカ人なら（今やその数は減少しつつあるのかもしれないが）、多くがこの立場に共鳴するであろう。だが、知能テストや心理テストの領域において、この伝統をさらにさかのぼってゆくと、実はテストを最初に考案した人物、アルフレッド・ビネにたどりつくのである。『人間の測りまちがい』の中で多くの紙幅が割かれながら、唯一高い評価を与えられているビネの思想を見てゆくことで、教育や社会環境の力を信じる「社会環境論者」にとって、知的能力とは何であり、それはどのように測られるべきなのかについて、多くのことが明らかになる。

さらに根本的なのは、ビネの思想にさかのぼることで、遺伝決定論と社会環境論との共通点と相違点を、グールドが示したのとは異なった角度から見ることができる点だ。というのも、人間の遺伝研究が急速に進む現在、遺伝決定論者と社会環境論者との区別は、以前よりずっと曖昧なものになってきているからである。遺伝研究は病気の原因遺伝子の特定という方向で飛躍的な進歩を遂げているが、ここから明らかになってきたのは、単一の遺伝特性によって完全に決定されるまれな病気を除いて、人間がかかる多くの病気には遺伝的特性と環境とが絡み合って作用しており、両者の複雑な相互関係を解明することでしか、病気の原因にはたどりつけないということであった。こうした身体と環境との複雑な関わりという当たり前の事実を前に、人間の知的能力やそれに基づく学業成績や業績の達成についても、百パーセント遺伝によって決定されているとするハードな遺伝決定論者も、あるいは遺伝や生得的能力の影響は一切ないとして、すべての人間が全く同じ能力を持つと主張する極端な社会環境論者も、説得力に乏しい存在となってしまった。また、個人の能力の差異を人種や民族などの集団間での生得的能力の差異へとすりかえる、アメリカでは看過しえない論法も、日本ではあまり見られない。むしろ、教育改革の嵐に呑みこまれつつある日本では、遺伝的な能力と教育環境との相互作用を通じて、多元的な能力を多様に発展させるというモデル、「知能多元論」に基づく教育モデルが、大きな潮流となりはじめている。そして、このモデルの源に、はるか一世紀前に知能の測定をはじめて実用化した人物、「忘れられた思想家」ビネがいるのである。

四　世紀末の思想風土

アルフレッド・ビネ Alfred Binet（1857-1911）は、フランス実験心理学の創始者として、またフランスにおける初等教育改革に携わった人物として、その名を知られている。しかし、彼の最も著名な業績は、知能テストを世界ではじめて考案したことであろう。彼が作ったテストは改良を加えられ、「スタンフォード＝ビネ検査」として、テスト大国アメリカで現在でも標準的な知能テストの筆頭に挙げられている。日本でも、「田中＝ビネー式知能検査」が広く用いられている。

ビネは、一九世紀末ヨーロッパの知的風土のただ中で思想形成し、その影響を心理学へと持ちこんだ。知能テストはその誕生のときから、時代の刻印を帯びたものであり、知的能力に対する教育や環境の影響を重視する彼の立場も、世紀末の思想風土という背景ぬきには十分理解できない。そこで、彼の思想を時代背景の中に位置づけるという作業が必要となる。

(1)　正常と異常の実験心理学

ビネの研究者としての出発点は、サルペトリエール病院のシャルコーの下での実験研究であった。当時のフランスでは、心理学は未だ独立した学問分野として成立しているとは言いがたく、二十代半ばからの数年間、ビネは催眠術によるヒステリー患者の症例研究という、シャルコーの流儀にならった実験を行っていた。シャルコーの催眠術が「科学」ではなく、被験者を暗示にかけているにすぎないとして批判を浴びたとき、ビネはシャルコーを擁護する主張を展開して「屈辱的な経験」［Wolf 1973=1979:9］をした。この経験は、ビネの生涯における汚点となったかもしれないが、彼は精神医学との関わりを通じて方法論上二つのことを学んだと思われる。一つは異常なものや病理的なものを観察することが、正常者を理解するのに役立つということ、もう一つは、実験や観察を通じて得られた事実から、心の理論を構築することである。

正常状態と異常状態が連続しているとする見方は、生理学と病理学とを同じものの違った様態についての観察であるとする、「ブルセの原理」と呼ばれる思考様式によっている。この考えは一九世紀後半にクロード・ベルナールを通じて医学の世界に広まり、異常者すなわち病理的状態にある人の観察が、正常者すなわち健康な人の生理的メカニズムの理解に役立つと信じられるようになった。ビネはこの原理にしたがって、これから後もしばしば精神病や知的な異常性を研究主題として取り上げることになる[3]。

また、カンギレームの『正常と病理』［Canguilhem 1966］によると、正常と異常との連続性の仮説は、正常状態と異常状態とを質的な差異ではなく、量の相違として捉えることと密接に関わっている。二つの状態が量の相違にすぎないからこそ、同じ尺度を用いて測定することができ、質的な断絶なしに連続したものとして捉えることができるのである。ビネはのちに、知的遅滞の診断に関する論文の中で、次のように書いている。「われわれが対象としている［知的能力の］差異のような量的相違は、どれほど大まかであっても、測られなければ何の価値もない」[Binet and Simon 1905a:178＝1982:24]。知的な「遅れ」を遅れのない状態との量の相違として捉え、両者を同じ一つの尺度で測ることができるとする考えは、知能テストの大前提である。それがなければ、知能テストという一つの方法を広範な人々に適用し、共通の尺度で分類し階層化することなど不可能だからだ。

ビネがサルペトリエールで学んだもう一つの事柄は、実験や観察を通じた経験的な研究スタイルである。ビネはフランスの多くの研究者のように大学や高等師範学校に入るのではなく、独学で心理学研究をはじめた。図書館で勉強したビネの初期の著作は、そのため非常に思弁的であったが、サルペトリエールではじめて実験の機会と被験者を与えられた。ビネは、知能テストの必要性を述べるときには、必ずと言っていいほど「事実の外部にアプリオリな規範を立てない」という原則を強調している。実験や観察を通じて「客観的」に作られた基準以外の、たとえば個々の教師や医師による主観的な判断で、子どもの発達の遅れを確定することはできない。実験への志向は、ビネが考案した知能テストの内容や、教育改革の方針にも反映しており、彼は、身体動作を伴う実習や訓練を、知能測定や教育に取り入れようとした[4]。

この思想も、明らかに当時の流行に沿ったものである。一九世紀は実証主義・経験主義の時代であり、人間を扱う学問についても、「客観性」と「科学性」が求められた。ビネはジェームズを好み、プラグマティズムの教育学に共鳴していたし、ヴント派の実験心理学もよく知っていた。ただし彼は、ヴントに代表される触感覚閾の研究（皮膚の上の近接する二つの点に刺激を与えて、どの距離なら二つの異なった点への刺激であると知覚できるかの研究）のような、単純な刺激に対する感覚的反応を調べるタイプの心理学には満足できなかった[5]。彼はシャルコーの研究室以来の実験を通じて、心的メカニズムはもっと複雑なプロセスを含んでいること、また一つの事柄に対して人はさまざまな反応を示すし、人間のパーソナリティにはいくつものタイプがあることなどを理解していた。心についての理論は、客観性・統一性（量的な尺度によって観察結果が標準化されること）だけでなく、人間の心の働きやパーソナリティの多様性をも考慮に入れなければならない。ビネが、知能測定尺度の一元化・客観化を求めて知能テストを改良しつづけた反面、その妥当性や利用価値についてつねに限定的な態度を取った背景には、実験・観察を通じて発見した人間の個性や多様性を、彼が無視できなかったという理由がある。ビネは観察結果によってあらかじめ立てた仮説が裏切られても、すぐに仮説の誤りを認め、むしろ生涯にわたって以前の説を修正し、改良しつづけることを好んだ。その意味で、彼は真の経験主義者であったと言える。ともに経験主義に発した、一元化と客観化への志向と、多様性を考慮に入れた心の理論を構築したいという彼の願望が、知能テストへの信頼と懐疑という両義的な態度を生み出したのである。

(2)　正常なものとは平均的なものである

「事実の外部にアプリオリな規範を立てない」という経験主義的原則にしたがってテスト結果を評価する場合、評価基準はいったいどこから出てくるのか。この点に関しては、ビネはケトレ以降の時代を生きた人間として、統計的「平均」という基準を採用した。ケトレは正規曲線という美しい曲線を用いることで、多数の個人の身体的・心的属性の測定から得られる平均値に「価値」を与えた人である。[6] 知能テストにおいて平均を基準にするというのは、今となっては当然で、改めて強調すべきことではないように見える。だが、平均という「凡庸なもの」が規範としての価値を持ち、そもそも価値規範がデータを収集・分析することではじめて姿を現す（たとえば児童集団への試験結果の解析以前に、彼らが到達すべき知的水準の尺度が存在しない）というのは、立場によっては価値や規範という言葉の定義と矛盾するとさえ言える。一九世紀の社会統計学は、人間にとって、社会にとっての価値基準を、到達すべき終局目的、決して実現しない理想、現象世界の外部に存在する超越的なものではなく、集団の計測に基づく正規曲線の中心としての平均へと変えてしまった。正常性とは、平均を基準にして決定される集団構成員の位置や状態となったのである。

「ある個人が、正常と見なされる他の人たちの平均以上にランクされるか、あるいはそれ以下にランクされるかが問題である。正常児の知的発達の通常の歩み marche normale を知ることによって、その子が何年遅れているか、進んでいるかを調べることができる」[Binet and Simon 1905b:195 = 1982:52][7]。このように、測定値そのものから導出される平均値を、測定された結果の尺度として用いることで、ビネは経験的事実の内部から規範を作り出した。正常なものと異常なものの差異は量的な相違にすぎず、したがって連続的に捉えられること、また正常性の基準は統計的平均値によって与えられること、こうした一九世紀末のいわば「思想的パラダイム」にしたがって、ビネの知能テストは考案され、知的能力の尺度は数値によって一元化できると考えられたのである[8]。

だが、ここでも留保が必要である。ビネは統計的手法が、しばしばあいまいなものや微妙なものを考慮に入れられないこと、測定者が異なる場合に出てくる測定誤差や主観的判断の混入、非熟練者によって不十分な実験条件しか与えられない可能性などを、つねに警戒していた[9]。とくに、実験心理学は未熟な学問で、知能テストの方法も未だ確立していないため、尺度を客観化するためには配慮と注意を怠らず、できるかぎり自ら検査を行うべきだと考えていた。そして、多数の被験者に対する直接の検査を通じて、彼は知能テストへの子どもや精神遅滞者の反応が多様であること、同じ数値結果となる場合にもそこにたどりつくプロセスにいくつものパターンがあること、また一人の個人の中にも得意な領域と不得意な領域があり、年齢によって結果に著しい差が見られるテストとそうでないものがあることなどを知った。こうして、ビネは知的能力を一元的な数値によって評価すると同時に、その質的な多様性や個性をも考慮する必要性を認識したのである。

(3) 自由意志 対 決定論

ここまでは、ビネが「知能測定の客観的な尺度としての知能テスト」というアイデアを構想し、またその限界について認識していった過程を、一九世紀末の思想風土との関係で考察してきた。彼の思想は、手を差しのべるべき子どもを特定するという「限られた実用上の目的のために考案された単なる大まかな経験的指針」[Gould 1996＝1998:218] としては、知能テストの意義を認めつつも、その限界と子どもの能力の多様性や個性をも考慮に入れようとするものであった。この思想は、グールドやケイミンの立場にきわめて近い。そのためビネは、たとえば「精神年齢」という、単一の能力の直線的発達を連想させる言葉は用いず、便宜上の比較単位を表す、「精神水準」や「知能水準 niveau d'intelligence」という用語に終生固執した[10]。それだけではなく、ビネは、知的能力を教育や環境によって改善できるとする、「社会環境論」の核となる思想の持ち主でもあった。では、彼のこの考えはどこから来たものなのか。

この点に関しては、ビネの知能テストに関する文献を参照しても、子どもの観察を通じてその成長に家庭や教育環境が影響を与えていることを発見したということしか書かれていない。ところが、一九世紀末の思想がビネに与えた影響を知る手がかりは、彼が初期に書いた、自由意志と決定論に関する論文という、思わぬところに発見される。ここには、「犯罪」や「責任」についてのビネの考えが表明されており、彼の思想的バックグラウンドを知る上で興味深いだけではない。このテーマを掘り下げてゆくことは、実は遺伝決定論と反遺伝決定論に共通の地盤を再発見することにもつながる。議論が複雑になるが、核心的な点に関わるので、以下これについて検討する。

ビネは、『哲学評論』第九号に「道徳的責任」というタイトルの論考を寄せている［Binet 1888］。ここで彼は、責任に関する新しい見方を取り上げ、古典的責任論に反対するこの新説を擁護している。両者の対立は、当時「自由意志対決定論」の対立と呼ばれていた。刑罰理論の古典学派（ベッカリーアやフォイエルバッハ、カントなど）は、人間の自由意志を個人の責任の根拠とし、ここに刑罰の拠り所を求めてきた。これに対して、犯罪学イタリア学派（自ら実証主義者と称した、ロンブローゾ、ガロファロ、フェリなど）は、犯罪は自由意志によってなされるのではなく、犯罪者の性格や「非道徳性（病的異常性）temibilita」によるとした。彼らは、頭蓋計測学などに基づく、自称「科学的犯罪学」を武器に、自由意志を哲学的虚構として批判し、犯罪者は遺伝によって罪を犯すべく決定されているとしたため、決定論の立場を採ると言われた。ビネがこの論考で検討しているのは、この論争である。

ビネは、自由意志説は、個人の自由な意志以外のいかなる原因をも認めない点で、「因果性の一般原則の例外」［Binet 1888:218］を立てているとする。ここで自由な行為とは、「まぎれもない偶然の行動」［219］に他ならない。なぜなら、「自由な行為は、決定されたいかなる先行事象にも結びつかず、行為者の感情や性格や気質とも無関係である」［218］からだ。このため自由意志は、どのようなものであれ、責任と結びつくことはできない。ビネによると、むしろ、自由意志の外部に犯罪原因を求めて責任の理念を無にすると批判されている決定論の側に、責任の存立可能性がある。このことは、しばしば混同される「二種類の必然性の学説を区別する」［228］ことによって明らかになる。ビネによると、必然性の学説の第一は、「古くからの運命論」［*ibid.*］である。これは、人間がその欲求ではなく、何らかの外部の力によってあらかじめ運命づけられた行為を強いられているという考え方である。この意味での運命論が人間の責任を消滅させることは明らかだ。[11] だが、第二の形態の必然性が存在する。すなわち、「われわれの行動はその性格にしたがっており、ある人の性格の根本を知っているなら、その人がある場合にどのように行動するかを予言することができる」[*ibid.*] という考えである。ビネはこの考えをJ・S・ミルから学んだとして、「真の決定論 déterminisme の学説」[*ibid.*] と呼んでいる。彼にとっては、この説は「責任と完全に両立できる」[229] ものだった。

こうしたビネの思想を、当時の犯罪人類学をめぐる喧噪の中に位置づけてみよう。一九世紀末は、心理学同様、犯罪学の黎明期でもあった。当時、センセーショナルな主張で一大学派をなしていたのが、犯罪学イタリア学派であった。彼らの学説は、ロンブローゾの「生来性犯罪者」説に代表されると考えられている。生来性犯罪者とは、進化のプロセスに逆行して先祖返りした人間、退化し変質する（フランス語の dégénéré）ことによって、人間よりもサルに近づいた生き物、一種の怪物である。

生来性犯罪者という考えはフランスの精神医学者モレルから来ているが、ロンブローゾはこれを人体測定学と結びつけ、「実証科学」の装いで自らの説を擁護した。この説はあまりにもグロテスクで、根拠薄弱かつ偏見に満ちたものであったせいか、非常に評判が悪く、彼が中心となって創設された犯罪人類学会においても多方面からの批判にさらされた。[12] 結局、犯罪人類学はその露骨な差別的要素、とくに人間の外見と、性格や精神の異常とをあからさまに結びつけるやり方だけが、誤った遺伝決定論の典型として優生学史の一こまとして残り、ロンブローゾおよびイタリア学派は「悪名高き」存在として記憶されることになった。

この部分だけを見ると、ビネが彼らを「新しい犯罪学者たち」[217] と呼び、ガロファロの著作を肯定的に引用しているのが不思議に思える。もっとも、イタリア学派はさまざまな批判を浴びた後、徐々にその思想を「後退」させ、社会環境の影響を大幅に認めるようになっている。だがここでは、本来は対立していた遺伝決定論と、ビネのような社会環境を重視する立場とが、前者の歩み寄りによって和解したというのとは、別の仮説をとりたい。生来性犯罪者説の根底にある「犯罪と刑罰」の捉え方は、人間の社会性や社会環境の影響を重視する、当時「社会学派」と呼ばれた刑罰思想と、その土台を共有していたという仮説である。

たとえば、イタリア学派の「革新者」［Darmon 1989＝1992:172］とされるフェリは、人類学的・生物学的な犯罪者理論と、社会学的な見方とを統合しようとした。これは、単なる折衷主義や、評判を落としたイタリア学派の政治的立場を考慮しての方便だったのだろうか。遺伝的素因か社会的条件かという対立は根本的なものに見える。しかし、自由意志―行為への責任―応報や威嚇という古典的刑罰理論との対比で考えると、両者には共通の思考法が存在する。古典理論においては、犯罪に原因があるとすればそれは当人の自由な（強制されない）意志である。情状酌量が認められ、心神耗弱状態では責任を問うことができないとしても、基本にあるのは自らの行為に責任を持つべき「人間 human nature」という普遍的な存在である。したがって、誰に対しても同じ罪には同じ罰で応じなければならない。また、刑罰の目的は応報的制裁か一般の人々への威嚇（一般予防）のみである。

これに対して、一九世紀に登場する新しい刑罰思想は、犯罪原因を遺伝的特性に求めるのであれ、社会環境に求めるのであれ、犯罪者のパーソナリティや性向、人格の個人差を問題にする。そのため、刑罰に関しても、個々の犯罪者の特性に応じた「刑罰の個別化」（フランス新派刑法学の代表者、サレイユの著書のタイトル）が求められるのである。さらに、刑罰の目的は応報や威嚇ではなく、犯罪者によって不利益を被る社会を守ること、つまり「社会防衛」にある。古典学派と新学派との最大の相違は、人間を一般的な「human nature」を持った存在と見なすか、多様な個性、性格、バイオグラフィー、異常性、病的傾向を持った特定の個人と見なすかという、人間観の違いにある。自由意志の学説にしたがう古典理論が、人間一般には意志の自由が存在するのだから自らの行為に責任を取らなければならないとするのに対し、新しい刑罰理論は、「責任とは、素因を持った行為者の潜在的な犯罪性向に他ならない」［Fauconnet 1920:182］とする。どんな人間も社会の中で生活し、その恩恵を受けているのだから、社会に損害を与えるような犯罪者には制裁を加えねばならないし、犯罪予備軍に対しては、あらかじめ予防措置を取る必要がある。こうして出てくるのが、個人の来歴や性格を仔細に調べ上げ、どこに犯罪や非行の原因があるかを突き止め、矯正と更正を目指す「治療的処罰」であり、犯罪や非行の原因をあらかじめ取り去る「予防的介入」という、新しいタイプの制裁体系である。[13]

ここでは、犯罪や非行といった行為そのものが問題なのではない。そうした行為の背後に存在するパーソナリティや人格、個体性を形づくり、他の人と区別されるあらゆる特徴を備えた特定の人間が重要なのである。犯罪者や精神異常者や非行者が、裁判において、精神鑑定において、処罰の過程で、治療の中で、終始投げかけられるのは、「あなたはいったい誰なのか」［Foucault 1978b=1994:444=2000:21］という問いである。こうした関心は、遺伝決定論にも、社会環境論にも共有されている。何がある個人の特性を形づくるのか。それは遺伝なのか、生まれつきの知能なのか、気質なのか、それとも家庭環境なのか、教育なのか、経済的境遇なのか。それを特定するために、できるかぎり多様な観点から、さまざまな要素をくまなく調べ上げなければならない。どの要素がどの程度の影響を与えているのかを解明できれば、どうすれば現在の状態を変えられるのか、あるいは矯正不能なのか、またどうすればもっと幸福な人生を送れるのかが分かるはずである。[14] ビネの思想背景には、遺伝決定論と社会環境論とを共に成立させる、一九世紀の新しい「人間観」が存在していたのである。

ビネの思想がこうした時代の知的風土の中で形成されたことは、彼の知能についての考えを理解する上できわめて重要である。[15] 後に述べるように、その思想の反響を、現在の精神遅滞者の処遇論や、教育改革の言説のうちに聴き取ることができるなら、なおさらである。

五　ビネにとっての「知的能力」とは

では、こうした時代背景の中で形づくられたビネの知能テストと、そこに表れている彼の知的能力についての考えはどのようなものだったのだろうか。

(1)　知能テストの考案

ビネが人間の心についての理論的関心を、発達やパーソナリティの個人差の問題と結びつけて考えるようになったきっかけは、自分の二人の娘の観察であった。彼は長期にわたって、二歳離れた娘たちにさまざまなテストを行い、反応の違いや得意・不得意、同じものをいかに異なったしかたで知覚し描写するかを観察した。[16] こうした、特定の個人についての長期間の比較研究を通じて、ビネは試行錯誤の末、一般的な知能テストに採用すべき問いを徐々に見出していったのである。

ビネが最初の知能テストを発表したのは、一九〇五年のことである。この論考は、四月にローマで開催された国際心理学会で口頭発表された後、六月に『心理学年報』誌上に掲載された（[Binet and Simon 1905b]）。タイトル「異常者の知的水準を鑑別診断するための新しい方法」から明らかなように、知的な遅れが見られる子どもを科学的に特定するという目的で書かれたものである。論文冒頭には、一九〇四年にフランスの文部大臣が任命した特殊教育についての委員会が、知的な遅れについて客観的な判断を行うための検査を必要としているという、執筆の直接の契機が記されている。したがって、知能テストは、はじめ精神遅滞児を発見するための道具として開発されたことになる。

一九〇八年版［Binet and Simon 1908］では、知能テストの適用対象は大幅に広げられ、精神遅滞児だけではなく、正常児を含むあらゆる子どもへと広がった。ビネは没年までテストの改良をつづけ、基準を確実なものにするために子どものサンプルを集めていた。彼は五十四歳で死んでしまったので、その計画は中途で残されたが、彼の性格からして、生きていたらその後何十年もデータを集め、テストを改良しつづけたであろう。しかし現実には、ビネが残した最後のテストは、一九一一年に『心理学年報』に発表された「学童の知的水準測定に関する新研究」［Binet 1911a］となった。

(2)　知能テストはどんな能力を測るのか

ここでは一九一一年版を基準に、その内容を他の記述によって補いながら、ビネの知能テストを検討する。彼は、テストを改訂する際、「知能 intelligence ではなく知識 connaissances を要求するテスト」「あまりにも学校の勉強に関連のありすぎるテスト」［Binet 1911a:146＝1982:341］を削除するという方針で望んだ。学校の勉強や知識を測るのは、知能テストではなく「学力試験 examen d'instruction」（学習到達度テスト）であると考えたからである。では、知能テストはいったい何を測定するのか。「目的は知能水準を測ることである。このため、当然だが、生まれつきの知能 intelligence naturelle と教育とは区別しなければならない。測定したいのは知能だけなのだから、被験者が受けている教育程度〔の影響〕をできるだけ排除しなければならない」［Binet and Simon 1905b:196＝1982:54］。ここで、「生まれつきの知能」と言われているものは、「生得的で変化しない知能」を指しているように読める。だが、ビネの知能に対する考え方全体を眺めてみると、必ずしもそうではないことが分かる。

一九〇八年の「子どもの知能の発達」[Binet and Simon 1908] の中で、彼は知能と学力だけでなく、二つの知能を区別することを主張している。「成熟知能」と「的確知能」である（[Binet and Simon 1908:80＝1982:319]）。そして、「成熟知能は年齢とともに増大する」[*ibid.*] としている。つまり、成長につれて発達する知能が存在するのである。この能力を調べるテストとして、ビネはものの定義をさせるテスト、絵を見せてそれについて叙述させるテスト、与えられた三つの語を用いて文章を作るテスト、そして同じ大きさの立方体を重さの順に並べるテストを挙げている。これらのテストでは、幼い子どもは未熟さを示す。ものの定義を「用途」によってしか行えないし、自分との関係でしかものを捉えられない。また、絵の叙述では事物間の関係づけができず、書かれたものを列挙するにとどまる。三語を用いた文章では、三つの別々の文を作り、重さの違いを調べるテストでは、違いを相互に比較することができない。これに対して的確知能は、子どもと大人の間にあまり差がない。単純な記憶や単純な差の知覚では、驚くほどの成績を上げる幼い子どもがいる。

また彼は、一九一一年版においては、「異なった社会環境下にある子どもの知能間の相違」[Binet 1911a:187＝1982:389] という主題を取り上げている。ビネは、貧困階級の子どもが富裕階級の子どもより、身体的にも、学業の面でも遅れていることは、すでによく知られた事実であると言う。彼は、「その一部は、おそらく後天的、付随的で避けることのできる環境の結果であり、一部はおそらく先天的な congenitales ものであろう」[190＝392] としている。そして、これにつづく部分で、子どもの知能発達に家庭や教育などの環境が与える影響があると仮定して、その影響による知能の差がどの程度なのかを、いくつかの異なった条件下で行われた知能テストのデータを用いて示そうとしている[17]。

すでに触れた通り、ビネはまた、知能と学校の勉強ができるかどうかを区別しなければならないと考えていた。まず、知能は教養 culture や教育によって得られる知識とは異なる。家庭の事情などで学校に行けない子どもは、教養を欠いているが、これは知能とは別である。また、学業能力 faculté scolaire あるいは学業適性 aptitude scolaire、つまり「学校での勉強や、学校でよく使われる勉強法 méthodes を自分のものにする能力」［Binet and Simon 1908:75＝1982:315］とも、知能を区別しなければならない。なぜなら、「学業適性は、知能とは別の事柄を含んでいるように思われる」からである。「勉強をうまくやるには、注意力、意志力、性格（たとえば従順さや規則正しい習慣）、そしてとりわけ努力を持続させるといった、いくつもの資質 qualités が必要になる」［*ibid.*］。

ビネは、こうしたいわば学習内容を身につけるために必要な個人の特性は、知能テストでは明確に測定できないことを認めていた。また、それにもかかわらず、こうした能力が、学校でも、また社会に出てからも非常に重要であると認めていた。そのため、教育について論じた文章の中では、彼はこうした能力を高めるためのさまざまな方法を示しているのである。

さらにビネは、子どもの適性（素質）にはいろいろなタイプがあると考えていた。これは、二人の娘、マドレーヌとアリスについての観察によって、彼が早い時期から注目していた事柄であった。彼は、娘たちのパーソナリティの違いや、その他の大人や子どもについての観察をもとに、『新しい児童観』［Binet 1911b］の中で、知能のタイプの類型化を試みている。そして、「あまり正確なものではないが」と断った上で、これらのタイプに「意識型」／「無意識型」、「客観型」／「主観型」、「実際型」／「文学型」（言語型）という「ラベル étiquettes」［Binet 1911b:171＝1966:170］を与えている。現在では安っぽい心理テストの類型論に見えてしまう分類だが、こうした志向から、次の二つのことが明らかになると思われる。第一に、あらゆる知的能力の間には対応（相関）があり、そこから一般知能を導き出せるとするスピアマンのような考えから、ビネが距離を取っていたことである[18]。第二に、彼が知能を、個人のパーソナリティや性格、気質といった人間の性向全体の中に位置づけたいと考えていたことである。この点に関しては、ビネはもともとパーソナリティの多様性や、同じ結果にたどりつくとしてもそこに至る道筋に見られる個性といった、個々の人間の性質や他の人との違いを、心の理論に取り入れたいと考え、そこから知能研究に踏み入ったという経緯がある。したがって、知能についても、それだけで独立した、しかもあらゆる人間を共通の尺度で階梯化できる一元的な実在としてよりは、ある人間の特性を際立たせるための多くの道具立ての一つとして、便宜的なものと考えていたのである。

(3) 教育はどうあるべきか

ビネの能力や適性についての多面的な見方は、とりわけ彼の教育論の中に表れている。教育学・児童心理学の名著と言われる『新しい児童観』において、彼は自らの教育思想を平易な言葉で解説している。そこには、知能テストに関わる事柄だけでなく、子どもの身体的発達や視力・聴力、適性や性格に至るまで、幅広い分野についての彼の見解が述べられている。

ビネは、身体の正常な発達、健康、そして体力が、学業を身につけ、また学校や社会に適応できる性格を形づくるために重要であると考えていた。身体の発育不良や虚弱な状態は、当時貧困家庭の子どもに見られる一般的な特徴であった。ビネはこれを遺伝に帰すことはせず、家庭の貧窮が「栄養と衛生の両方」［Binet 1911b:50＝1966:62］に関わる窮乏をもたらしているとして、こうした状態を改善することが、子どもの教育にとって非常に重要であるとした。また、ビネはしばしば目の悪い子や耳の悪い子が授業を十分に理解できていないことを、学校での観察から知っていた。彼の考えは、知能や学業適性を向上させるには、身体の健康や正常な発達、そのための栄養状態や衛生状態の改善、家庭環境の改善が必要であるというものだった。

ビネが提案する改善策には、一般的な教育学で指摘されるような指導や援助も含まれる。だが、彼の考えの特徴は、身体の健康・発達について、また視力や聴力について、まずはじめに「正しく測ること」が必要であるという点にある。ビネは、学校における身体測定や健康診断、校医に対するアドバイスを細かく書き記している。彼によると、健康や発達の尺度として、人体測定学 anthropométrie が導入されるべきである。この方法を用いれば、知能テストの場合と同じように、個々の子どもから得た結果を、平均値から何年遅れているか／進んでいるかの度合いとして階梯化することができる。ここでも、数値そのものを実体視することではなく、数値の順位づけが重要なのである。

また彼は、視力については、たとえば教師でも簡単に子どもの視力を測定できるための装置を開発した（聴力については標準化するのがずっと困難だった）。これは当初、自分たちの職分への侵略であるとして眼科医たちから反発を受けたが、現在ではどこの学校にも視力検査の装置が揃っていることを考えると、ビネの「測ること」への情熱は、この分野では報いられたことになるだろう。[19]

このように、ビネは知的側面のみならず、身体的側面についても「測ること」を通じて遅れや進みを「客観的に」（つまり平均を基準とする順位づけによって）把握することが肝心であると考えていた。そして、身体的な側面が知的な側面と密接な関係にあるという観察から、子どもの身体を鍛錬し、訓練することの必要性を訴えた。子どもの教育は、総合的かつ包括的なものでなければならないのである。

では、知的側面についてはビネはどのような教育を考えていたのか。ここには、知能も鍛えることによって発達するという彼の考えが表れている。『新しい児童観』には、文字通り「知能教育」という項があり、ここで彼は知能を鍛える方法について考察している。

「知能が、分割できない特異な本質を持った単一の機能ではなく、判別や観察や記憶の保持などの小さな諸機能の協調からなると考えると、その全体と諸要素とに同じ法則が支配しているという事実には反論できないと思われる。そして、〔実験心理学のこれまでの研究で〕要素となるこれらの諸機能は、柔軟に形を変え、伸張することがすでに証明されている。したがって、人の知能は発達可能だということになる。練習や訓練、とりわけ秩序ある方法 méthode によって、人の注意力や記憶力、判断力を増大させ、以前の状態よりも文字通りよりいっそう知的に devenir plus intelligent できるのである」[102=136]。ここで彼が「知能」の中に含めている事柄には、別のところでは知能と区別された学業適性とされているものもある。これについては、つづく文章からその意味が明らかになる。「知能が高いようにふるまうために重要なのは、諸能力 facultés の強さより、むしろそれをどのように用いるか、つまり知能の技法 *art* なのである。そしてこの技法は、練習によって磨くことができるに違いない」[*ibid.* 強調原文]。ここでビネが知能と呼んでいるものには、彼が生まれつきの知能としたもの、年齢にしたがって成熟する知能としたもの、また学業を進歩させるための適性、つまり努力や注意力といったものが混じり合っているように見える。しかし、子どもの教育における進歩や発達を評価する際には、結果として得られた勉強の習慣や注意の習慣、努力の習慣について、どの程度が教育により、どの程度が学業適性や生まれつきの知能によるのかといった区分が困難であることを、ビネは認めていた。教育の場では、これらを区分することよりも、生徒が結果として学業を修得し教育を自分のものにする能力（ここでは便宜的に知能と呼ばれている）を得たという事実を重視すべきなのである［105＝140f］。これは、ビネが別のところで、教育は知識を詰めこむ前に「学び方を学ばせる apprendre à apprendre 必要がある」［Binet and Simon 1908:78＝1982:317］と言っているのと同じことを意味している。勉強のしかたを知らない子どもには、まず「精神整形学 orthopédie mentale」［*ibid.*］の訓練が必要なのである[20]。

知的能力の総合的・多元的な見方は、ビネの次のような主張にも表れている。「知能とは、自己の環境に対する個人の最上の適応力のことである」［Binet 1911a:172＝1982:372］。ビネはここで、学校で非常に成績が悪く、教師も軽んじていたような生徒が、実生活への適応力ではきわめて優れていたという報告を例に挙げている。知能は学ぶことだけではなく、「自ら生きるために à faire sa vie」［*ibid.*］役立つべきものでもあるのだ。ここでの知能を、知能テストで測られる知能と字義通り同等のものと受け取ると、意味不明になってしまう。しかし、ビネにとっては、テストで知能を測られ、また学力試験で学習到達度を試され、身体測定や健康診断や視力検査を受け、さまざまな角度で「測ること」の対象となる子どもたちは、結局のところ自らが置かれた環境や社会条件に適応する力を持つことができれば、それでいいのである。知能テストの目的もまた、そうした適応力を身につけさせるために、子どもの特性や能力水準を知ることにある[21]。

ビネの考えは、測ること、正しく、多面的に測ることを基本としている。測定を客観的にし、測定者の主観的判断に左右されない尺度を作ることが第一の課題である。そのために作られたのが知能テストであった。ここでは、「規範となるのは現実の生きた平均」［Binet 1911b:98＝1966:131］である。同年齢の子どもの平均に照らして、ある個人の遅れや進みの度合いが一元的な尺度で測定される。これは身体的な能力の場合も知的能力の場合も同じである。しかし一方で、測られる対象、考慮されるべき要素は多様でなければならない。知能テストの中に、知能のさまざまな側面を測る装置が含まれねばならないし、学力試験や学習到達度試験、また、生徒の個性のたえざる観察も必要である。そして、ビネがとくに重視したのは、それらを詳細に記録することであった。記録は注意深く、子どもの特徴を知る指標となるものを、少しも見逃さないように取られるべきである。そして、何年にもわたる観察を行い、保存された記録に照らし合わせて発達の歩みを把握しなければならない。

こうした、測ること、記録することという基礎の上に立ってはじめて、子どもにふさわしい教育方針を見出すことができる。その子の身体的な特徴は何か、どの部分が遅れているのか、何を得意とするのか、どのように個性を伸ばしてゆけばよいのか。そして、教育方針を考える際に何より重要なのは、社会への適応力をいかに身につけさせるかである。そのため、ビネは教育のあり方として、「活動的方法 méthode active」［112＝154］を推奨した。これはジェームズの教育学に倣ったもので、知識を詰めこむのではなく、やり方を学ばせる方法である。実習や実践、さまざまな活動を通じて、身体で覚えさせる。それによって、社会に適応できる人間を作ることが最終目標となる。

六　現代における「測ること」と教育

こうしたビネの教育観は、今世紀はじめにはまだそれほど浸透していなかった。彼は、教育関係者や学者の無理解や保守的な態度を嘆き、講義形式で知識を詰めこむ当時の教育を批判していた。彼のプランに近い知的能力や教育のモデルは、当時のヨーロッパよりもむしろ、現代の社会政策や教育改革の方針の中に見出すことができる。最後にこのことを、精神遅滞 mental retardation の診断をめぐる議論と、教育改革の議論を例に見てゆく。

(1) 精神遅滞の診断――アメリカ精神遅滞学会

まず、一八七六年に創設され、精神遅滞の定義について詳細なマニュアルを作りつづけている、「アメリカ精神遅滞学会（ＡＡＭＲ）」による、一九九二年版の定義・分類・サポートシステムのマニュアルから、精神遅滞の定義と分類をめぐる最近の動向を見ておく[22]。

ＡＡＭＲ一九九二年版の特徴は、これまでも取られてきた方針をさらに進めて、精神遅滞診断の「多元的アプローチ」を採用している点にある。それは、精神遅滞の確定に果たすＩＱの役割を制限することを意味している。一九九二年版では、ＩＱのみによって精神遅滞と診断することを「不十分である」［AAMR 1992=1999:84］として、これに懸念を表明している。「精神遅滞と判断するためには、（発症年齢に加えて）二つの評価基準が満たされることが必要である。第一の基準は、有意に平均以下の知的機能である。……第二の基準は、その人が二つ以上の適応スキルに制約を有しているかどうかということである」［*ibid.*］。

ここでの第一の基準、つまり知的機能の制約は、ＩＱ七〇～七五という上限以下の知能指数である。上限に幅を持たせているのは、測定誤差の可能性や、ＩＱは「高い精度を有しない尺度」［59］であることなどから、正確な知能を表現しているとはかぎらないからである。また、「標準化されたテスト［スタンフォード＝ビネ検査のようないくつかの知能テスト］での成績と、日常の場面や役割において認められる知的機能とが一致しなければならない」［*ibid.*］。つまり、ＩＱに過度に依存した診断が下されてはならないということである。

さらに重要なのは、診断の第二の基準となる「適応スキルの制約」という指標である。一般的ルールとしては、「二つ以上の適応スキルに制約を有しているかどうか」［84］が、精神遅滞の診断に当たっての要件とされる。適応スキルという概念は、精神遅滞の診断において伝統的に重視されてきた、「社会的有能さ social competence」という概念を継承し、また「適応行動」というこれまで用いられてきた用語を、いっそう包括的な社会的適応の有無を指し示すものに変えるために使用されている［63］。適応スキルは、このマニュアルではじめて、一〇の個別領域に分けられた。コミュニケーション、身辺処理、家庭生活、社会的スキル、コミュニティ資源の利用（買い物や公共の乗り物に乗ることなど）、自律性、健康と安全（自分の健康や安全に配慮できること）、実用的学業（読み書きなど）、余暇（レジャーや社会活動に他の人と一緒に参加できることなど）、労働である。こうしたスキルのうち、少なくとも二つ以上の領域に制約があることが、診断のメルクマールとして強調されている。そして、適応スキルを客観的な尺度で測定し、標準化された検査を作成するのが困難なことが確認された上で、検査法開発の必要性が述べられている。現在は、ヴァインランド社会成熟尺度などの検査法の他に、親、教師、社会サービスの提供者、また本人からのインタビューという方法が一般的であるとされる。この診断基準は、精神遅滞の診断が、個人に「知能の遅れ」というレッテルを貼るためではなく、その人が必要としているサポートとの関係でなされるべきであるというＡＡＭＲの方針から、知能テスト以上に重要かつ実用的な意味があるとされている。

また、多元的アプローチでは、これら二つの診断基準以外に、診断に際しては、「心理機能および行動」［87］の側面も考慮に入れるべきであるとしている。これは、精神疾患と精神遅滞が併発しているケースに関わり、この場合サポートや治療のあり方が異なってくるからである。これらの他に、身体的な健康やハンディの有無、病因、家庭やコミュニティ環境といったさまざまな要因を総合的に評価して、必要なサポートの程度と期間が確定されなければならない。こうした多元的な評価と診断によって、それぞれの人にふさわしいサポートが明らかになり、適切な援助を受けることで、適応スキルのレベルや機能的能力を改善することが「期待される成果」［169］

となる。

　こうした評価軸の多元化は、何をもたらすのだろうか。もちろん、集団的な知能テストを劣悪な環境下で、あるいは言語・文化的背景が異なる人が受けさせられ、それによって一生を通じてまちがったレッテルを貼られるのを防止するのは必要なことである。この新しいシステムは、そうした誰の目にも不合理であるが、実際に多くの誤りを生んできたＩＱ値への過信を正そうとしている。その方向は、より多元的に、より個別的に、個人のバイオグラフィーや社会的適応スキル、家族や周囲の環境との関係を調べ、記録し、評価するというものである。そして、それらの評価軸は、個別の事情を斟酌する一方で、できるかぎり客観化・標準化されるべきでもある。ＡＡＭＲのマニュアルには、診断のための記載表、ＩＱ評価のガイドライン、適応行動評価のガイドライン、知的機能と適応スキルについての記述と情報源を記すための表、健康状態や病因、また生活環境・職場環境・教育環境などの記載表、さらには、知的機能や適応スキル、心理・情緒といった次元別に、どのようなサポートがなされるべきかの記載表のフォーマットが添えられている。

　「知恵遅れ」の早期発見と特殊教育のために知能テストを考案し、精神遅滞の定義に終生関心を持っていたビネがこのマニュアルを見たら、何と言っただろうか。自分が開発した知能テストが限定的な役割しか果たしていないことに不快感を示しただろうか。彼はむしろ、それを歓迎したのではないか。前節で見てきた、ビネの知的能力についての多元的な見方、それを社会的適応との関係で考えようとする志向、さらに、健康や身体発達、また家庭や教育環境など、知的な側面と関係するさまざまな要素を考慮に入れる考えからすると、この診断法は非常に優れたものだろう。そして彼が最も気に入ると思われるのは、これらの多元的評価軸を「客観化すると同時に個別化する」ような尺度を用いて測定するという基本的な姿勢を、ＡＡＭＲのマニュアルが示している点である。

多様な要素を考慮に入れ、それらを測り、記録すること。それを個別の診断基準として活用すること。こうした方向性は、世界で初めて知能テストを考案した人物が、すでに一世紀近く前に構想していたものなのである。

(2) 教育改革の動向

ここで視点を変えて、日本における「正常児」の教育についての言説を見ておきたい。日本では、一九八〇年代の臨時教育審議会以来、初等教育から大学・大学院、あるいは生涯学習などの包括的な教育改革について、さまざまな審議会や会議が提言を行ってきた。国立大学の独立行政法人化や、青少年の教育課程に奉仕活動の義務化を盛り込む案など、次々に新しい制度や改革案が示され、議論を呼んでいる。その中で、ここでは、一九九八年に出された教育課程審議会の答申を中心に見てゆく。

この答申は、中央教育審議会第一次答申（一九九六年七月）をふまえ、それを継承・発展させたものである。そのため、「[ゆとり]の中で［生きる力をはぐくむ］ことを重視」し、「いかに社会が変化しようと、自分で課題を見つけ、自ら学び、自ら考え、主体的に判断し、行動し、よりよく問題を解決する資質や能力」「自らを律しつつ、他人とともに協調し、他人を思いやる心や感動する心など、豊かな人間性」「たくましく生きるための健康や体力」を重視している（[教育課程審議会 1998:207]）。そうした教育を実現するために、学校では「学ぶことの動機づけや学び方の育成を重視し」、他方で、家庭や地域社会の教育上の役割を再評価することが必要である。「学校で学習した知識・技能や学び方などは、家庭や地域社会において生きて働く力として用いられることによっていっそう深められ、根づいていく」と考えられるからである（[*ibid.*]）。

こうした基本方針にしたがって、自立性・規範意識・社会性および体力・運動能力を身につける場として、学校が位置づけられる。そしてとくに、学習指導・評価に際しては、「自ら学ぶ意欲や思考力・判断力・表現力などの資質や能力の育成を重視するこれからの学校教育においては、従来のような知識を教えこむような授業の在り方を改め、子どもたちが自分で考え、自分の考えを持ち、それを自分の言葉で表現することができるような力の育成を重視した指導をいっそう進めていく必要がある」。ここで学力を、「単なる知識の量」ではなく、「自ら学び自ら考える力などの［生きる力］を身につけているかどうかによって捉えるべきである」。こうした意味での学力を正しく評価するためには、「学習の結果だけでなくその過程をいっそう重視したり、子どものよい点や可能性、進歩の状況を積極的に評価する」ことが必要となる（[211]）。

教育課程審議会答申の見解は、当然ながら、臨時教育審議会答申や、一九八〇年代以降の文部省の方針と連動するものである。文部省の教育方針は八〇年代に大きく転換し、「主体的な学習」の重視や、「学歴偏重批判」「偏差値偏重批判」を展開し、生徒の主体性・個性を重視する教育を打ち出しはじめた。また、これと並行して、生涯学習（以前は生涯教育と呼ばれていた）の中の「学習」の面が強調され、また、「自己教育力」が重視されるようになる[23]。

「自己教育力」とは、学習意欲や学習のしかたの修得など、「生きる力」を身につけることと同義である。学ぶ意欲を育成する教育、思考力や判断力、表現力などの資質や能力を育成する教育とは、まさにビネが理想とした教育のあり方そのものである。学び方を学ばせ、生きるために役立つ技能 art を身につけさせる。ビネはこれが達成されることは、「知能が増大したこと」に他ならないと言っていた。そして、このような教育は、生徒自身の興味・関心を引き出すもの、主体的な学習意欲をかきたて、個々の生徒の個性に応じたものでなければならない。個性を伸ばす教育を通じて、自ら学び、自ら考えられるようになる。そして、学校と家庭や地域社会との間で交

される のである。

流がさかんになることで、開かれた学校が実現し、社会に適応するために役立つスキルを身につけた人間が育成されるのである。

こうした教育は、一見すると、生徒の個性と自主性を尊重する実り豊かなものに見える。これに対して、ここで「作られた主体性」や「強制された個性」といった表層的な批判をくりかえすつもりはない。ビネの思想を通してこの教育観を眺めてみると、むしろそれ以前のところに気づかされるのである。こうした「多元的」で活動的・実践的な教育は、ビネの思想に見られるように、学ぶ力や意欲や努力や学習態度を測定し、さらに道徳観や正義感、また自主的に問題を発見し、学校の内外を問わずさまざまな活動に積極的に参加するか否かを、「測定し、評価すること」によって成り立っているのである。このことは、個性の教育が空回りしてしまっている、あるいはスポーツやボランティア、学校外の活動や家庭生活までが学校の監視下に置かれてしまうといった批判の根底にある問題点のように思われる。一人の人間を構成する、必要なあらゆる側面が、測られ、記録され、評価の対象となる。測られる意味があるものとないものの選択基準は、社会に適応するのに役立つか否かである。それは、子どもを多面的に捉え、豊かな生活や社会への適応を身につけるために「善意から」なされることかもしれない。勉強はだめでも別のところに才能を発揮する子どもを発掘するという意図があるかもしれない。だが、こうした教育が実践される際には、学ぶ意欲を学ばせられ、主体的な興味を持たされ、問題発見能力を培われ、それらすべてを「測定される」こともまた事実である。知能テストと学力試験だけしか評価の対象にならなかった時代には、学校では評価されない「何か」によって、他に行き場があった者たちもいたはずだ。彼らは、新しい評価基準では、単に勉強ができない子ではなく、社会に適応するためのスキルを欠いた子になる。こうした子どもたちは、学校・家庭・地域社会という「コミュニティ包囲網」による、総合的学習と多面的評価によって、逃げ場を失っていくのではないか。

おわりに

社会への適応スキルは、人間にとって必要不可欠な能力であろう。社会が望むように生きられない人間が、高い「社会的地位」にたどりつくことはむずかしい。だが、人それぞれの社会への適応や個人のさまざまな生の道筋は、「すみずみまで正しく測ること」「記録すること」「評価すること」によって、はたして見出されるのだろうか。一九世紀末に一人のフランス人が、客観的な尺度を用いて、人間能力を多面的に測定する技術を考案しようとしたときから、この問題は現実のものとなった。そして、彼の理想は一世紀後の社会にも生きつづけ、むしろ浸透しつつある。ビネは未来の知能像、教育像の見取り図を作り、その実現を夢見ながら五四年の短い生涯を閉じた。皮肉にも、ビネの名を冠した思想は忘れ去られたが、そのプランは確実に生きつづけ、継承されている。現代に生きるわれわれは、ビネの思想を形づくった一九世紀末の時代背景と、彼の「正しく測ること」への情熱に対して、どのような態度を取るべきなのだろうか。

(1)　『ベル・カーブ』がアメリカで巻き起こした反響と反感については、［Beasley 1998］を参照。
(2)　この点については、［石原 1999］から多くを教えられた。
(3)　ブルセの原理については、本書第二章、第四章を参照。
(4)　ビネのこの志向が強く表れた著作には、たとえば［Binet 1911a］がある（後述五－(3)を参照）。
(5)　このため、ビネはドイツやアメリカにおける実験心理学を不毛なものと見なしていた。［Wolf 1973=1979:98f］を参照。

（6）このことについては、本書第二章を参照。
（7）平均的正常児を尺度とすること、また、年齢という区分を用いることを、ビネがどの時点で明確にしたかについては、［Wolf 1973＝1979:179f,185f］を参照。ウルフは、ビネ自身が行った頭蓋計測などの生物測定学（これも当時流行していた分野であった）が、最初の手がかりになったとしている。この見方は、ビネにとっての知的能力が身体特性に類比されるものだったという解釈を含んでいる。
（8）ビネが統計学をどのようにして身につけたかは不明である。ただし、ビネは流行の思想については、国外の文献を含めて広く読んでいた。また、彼が主宰した雑誌『心理学年報』には、確率論研究者エミール・ボレルの論文なども掲載されている。
（9）彼はこうした考えからも、すべての結果をイエス／ノーの二分法で処理しようとするブント派の実験には懐疑的で、その手法をまねたアメリカでの実験にも不満を持っていた。
（10）［Wolf 1973＝1979:218f］を参照。
（11）一九世紀には、社会統計学の登場によって新たな装いの運命論が生まれていた。この新しい運命論、また「決定論」という用語が一九世紀に担った意味については、［Hacking 1990:chap.15,16,18］を参照。
（12）ロンブローゾの所説とそれへの反響については、［Darmon 1989］を参照。
（13）古典学派と新学派の対比は、［Pasquino 1991］でなされている。また、［重田 1997］では、このことを確率・統計および「リスク」概念との関係で考察した。
（14）一九世紀の刑罰思想に見られる、一八世紀の古典的刑罰理論との人間観の隔たりを考えるとき、ダルモンが『医者と殺人者』［Darmon 1989］において掲げた、「イタリア学派の遺伝決定論」対「リヨン学派の社会環境論」という対立図式は、両者が共有する思想的地盤を見失わせる可能性がある。
（15）ビネ自身が、自ら考案した知能テストを、刑事被告人が正常か異常かを判断する基準として使用することを提言している。［Binet and Simon 1908］の末尾を参照。
（16）この研究の成果は、［Binet 1903］にまとまった形で報告されている。
（17）これは、貧困階級には遺伝的欠陥者が多く、それが原因で彼らが貧困になっているという仮説（ターマンらの説）とは、異なった考え方である。ビネは貧困という結果から遺伝的欠陥という唯一の原因を断定的に推論することはなかった。また、彼が生得的知能と言う場合にも、「持って生まれた能力」の原因として遺伝や「血統」へとさかのぼり、それを政治的主張に結びつけるような姿勢は全く見られない。だが一方で彼は、引用部分に明らかなとおり、生得的な能力の差異が存在することを決して否定することはなかった。

(18)［Binet 1911b:165＝1966:160］を参照。この部分から、ビネがスピアマンの一九〇四年の論文（はじめて因子分析の手法を明示した論文）を読んでいたことが分かる。

(19) 以上については、［Binet 1911b:chap.3-4］および［Wolf 1973］を参照。

(20) ビネは、精神整形訓練として、「銅像練習」という、合図によって一定の姿勢を保ったままでいる遊び（「だるまさんがころんだ」に似ている）や、水の入ったコーヒーカップをこぼさないように運ぶ訓練、紙に書かれた絵を短時間で記憶する訓練、紙にできるだけ多くの点を決まった時間に書きこむ訓練などを挙げている。また、実際にこれを「異常児学級」で試したところ、めざましい成果を上げたとしている（［Binet 1911b:104ff＝1966:138ff］）。

(21) ただしビネは、社会への適応が、必ずしも個人の適性をそのまま伸ばすことで果たされるとは考えていなかった。たとえば、彼によると、精神遅滞の子どもは重さしらべのようなテストと比べて、言語を操るテストが苦手な場合が多い。しかし、現実社会では読み書き能力は重要な素養であるから、適性に逆らってでもこれを身につけさせることが必要だとしている。

(22) ＡＡＭＲは二〇〇二年にさらに改定され、第一〇版が出版された。

(23)「自己教育力」という言葉は、一九八三年の臨時教育審議会第二次答申ではじめて公式に登場したことが指摘されている［中島 1995:28ff］。

＊　ビネ・シモン『知能の発達と評価』には、日本語訳に不正確な部分が多かったので、原文から訳出した。

第六章　正しく測るとはどういうことか？　再論

価値尺度とは、価値の組織だった搾取を意味している。
アントニオ・ネグリ、マイケル・ハート『帝国』4―1注6

はじめに

第五章では、人間の知的能力に関する計測尺度が多元化し、社会への適応力、言い換えれば「生きる力」というきわめて社会性の強い基準が採用されるようになっていることを論じた。それによって、これまでは評価の対象とならなかったいわば「学業外」の事柄にまで、教育や社会的評価が及びはじめていることを、アルフレッド・ビネの「知能多元論」を手がかりに考察した。

知能とその計測をめぐる論争は、前章の冒頭で整理したとおり、これまで主に「遺伝決定論」対「社会環境論」という対立軸で行われてきた。アメリカにおいては、移民や民族的マイノリティの問題と絡んで、知能と人種・

民族との関連が議論になりつづけている。そのため、遺伝決定論は生まれつきの知能の優劣を「白人」の集団的な優越性に直結させ、自由競争を支持する保守派あるいはリバタリアンと、また社会環境論は教育による能力の改善を信じ、福祉政策による不平等の是正を望むリベラル派と結びつけられることが多い。

しかし、ビネ自身の思想において、知能多元論が、一方で生まれつきの知能を計測しようとする試みと、他方で教育によって知能を改善できるという信念の双方と共存しえたように、知能多元論そのものは、遺伝決定論と社会環境論のどちらとも結びつきうる。ビネの知能観が一つの像を結びにくいのは、知能を決定するのは遺伝か環境か、知能計測の尺度は一元的であるべきか多元的であるべきかに関して、彼が両義的な態度を取りつづけたためであると考えられる。グールドが示したような、遺伝決定論と知能一元論、社会環境論と知能多元論という結びつきに慣れてしまった目から見ると、ビネは折衷的で位置づけのむずかしい思想家となる。

ところが、多元的な知能が遺伝するという説は論理的に成立するばかりでなく、実際の知能の遺伝研究において有望視され、すでに採り入れられている[1]。逆に言えば、知能多元論は、知的能力の発達において社会環境を重視し、教育的介入によってマイノリティや「弱者」の社会統合を試みるという、典型的なリベラル－福祉国家型の主張と、内在的かつ必然的に結びつくわけではない。前章末尾で挙げた日本の例に見られるとおり、現在ではむしろ、個性重視の教育が多様で多元的な基準を要請し、知能多元論が教育の自由化と競争導入のために用いられている。そのため、グールドによって社会環境論の祖とされたビネの思想が、この文脈では、生まれつきの能力や素質の差を前提として才能あるものを優遇する、自由化論と相似たものに見えるのである。このことは、現在の状況が、知能一元論 対 知能多元論、自由主義 対 福祉主義、遺伝決定論 対 社会環境論といった対立構図から見ると、一種のねじれ、ずれを示していることを意味する。

このねじれは、「人間の測り方」と人間管理との新しい結びつき方（新しい統治のあり方）によって生じたと考えられる。この章では、仮に「新自由主義型」と呼ぶこの新しい人間管理法を、旧来の「福祉国家型」の人間管理法と対比する。両者はともに、人間の多様性や多元性を発見し利用するが、その動機づけも利用法も対照的である。その違いを、きわめて図式化されたしかたではあるが、第五章を踏まえて例を挙げながら示してゆきたい。

一　福祉国家型の管理法 (1)治療と教育

福祉国家は、国家の成員とされた国民を単位として、さまざまな義務と引き換えに生涯の生活を保障するという、ある種高尚な理想を伴った二〇世紀の壮大な実験であった。そこにはもちろん、国民の権利義務や社会連帯の思想、相互扶助の理念など、それまでの社会通念からすれば大きなイデオロギー的転換が必要であった。だが、それに加えて、実際に福祉国家システムが機能するためには、国家という巨大な機構にいったん集めた資金を適切に再分配するための装置、とくに国民一人一人の生と必要物を知るための個人情報の掌握が不可欠であった。そしてこれを達成することはそれほど単純でも簡単でもなく、きわめて多くの資金と人員を割かなければならない大きな課題であった。とりわけ、福祉行政において受益者となる人々について、彼らの生を把握し、評価し、保護と教育と更生の対象として的確に位置づけるためには、それに適した人間管理のテクニック、統治の戦略が必要となる。そこで大きな役割を果たしたのが、犯罪者や精神異常者といったマージナルな存在、正常者の範疇からはずれる「異常者」と見なされた人々についての知識と分類であった。彼らは一九世紀以降、徐々に特異な範疇に区分され、種別化された人間として対象化されるようになる。このことは、ソーシャル・ワークや福祉活動、医療、学校教育や企業組織など、さまざまな場面に見出すことができる。なかでも、それ以前の時代との違いを如実に表しているのが、司法、とくに刑事司法の領域における犯罪と刑罰についての体系の変容である。
一九世紀以降の刑事司法の変容に関しては、さまざまなアプローチからこれを検証することができる。新派刑法学の登場、犯罪学や司法精神医学といった新しい知の台頭、応報から教育へという刑罰を支える思想そのものの変化、裁判における精神鑑定の重要性の高まりなどである。ここでは、これらの変化に通底する、人間への興味・関心の特異なあり方を明確にするため、『ピエール・リヴィエールの犯罪』［Foucault *et al.* 1973］を参照しながら、論を進めていきたい。

同書によると、フランスノルマンディ地方の農夫ピエール・リヴィエールは、一八三五年六月三日に実母、妹、弟の三人を鉈で切りつけて殺害したとして、同年七月二日に逮捕された。この本には、事件発生以降の関係記録の復刻と、併せて編者たちの論評が載せられている。この事件は残忍な尊属殺人で、それ自体スキャンダラスなものであった。しかし、当時尊属殺人事件は一年に一〇件以上が重罪裁判に付されていた状況で、この件だけが特異なものではなかった。当時ルイ・フィリップ王暗殺未遂事件やラスネール裁判などが世間の関心を集めており、リヴィエール事件はこれら世紀の大事件と比べると、それほど大きく取り上げられることもなかった。

ではなぜ編者たちは、一九七〇年代になってこの事件の記録を復刻したのか。おそらく、この事件をめぐって書かれた言説群、つまり証言記録、予審・裁判関係の記録、法医学鑑定書、そしてリヴィエール自身の獄中手記を通じて、その後二〇世紀に顕著になる人間への関心のあり方が浮き彫りになっているからであろう。リヴィエール裁判の一連の記録からは、彼の生い立ちだけでなく、父と母との関係、家族に起こったさまざまなトラブルや災難、家族や当時の農村社会の中でのピエールの生活史が明らかになる。その一方で、彼の思考と行動様式の異常性と、そこに影を落とす母の人間性、また犯行に至る心理と犯行後の心境が、克明に描き出されている。血まみれの服を着たままの一農夫が近隣の山中を徘徊し、さまざまな町に出没して人々と会話を交わし、店に入り、物乞いまでしながら一ヶ月にわたって逮捕されなかった警察力の時代に、その人物の生活史が細部にわたって記録として残されているのである。

ここには、犯罪をそれ自体としてのみ捉えるのではなく、罪を犯した人間の生まれ、育ち、家庭環境と結びつけ、またその人の内面や日常的な行動に表れた異常性と関連づけて理解しようとする、知の萌芽を見出すことができる。以後、裁判で責任能力の有無を判定する基準として、理性の欠如・喪失としての心神喪失・心神耗弱だけではなく、理性的判断力以外の面、つまり情緒や感情の異常性に関わる種々の精神病概念が援用されてゆく。そして、精神異常犯罪者は、有罪ではないが無罪放免されるべきでもない、つまり刑罰ではなく治療のために医療機関に監禁されるべきであるという考えが、司法精神医学によってもたらされるのである。

それより前の時代、一八世紀の啓蒙主義は、犯罪行為への恣意的で個別的な判断を非難し、一般の人々の理性に照らして犯罪と刑罰とが明白に結びつくような刑事司法体系を作ろうとした。個々の犯罪の間に差別的な扱いがあってはならず、誰が犯したものであっても、同じ罪には同じ罰が与えられるべきであった。ところが一九世紀には、この思想は急速に色あせてゆく。罪を犯すのはそれぞれの内面と生活史を持った人間である。したがって、一人一人の個別性に立ち入ることなく、適切な矯正手段を見出すことはできない。個々人の内面・生活を、時間の流れの中で、またその集積として作り上げられた構造において把握しなければならない。こうした、人間性の個別的な把握によってこそ、治療と矯正という目的が果たされるのである。この時代に、犯罪の原因として犯罪者の遺伝的特性を重視する犯罪人類学と、社会環境が人間に与える影響を重視する犯罪社会心理学がともに発展したのは、偶然の出来事ではない。これらの知は、自由意志と責任に代わって、何が人間を犯罪者にしたのか、その人間を変える方法はどのようなものか、矯正や治療の限界はどこにあるのか、といった問いを提起した。人の性格や能力を決めるのは遺伝か環境かという立場の違いは、表面上は真っ向から対立する考えとして、現在に至るまで論争がつづいている。しかし、第五章で示したとおり、個々人の内面や行動を決定づける要素を特定し、それをもとに教育や治療の方向を決定しようとする点で、遺伝決定論と社会環境論は、共通する地盤を持った思想なのである。

一九世紀から二〇世紀にかけて、医療と教育とが、人間を評価し、管理・統制する際のモデルとなっていく。問題を起こす人物、危険人物は、生のさまざまな段階でマークされる。社会規範から逸脱する行動や反抗的態度を示せば、何が原因であるかを知るために、親や兄弟の構成、家系における問題人物や犯罪者の発生状況、一家の経済状態、父母の職業、家庭でのしつけ、居住地の周囲の環境や地域での交友関係などが洗い出され、記録される。ソーシャル・ワーカーによる観察や訪問が行われ、精神病や精神遅滞の有無が測定・診断される。ここには、個別的で詳細な管理と統制の網の目がはりめぐらされているように見える。

二　福祉国家型の管理法 (2)匿名化と平準化

しかし一方で、福祉国家システムは、個人を匿名にすることによって平準化と画一化を推し進める巨大システムでもある。このことを端的に表しているのが、社会保険と公的扶助の二つの制度による生活保障と、再分配政策による富の平等な配分である。ここにおいて、国民と見なされた人間は匿名化されている。というのは、誰が誰に対して、という対面的な関係、固有名を持った存在としての対他関係（ニーズとケアの関係）がいったん断ち切られるからである。そのために、国家構成員はまず、保険料や税として金銭を公的機関に納め、それらの機関を通じて、必要があると認められた人に、保険給付や扶助、公的サービスとして、金銭や物品、さまざまな便益が提供される。こうしたプロセスを経ることで、財の一部を社会に提供することは国民の義務として、また社会から生活の保障を与えられることは国民の権利として、助け合いの関係は国民という抽象化された個人間の権利－義務関係へと置き換えられる。特定の誰でもない社会全体のために義務を果たし、その見返りとして特定の誰でもない社会から恩恵を蒙る権利を得るというわけである。

個人間の貧富の差が、そのまま生活へとはねかえる資本主義体制下の不平等を是正するため、貧富の差の原因には立ち入らず、一定の生活水準や利便に、できるだけ多くの人があずかれるよう配慮する。こうした匿名性、無差別性は、福祉国家の根本を規定している。そして、このような意味での国家による国民生活への配慮は、そこに生きる人間を、国家、特定の地域、企業や労働組合、学校、家族などの流動性の少ない組織へと安定的に帰属させることによって、そうした組織集団を回路として行われる。福祉国家への帰属を許された人間は、自らの稼ぎ、時間、能力と労力の一部を社会という抽象的機構に預ける代わりに、安全と安心、生活保障を生涯にわたって獲得できるのである。

個人生活の細部に関心を払い、それをもとに介入や統制を試みる反面、人間を匿名化し、差異をなくして平準化しようとする。福祉国家が併せもつこの二面性は、学校教育という場面を取り上げると理解しやすい。一方で、学校は「規律の場」である。そのため、生徒一人一人の能力や行動を把握し、学習の遅れや逸脱行動をチェックするための機構が配備される。「規律される人間にとっては、……どんな細部も無関係ではない」[Foucault 1975:141＝1977:145]。その反面、規律化の先に設定されている到達目標は非常に画一的である。問題が起きないこと、全体のレベルがある特定の水準に達すること、正常な状態を保つことが目指される。そのため、多様性をできるだけ抑えこむことが重視される。

ここでとくに、正常状態を攪乱する要因として注目され、集中的な介入対象となるのは、学習面では遅れた生徒であり、行動面では逸脱を示す者である。このことは、集団の中で個人をランクづけし、グラフに示した際、全体の分布の左側、つまり低いランクに位置する部分集団に、関心と介入が集中することを意味する。全体の平準化・正常化と安定をめざす福祉国家型の社会に共通して見られるのが、この特徴である。福祉国家が配慮すべき主要な対象は、平均から見て極端に所得が低い人々、極端に逸脱した行動を示す人々、極端に学習に遅れがある人たちなど、人間のある特性に関して集団の分布グラフを描いたとすると、つねに左端に位置する人々である。その一方で、到達すべき状態、目指すべき理想は、下方の異常値をできるだけ小さく抑えることを中心に考えられており、それよりも上、つまり正常範囲にいったん収まった人々に対しては、それ以上の細かな介入はなされない傾向がある。

もちろん、こうした社会の持つ正常化への圧力は、構成員全体に重くのしかかっており、また、人より少しでも上の成績や業績を上げなければならないという、管理社会や競争社会と呼ばれてきた社会規範が存在することもたしかである。しかしこれについても、尺度という観点から検討してみると実は、尺度そのものは一元的であることが見て取れる。

まず、正常と異常の区分については次のことが言える。たとえば、犯罪という異常行動を起こした人間については、なぜそのような事態に至ったのかを過去にさかのぼって追及し、その人間の異常性をさまざまな観点から眺め、詳細に分類し、異常性の尺度を精緻化しようとする。ところが、一方で正常の範囲内に位置づけられた人間については、それ以上のこと細かな分類は用意されないのである。(2)

では、正常な人々のランクづけ、評価はどのようになされてきたのだろうか。たとえば学習においては「偏差値」が駆使される。偏差値得点というのは、試験などの得点について平均と標準偏差を一次変換することで、平均五〇点、標準偏差一〇点になるよう調整し、異なった試験間の得点の位置を比較可能にする便宜上の数値である。たとえばある試験で、国語が七〇点、数学が五〇点であったとする。どちらの成績が上であるかは、それぞれの科目について集団全体の平均点と分散を考慮に入れなければ、直接には比較できない。得点を標準化することで、集団内での位置（順位）を標準化し、比較を可能にするのが偏差値である。これが、受験などにおいては、それぞれの学校が持つランクであるかのように見なされ、また試験を受ける生徒にとっては、自分が持つ知的能力の実体であるかのように見なされる。規模の大きな試験における結果から割り出される偏差値得点が、すべての受験者を単一直線上に位置づけるための尺度として機能し、それを通じて偏差値が個人の属性として、また学校の属性として実体化されていくのである。

こうして成立する能力の一元化と序列化に対して、「学校が、価値あるものと評価する能力、それはテストで測られ、偏差値に還元される学力、それも算数・数学ないしは英語や漢字の語彙数によって代表される。そして、それらの点数尺度を規準にして序列化され、能力別にクラス分けされるなかで、人間としての値打ちもまた点数序列へと同一化されていく」［堀尾 1997:104］といった批判がなされてきたのである。

こうした社会においては、正常でないもの、すなわち分布の左端に対しては緻密な分類に基づく介入をつづけ、矯正と正常化を目指すのに対し、それ以外の存在に対しては単一直線上に位置づけるという以外の多様な尺度は示されない。そのため、直線上に位置づけえない能力や個性については、無視されるか矯正されるかのどちらかしかないことになる。

平準化と安定をめざす福祉国家型の社会編成においては、マージナルな存在についての知識が集積され、介入が無際限に増大する傾向がある。その一方で、目指すべき正常な社会が求める人間像、人間を測る尺度は一元的で単調なものであった。

三　分断と排除

現在、福祉国家以降の新しい社会体制が、急速に現実味を帯びはじめている。新自由主義の台頭、ポスト福祉国家と言われる新しい社会はどのような方向に進もうとしているのか。そこに潜む問題点は何であるのか。これについては、ヨーロッパや日本のような福祉国家を経験しないまま、ポスト福祉国家体制を先取りしているように見えるアメリカや、経済の失速と社会保障制度の破綻によって改革を余儀なくされている日本における最近の動向に対して、さまざまな分野ですでに批判的な検討が加えられている。

そのなかで、社会の先行きを示すことばとしてしばしば聞かれるのが、不平等の拡大、社会の分断、連帯の喪失、福祉社会から排除社会へ、といった、「分断と排除」という捉え方である。医療保険や年金における受益者負担の増大、とくに低所得層の負担増や、失業の増大や貧富の差の拡大に見られるように、これまで権利として受けることができた便益は確実に減らされてゆき、国家による配慮の範囲は縮小してゆくであろう。それに代わって重視されるのが、自己責任と自助努力である。「国民一人一人が自らの個性や能力を十分に発揮し、新たな創造を行うことができる経済社会」［経済財政諮問会議 2002:1］とは、見方を変えれば、才能や努力を欠く人間、成果を出せない人間は、それを甘んじて受け入れる社会のことである。

こうした社会の極北とも言える情景を、早くも一九八〇年代に未来都市ロサンゼルスの現実をもとに描き出したのは、マイク・デイヴィスであった。彼の著書『要塞都市 LA』［Davis 1990］は、ロスにおいて展開する都市空間の要塞化が、一方で貧困層をゲットーや危険地域へと追い立て、他方で富裕層が自らの居住・生活空間を他の空間から分離し、囲いの内に閉じこもることで推し進める分断と排除を、視覚的に表現した。そして、デイヴィスが描いたような分断と排除の進展を政策面で支えていると考えられるのが、刑事政策における厳罰化、応報への回帰と呼ばれる現象である。

アメリカでは一九八〇年代以降、世論の支持のもとに厳罰化は無害化政策とともに推進されてきた。犯罪者の矯正に多額の公費をかけるよりも、できるだけ長く刑務所内にとどめておく、あるいは電子監視など収監よりも安上がりな手段を用いて行動を統制するという、矯正から排除へ、教育から処罰へという大きな流れが生まれている。イギリスでもブレア政権発足以降の一連の刑法関連改革で急速にこうした傾向が強まっており、日本についても、少年法改正、交通違反の厳罰化などを手はじめに、保護観察制度や中間施設を利用した福祉・教育・社会政策寄りの処遇から、処罰と制裁を重視する政策へと移行していく可能性が高い。

教育の場面でも、たとえば現在日本で進められている大規模な改革が、分断と排除を加速させると見る論者は多い。教育の自由化、個性化教育と選択の幅の拡大という路線が、実際には選別と序列化をいっそう加速させるという指摘がなされている。この見方は、戦後日本社会に階層性と不平等が存在してきたとする議論と呼応することで、自由化によって階層差が拡大するとともに、階層間の流動性もさらに低下するという主張につながる。(3)たとえば、個性重視の入学者選抜が進むと、何が起こるのか。まず、「受験産業という影の教育と公教育との二重構造」［刈谷 1995:109］が進行する。それによって、塾や予備校に行く生徒が有利になり、「その結果、教育機会の社会階層間の格差が今以上に拡大することが予想される」［109f］。また、私立の中高一貫校が大学受験に有利になり、選抜の低年齢化が進むことで、大都市部の富裕階層など、特定の社会階層出身者に有利な選抜システムができあがる。ゆとり教育による公立学校の教育内容削減と相まって、分断と排除のメカニズムが、教育を通じて作り出され、強化されるのである。

このように、自己責任と選択の自由を強調する社会が、階層格差を拡大し、分断と排除を推し進めるという予測は、市場の一般原則から見てもうなずけるものである。自由市場における競争が、社会成員間の格差を広げ、利用できる資源の多寡によって境遇の差、貧富の差が拡大していくという市場の論理に、そのまま合致するからである。

四　行動の断片化

しかし、人間を測る尺度、測定の基準となる人間の捉え方、測定のテクニックや方法については、分断と排除とは違った角度からの検討が必要である。たとえば、司法における厳罰化の傾向が、社会の統合ではなく分断の要素を強く持つとしても、では、そこで分断のラインがどのような尺度で引かれるのかは、それほど自明ではない。

福祉国家がマージナルな存在に強い関心を示し、そうした人々を細かくカテゴリー化し、治療・教育するための知を蓄積してきたことは、すでに述べた。これに対して、刑事司法の新しい動向は、治療のために異常性を検出するという従来の知のあり方とは異なった、測定と評価のテクニックを生みだしつつある。あらゆる生活の細部を知り、思考や行動がそこに帰属する「人格」としての異常者を知の対象として構成するという方法とは、別のモデルが出現しつつあるのだ。

このことはたとえば、犯罪捜査に用いられるプロファイリング技術の展開の中に見てとれる。プロファイリングの歴史と現在については、第七章、第八章で詳しく論じる。そこでの議論を先取りすると、犯罪プロファイリングの展開において、「心理学的プロファイリング」から「統計的プロファイリング」へと、主流となる分析手法に変化が生じている。心理学的プロファイリングとは、臨床心理学における診断をモデルとする手法であり、犯罪現場や証拠・証言などから、犯罪者の人格を再構成し、犯人逮捕や裁判に役立てようとするものである。これは、犯罪者を治療すべき患者であるかのように扱い、内面に入りこむことで個々の犯人の人間像を推定するという、いわば犯罪者の全人格を知と興味の対象とするものである。これに対して、地理プロファイリングを含む統計プロファイリングは、特定の行動や属性に関し、可能なかぎり多くのサンプルを拾い集めてデータ化し、その都度設定された条件に当てはまる対象をピックアップしてゆくという手法である。

統計情報を利用する犯罪捜査技術は、心理学的な「ギフト」を持つ敏腕捜査官が、神がかりに近い直感を駆使して犯人を見つけ出すプロファイリングのイメージとはほど遠いが、実用性の面では比較にならないほど優れている。犯罪者は、全人格として理解され、知の対象として構成される必要はなく、要素ごとに分けられた行動や属性によって機械的にチェックされる。ここでは個人は、まとまりを持った一人格とは見なされず、そのときどきに問題となるばらばらの行動や属性へと断片化されている。

行動の断片のみを監視や制裁の対象とするのは、犯罪捜査の場面に限らず、犯罪者の電子監視という、収監に代わる新しい処罰形態にも表れている。電子監視は一九八〇年代にアメリカではじめて実用化された、主に在宅拘禁を確実にするための手段であるが、これ自体、「直接に〔犯罪者の〕行動を変えるために何の努力も行わない」[McCarthy *et al.* 2001:189] 制裁である。教育刑におけるように、犯罪者の行動の内容全体が監視と矯正の対象となるのではなく、特定の時間に在宅しているかどうか、あるいは制限された地理上の空間の外に出ていないかどうかを、電話回線を通じてモニターするだけだからである。もちろん、電子監視技術そのものは、他の制裁との組み合わせ次第で位置づけや意味が変わってくる。だが、GPS（全地球測位システム）が広範囲に利用されるようになり、決められた時間に電話の場所に呼び出す固定型から、居場所の特定や移動範囲の制限を可能にする追跡型へと電子監視の中心が移行すれば、保護司や保護観察官との個人的かつ全人的なコミュニケーションを通じた矯正・教育型の中間制裁に代わって、行動の結果だけをモニターし、違反を取り締まるという、「断片化された制裁」の範囲が広がっていくであろう。[4]

このように、社会のマージナルな存在に対して、その全人格を引き受け、社会へと再統合してゆく福祉・教育・治療モデルに適合する人間の評価・測定に代わって、行動や属性を断片化し、ある特徴が危険要素として取り出される場合（たとえば統計的プロファイルによって、「容疑者リスト」にピックアップされた場合）に制裁の対象とするという、新しい人間の対象化と測定・評価の尺度が、作られつつある。

五　多様性と尺度の非一元化

一方、教育の世界においても、人間が評価され測定される尺度は、これまでのような一元的な序列化とは異なったものとなっていくだろう。教育の「個性化」によって教育格差が拡大するか否かと、それが個性の一元的序列化につながるかどうかは、別々に考えるべき事柄である。「『教育の個性化』は多様性を生み出すのではなく、個性による階層化と個性自体の階層化を通じた一元的支配をもたらす」［大内 2001:96］のだろうか。それについて結論を下すには、新しい教育において何がどのように測られ、いかに評価されるのか、尺度自体がどのように変化しているのかを、詳しく検討する必要があるだろう。前章でも述べたとおり、すべての生徒を単一直線上に位置づけ、そのための基準をできるだけシンプルに設定する、そうした意味での一元性は、別の尺度に取って代わられつつあるからだ。それが多様性や個性の尊重につながるという主張を額面どおりに受け取れないとしても、これまでは評価の対象とされてこなかった能力やスキルが測られていることもまた、たしかなのである。

戦後日本の教育は、教育基本法（一九四七）の理念にしたがい、国家や共同体へと還元できない個人の尊厳の強調と、教育の機会均等を軸に作られてきた。こうした、平等で開かれた教育権という構想から一線を画し、教育の多様化方針を政府が打ち出したのは、一九六三年の経済審議会答申、これを承けた一九六六年の中央教育審議会答申以降である。ただし、これらの答申に見られる多様性は、高度成長期の産業化社会における要請に対応したものであった。そのため、労働力の質的向上が経済成長をもたらすという認識のもと、「専門的な技術教育」と「一定の熟練度を身につけさせる技能教育」［中央教育審議会 1966: 第一－一］の必要性を中心に考えられていた。

産業化が一段落した後の社会において必要とされる能力に着目し、個性や創造性を強調するとともに、教育内容の多様化や、六・三・三制の弾力化などの制度改革にも言及したのは、一九七一年の中央教育審議会答申である。一九八四年に作られた臨時教育審議会は、このときの中教審で提言されながら実現していなかった方針を、教育改革の基本として改めて示したとも言われる。臨教審は四次にわたる答申を出して一九八七年に解散するが、その後の中教審や教育改革国民会議などの諮問機関の答申は、基本的にはここで臨教審が作った枠組の延長上にある。

これらの答申では、「一人一人の持って生まれた才能を伸ば」［教育改革国民会議 2000: はじめに］し、「創造性に富んだリーダーを育てる」［同：一］ための教育システムを作るべきことが、はっきりと示されている。戦後教育が平等主義を推進するあまり、一律主義、画一主義に陥り、他人と違うことをよしとせず、「新しい価値を創造し、社会を牽引するリーダーの輩出を妨げる傾向すら生んできた」［*ibid*］という反省に立ち、個性と創造性の育成が目指されている。では、ここで言う個性や創造性の中身はどのようなものだろうか。まず、グローバル化に対応できるリーダー、エリートの育成である。もう一つは、高い就労意欲と仕事への責任感を持つ、職業観、勤労観を備えた人材の育成である。これは、一方にエリート教育、他方に体験重視の職業教育という、教育の二極化とも受けとれる。しかしここで立ち止まって、評価尺度の変化に注目することが重要である。能力評価の尺度そのものが、上から下までを単一直線上に位置づけるような、一元的序列化とは異なってきているのである。たとえば、大学入試制度の多様化を通じて、「問題を発見する能力、問題の解決方法を見出す力、あるいは推理力や論理的に考える力など多様な資質を適切に評価する」［同：三］ことが目指される。そのため、記憶力偏重の入試を改め、ＡＯ入試や小論文、推薦入試など、これまでとは異なった方法で、多方面にわたる能力を測ることが求められるようになる。知的能力は多元的で多様であり、それらを総合的に評価し判断することが、時代の要請だというわけである。

こうした、教育における能力観、評価のあり方や評価尺度の変化には、産業界における人材観の変化が大きな影響を与えている。たとえば、経済団体連合会が二〇〇〇年に提案した人材観は、次のようなものである。まず、あらゆる人材に必要な基礎的能力として、主体的に問題を発見・設定し、解決に導くことのできる能力、社内だけでなく社外でも通用するプロ意識、相手の言うことを聞き取り、自分の考えを適切に伝えられるコミュニケーション能力が挙げられている。さらに、リーダーとなる人間には、時代の変化を先取りして将来ヴィジョンを示す能力、さまざまな意見をまとめて人材を糾合する能力、起業家精神などが必要とされている（[経済団体連合会 2000]）。また、経済同友会が一九九七年にまとめた企業アンケートでは、従来重要ではなかったがこれから重要性が増すビジネスの基礎・基本の能力として、「状況の変化に柔軟に対応する能力」が第一位になっている（[経済同友会 1997]）。

このような個人の育成を支えるための制度・理念として、中教審答申にも影響を与えた画期的な提言とされるのが、経済同友会の「学校から『合校』へ」[経済同友会 1995] である。ここでは、学校だけに教育の役割を任せきるのではなく、家庭や地域社会とのネットワークを通じた、多元的な学びの組織が提案されている。学校の役割を基礎・基本の習得へとスリム化し、自由教室や体験教室といった、学校の外部の人材・場における教育機能を高めていく。そして、それらの間の緩やかな統合を通じて、子どもに多様な学びの場を与えるのである。経済同友会はさらに、「合校」というハード面を支える価値観、ソフトとしての、「学働遊合」というコンセプトを提案している。ここでは、「人生十八歳確定説・年齢輪切り主義」を脱却し、「学校……と企業は、意欲と能力ある人には、学び・働くための門戸を開く」ことを提唱する。学校と企業の垣根を緩やかにし、いつでも学び、働ける環境を作れば、「個人も企業も価値観と目標は多元化し、能力もさまざまなものが認められるようになる」[経済同友会 1997: 第二章] はずである。それによって、これまでのように年齢や学歴や性別に拘束されることなく、いつでも、どんなときにも自分の能力を高め、発揮し、失敗しても果敢に再挑戦する人材を育成できるのである。

これらの社会・人間理念において、「多様性」が一つのキーワードとなっている。ではたして、人間の多様な能力を、多元的に評価する仕組みが作られようとしていると言えるのか。

まず、新しい教育と人材のヴィジョンにおいては、多様な能力が多様なままに、つまり序列化されることなく評価されるわけではない、ということは指摘できる。審議会答申と産業界の提言を併せて読んでみると、これからの教育において評価され、培われるべきとされる能力は、質的に異なる文字通り多様な諸能力というより、多様性や予測できない事態に対応したり、多様なものをまとめて筋道をつけたり、多元的な組織や人間をコーディネイトし、組み合わせるマネジメント力、説明能力であることがうかがえる。これは、多様な諸能力というより、「多様性に対処する」という特定の能力である。この能力は、受験知識のように何らかの具体的内実を備え、そのため点数化、一元的序列化に適した能力とは異なる。むしろ知識の内容に関係なく、何でも容れることができる「器」としての能力とも言える。教育のあり方と評価方法を変えることで、こうした状況対応能力を持った少数のエリートを育成する。これが、二一世紀の教育の一大目標となっていくだろう。

しかし一方で、来たるべき市場社会は、多様性や多元性を本気で、積極的に活かそうとする社会であることもたしかだ。市場というシステムは、多様なものの交流から生まれるダイナミズムによって活性化し、発展していく。このことは、分業社会のエネルギーとしてすでに一八世紀から認識されてきた。そして多様性の価値は、大量のモノを生産－消費することで成り立つ従来の経済システムが変貌しつつあることで、今後ますます大きくなってゆくだろう。

ここでは、市場価値を認められる個性が発見され、固定化されず、つねに刷新される多様な尺度によって評価される。そのため、価値尺度自体が市場の変化に応じて変化しつづけねばならない。どのような個性に高い値段がつくかは、社会が変化するにつれて変わるという意味で、未確定のままである。このように、多様性と差異を流通させ、新しい価値を発見しつづけることが、資本主義のダイナミズムの源泉となる。そこでは、固定し安定した価値観や規範への順応ではなく、たえざる変化への対応が求められる。そのため、マージナルな存在の正常化ではなく、市場価値を持った個性の育成を生涯にわたって支援することに、関心が移行していく。こうして、教育市場の多様化、多元化が試みられ、教育への投資家としての個人が、売るための個性を身につける教育を選択的に買うという、未来社会が構想されてゆく。

ここでは多様性が、市場とそこから出現する未来の人間像をつなぐ鍵となっている。教育市場が拡大し、メニューが多様化することが、多様な個性を開花させる社会へとつながるからである。こうした「多様化の戦略」を通じて失われていくのは、持って生まれた能力の差（遺伝や生得的能力）と、教育投資のための資産や文化資本の差（環境）を、不平等の問題として捉える視点であろう。格差は社会が是正すべき不平等ではなく、投資と選択の問題になる。人それぞれの多様な能力に対応するはずの、多様な教育メニューへの投資の失敗、投資への努力の欠如と見なされるのである。出発点の不平等は人それぞれの多様性として、結果の不平等は多様な選択肢を生かせなかった個人の責任として、社会が是正すべき不平等という視点は消失していく。ここでは、知能多元論が持つ能力観は、ビネがかつて試みたように、遅れた者に手を差し伸べ、教育によって格差を是正するという方策には結びつかない。違いは個性、多様性として、遺伝も環境も含めて個人に帰属すべきものとなり、違いがぶつかり合うことで生まれるダイナミズム自体が、社会を活性化させると考えられるようになる。

「社会」との関連でもう一つ指摘できるのは、多様性ということばが多義的に用いられることで、別々に考えるべき要素が曖昧につなげられてしまう点である。教育の個性化というプランは、少なくとも三つの要素を含んでいる。一つは、前述のとおり、個人の能力が市場に見合った価値を持つかどうかが多次元に測られるということ。もう一つは、教育を受ける側を消費者や投資家として位置づけ、サービスを買う際の選択肢を多様化するということ。三番目に、これらとは異質な要素として、教育の場の組織化を、分権的・多元的なものに変えることで、学校の閉鎖性が引き起こしてきたさまざまな問題に対処しようとすることである。この三番目の要素は、「学校から『合校』へ」などの産業界による提案にも部分的に見られるもので、教育活動に誰が参加するのか、またそこでどのような新たな社会関係を形成するのかという問題と関わっており、教育の市場化には包摂されえない広い射程を持っている。言い換えると、教育が「市民社会」の一部となり、画一的で中央集権的な教育政策をつづけてきた国家からも、多様性の名のもとに教育を商品化する市場からも距離を置いた、新たな価値観と社会関係を生み出す場となる可能性を含んでいる。しかし、多様性ということばで括られてしまうことによって、こうした可能性は、投資家にとってのメニューと選択肢の多様性に、容易にすりかえられるのである。

おわりに

個人の行動や属性は、たとえば犯罪の指標として、また保険契約においてはリスクを高める要素として、断片化され、データとしてネットワーク上に結びつけられ、人間の価値を測る尺度として利用される。これは断片化と結びついた形での人間管理の一種の多元化・多様化とも言える。他方で、求められる能力もまた、ある意味では多元化してゆくだろう。能力の内容が固定していない、また多様な事態に対応できる「器」が求められるという意味では、これまでのような一元的序列化とは異なる。多様性というマジックワードを用いて、特定の能力や個性に市場価値があるかどうかがつねに測定され、自分の持つ能力に最大限の市場価値を与えるために、努力と投資をつづけることが強制されるからである。

これらの新しい動向において、知能多元論は、福祉国家におけるのとは異なったやり方で利用されている。マージナルな存在としての「異常者」の測定と全人格的な矯正は、もはや社会の目的ではない。ここでの個人はすべて、生得的能力においても置かれた環境においても多様である。多様な行動を、そのときどきの目的に合わせてチェックすること、そして、多様性のぶつかり合いとダイナミズムによって、社会を活性化すること。こうした社会イメージ、そして人間像と人間管理の手法に、人間を正常／異常を基準にして振り分け、正常化と統合を試みる社会からの脱却と、新しい社会像、人間像を見出すことができる。

（1）　知的能力や「心」の遺伝メカニズムを明らかにしようとする双生児研究においては、知的能力を性格や精神的特質という大きな枠の中に置き、それらの遺伝のあり方を総合的に研究しようとしている。［安藤 2000］を参照。

（2）　実際には、正常と見なされる社会構成員の間にもさまざまな差異が存在する。その差異が問題になる事例の一つとして、保険が挙げられる。たとえば、健康な人の中にも、病気にかかりやすい遺伝的素因を持っている人、生活習慣が病気を引き起こす危険性の高い人などがいる。また、自動車事故については、地域によって発生率に大きな開きがある。規制が緩められる以前の日本の保険制度においては、これらの差異はいちいち保険料に反映されず、実際には低リスクの人が高リスクの人の分を余計に負担することで、匿名化と平準化がなされてきた。これについては、本書第三章を参照。

（3）　日本における階層社会の存在と知的エリート再生産の構図は、［佐藤 2000］に描かれている。ＳＳＭ調査の結果をもとにした、日本の階層システムの詳細な分析は、『日本の階層システム』全六巻（東京大学出版会）を参照。

（4）　アメリカ、イギリスにおける電子監視については、［藤本 1996］の第七章、第八章に詳しく紹介されている。

第七章　プロファイリングの現在

はじめに

「犯罪者プロファイリング」と聞いて、何を思い浮かべるだろうか。マニアならずとも、『羊たちの沈黙』に代表されるような、天才的な直感を持つ捜査官や心理学者が、殺人犯の内面を自分の中に再現し、猟奇殺人を解決する、そういった場面を思い描くだろう。日本でも一九八〇年代以降、世間を騒然とさせる残忍な猟奇的犯罪が起こるたびに、プロファイリングの可能性や必要性が議論されてきた。

では、現実の犯罪者プロファイリングはどのようなものなのか。それは果たして、実際の捜査に役立つ段階に来ているのか。そもそも犯罪者プロファイリングとは何を指すのか。サイコホラー好きの単なる好奇心にすぎなかったこうした疑問は、ある著書の一節から、私にとって一種の学問上の興味に変わった。

たとえばドラッグの密輸に関して「プロファイル」のみを根拠とする拘留が徐々に認められた〔中略〕という現象は象徴的だ。つまりドラッグ密輸に関与する人物をプロファイルする複数のファクターに相当するという理由のみで拘留させ探索することが可能となる。たとえばマイアミへの短期旅行者であること、チケットを現金で購入した、荷物はスーツケースだけである、一人旅である、さらに黒いジャンプスーツでゴールドの宝石を身につけている、一番のあるいは最終の便で飛び立った……。いくつかの要素の複合で社会に対する危険人物が特定され、そして彼あるいは彼女は拘留されるわけである［酒井 2001:162f］。

冒頭に記したような、現代の犯罪小説において一つの典型となるほど流行しているプロファイラーの仕事のイメージと、ここで使われているプロファイリングということばとのギャップは何だろうか。プロファイルとは、過去の同種の犯罪記録をもとにコンピュータを使って疑わしい人物像を拾い出し拘留するような、個人の才能にも直感にも犯罪者の内面にも無関係な、粗暴な警察技術にすぎないのか。だとすると、思想的にはあまり魅力のないものに見える。ところが、この意味でのプロファイリングが持つ汎用性と実用性、結果として起こりうる甚だしい人権侵害などを考えると、ある意味でこの技術は達人捜査官よりもずっと重大な影響を社会に及ぼす可能性がある。さらに、犯罪者プロファイリングの歴史と現在を調べてゆくと、これは単なる警察の監視と統制のテクニックの問題ではなく、現代社会において人間を掌握し、対象化し、測定し、評価する際の手法そのものの変化に関わっていることが分かってくるのである。

本章と次章では、犯罪プロファイリングを題材に取り、これからの社会で覇権を握っていくであろう、「全体的かつ断片的な」人間管理の技法、新しい「統治のテクノロジー」について見てゆく。

一　プロファイリングのはじまり

「犯罪者プロファイリング offender profiling」は、心理学的プロファイリング psychological profiling、犯罪プロファイリング criminal profiling、犯罪情景分析 crime scene analysis、診断評価 diagnostic evaluation、捜査心理学 investigative psychology など、さまざまな名称で呼ばれている。呼称の多様性自体、この分野が現在黎明期にあり、方法や立場の異なるいくつもの集団・個人によって研究されていることを示している。実際、犯罪者プロファイリングは統一性を持った明確な定義を与えられる状況にはなく、それが研究され教育される機関も、また有効性の評価も、国や地域によってまちまちなのが現状である。その結果、「プロファイラーたちは、開かれた専門的議論や情報をシェアするための機構をほとんど持たず、互いに相手の正しさを認めない」[Turvey 1999:xxviii] まま、批判や非難の応酬がつづいている。

しかし、新しい分野であるからこそ、どういう時期に、どのような目的で作られたかの推察はむずかしくない。犯罪者プロファイリングの萌芽をどこまでさかのぼるべきかについては、犯罪者の類型論という観点から、犯罪人類学の創始者ロンブローゾを挙げる論者もいる（[Ainsworth 2001:24f, Turvey 1999:3]）。だが、特定の犯罪者人格をさまざまな情報に基づいて最初に分析したとされるのは、第二次世界大戦中のヒトラーのプロファイルと、ニューヨークの爆弾魔、ジョージ・メテスキーに関する一九五六年のプロファイル（逮捕は五七年）である。これらはいずれも精神科医によるプロファイルであるが、このうちヒトラーのものは、戦争終結時の行動を予測し必要な手を打つために、アメリカの戦略サービス局によって依頼されたものである。これに対して、ニューヨークの爆弾魔に関するブラッセル博士のプロファイルは、捜索中の犯人についての情報提供と、それによる捜査対象の絞り込みを意図したもので、現在のプロファイルの目的や利用法に近い。しかも、容疑者が逮捕されてみると、家庭環境から逮捕時の服装に至るまで、プロファイルとの間に驚くべき一致が見出されたため、この事件からプロファイリングが一躍有名になったと言われる。(1)

しかしこれらの例は、いずれも制度化されたプロファイラー養成やプロファイルの方法論確立とは無関係であった。プロファイリングの体系化と組織化の最初の試みが、アメリカのＦＢＩによるものであることは、広く認められている。一九七〇年代になって、ヴァージニア州クワンティコにあるＦＢＩアカデミー行動科学課（現在の捜査支援課）が、凶悪な対人犯罪に対する捜査支援のために、行動科学 behavioral science の原理を用いる試みをはじめた。ここが、『レッド・ドラゴン』以降のトマス・ハリスの小説のモデルとなり、小説と映画を通じて世界的に有名になった、「ＦＢＩ心理分析官」を生み出した場所である。(2)

ＦＢＩにおける犯罪者プロファイリングは、「未知の暴力犯罪者に関する詳細な個人特徴を、行動分析に基づいて法執行機関へ提供しようとする経験的な試み」[Jackson and Bekerian 1997＝2000:4] である。だがこれだけなら、あらゆる犯罪者プロファイリングに当てはまる特徴となってしまう。そこでここでは、ＦＢＩの手法の特徴を、その批判者による指摘もふまえて明らかにしておきたい。それによって、最初にプロファイリングを制度化し、メディアを通じてその存在を世界に知れ渡らせたＦＢＩにおける犯罪者プロファイリングが、どのような前提に立ち、どんな方法論を編み出したかを理解することができるからである。

二　「ＦＢＩ心理分析官」

ＦＢＩのプロファイリングが世界中に知られるようになったのは、映画『羊たちの沈黙』（1991）を通じてであろう。この映画では、ジョディ・フォスター扮するＦＢＩ訓練生クラリス・スターリングが、ＦＢＩ行動科学課長クロフォードと、精神異常犯罪者用病院に収容されている精神医学者レクター博士の助力を得て、連続殺人者 serial murderer を探し当てる。

ここで題材とされている事件は、若い女性を誘拐し、一週間から一〇日間の監禁後に殺害し、身体の皮膚をはいで死体を遺棄するという、残忍かつ特徴ある凶行である。そのため、被害者の身体には、犯人が被害者に対して何をしたのか、殺害の目的と方法は何か、犯人はどのような欲望や嗜好を持っているのかに関わる、多くの手がかり（いわゆる犯人の「署名」）が残されていた。こうした手がかりを解読し、その意味を明らかにするために、法科学的証拠を吟味し、犯罪心理学上の動機を推察し、さらにそれらに基づいて犯人の人格特徴を割り出すという作業は、ＦＢＩで実践され、教育されてきたプロファイリングに近いと考えられる。③

ＦＢＩに科学捜査課が作られた経緯は、次のとおりである。「ＦＢＩ調査官たちは、多くの法科学的証拠が、加害者と特定の犯罪とのつながりを証明しているのに、こうした証拠は他の手段で容疑者が特定されてからしか価値を持たないと指摘してきた」[Ainsworth 2001:99]。なかでも捜査官たちは、「法科学的な証拠が、特定のタイプの犯罪を最も起こしそうな人物のタイプについて、手がかりを与えることがめったにない」[*ibid.* 強調原文] という事実を、歯がゆく思っていた。捜査官たちは経験上、自分たちが過去に遭遇した犯罪の中に、現場の様子、被害者の状況、目撃証言、そして逮捕後の容疑者への尋問を通じて、いくつかの特徴あるパターンを見出していた。それらを体系化・言語化することによって、同種の犯罪が起こった際に犯人像を推定し、捜査に役立てることができると考えたのである。(4)

彼らが犯人像推定に向いていると考え、最初に主要な対象としたのは、暴力犯罪、なかでも性的な暴力や殺人に関わる事件であった。一九七九年から一九八三年にかけて行われた、有罪が確定した三六名の殺人犯への詳細な面接調査と、彼らに関する公式記録（精神医学的記録、犯罪記録、公判前の調査記録、公判記録、刑務所職員へのインタビューもしくは服役記録など）に基づいて作られたデータベースを通じて、犯罪者の類型化が試みられた。これがのちにＶＩＣＡＰ（暴力犯罪者逮捕プログラム）となり、暴力犯罪の全米規模でのデータベース化が現在もつづけられている。(5)

ＦＢＩの犯罪者プロファイリングは、内部のスタッフの発案と創意からはじまり、それが徐々に有効性を認められて範囲を広げ、体系化が進められていった。そのため最初の数年間は、個人的な相談に対する口頭での非公式な助言にとどまり、しかもこうした助言は、行動科学課の職務の外にあると考えられていたようである。服役中の殺人犯たちへの面接自体、一九七八年にカリフォルニアへの出張中に思いついたものだという（[Douglas and Olshaker 1995=1997:88]）。系統的研究といった目的とは異なるこうした出自から、ＦＢＩのプロファイリングに対しては、「データの公表や統計的な検討が不十分であるとの批判が後々まで続くことになる」[田村 2000a:228]。実際、元「ＦＢＩ心理分析官」たちが書いた回想録や、なかば小説仕立ての読み物の中には、結論に至る推理のプロセスや理由づけがはっきりせず、特定の犯罪におけるプロファイリングが犯人像に近かったとしても、それがどのような汎用性を持つか不明な場合が多い。また捜査官の経験や勘が大きな役割を占めるため、他の人々が学びうる客観性を持った方法論に欠けている。そうした部分を誇張した、『ミレニアム』や『プロファイラー』のようなテレビドラマがこのイメージを増幅させた点も否定できない。だが、最も広範に読まれているであろう元分析官の手記や回想録自体に、自分を犯罪捜査の神がかり的英雄に仕立てる嗜好が存分に含まれていることも、事実なのである。

ただし、こうしたＦＢＩの方法の分かりにくさは、プロファイルを作った初期の分析官たちの個人的な性格にのみ由来するとは思われない。ＦＢＩの手法の根幹には、才能があり経験を積んだ特定の個人が、特異なパーソナリティを持つ犯罪者と対峙するというモデルが据えられているのである。この点に注目しながら、以下にＦＢＩの方法を検討してゆく。

三　ＦＢＩの方法

ＦＢＩのプロファイリングは、連邦捜査局という組織の特殊な性質上、州をまたいだ連続事件、地元警察から特別に依頼や相談を受けた特異な事件などを、当初の対象としていた。また、アメリカの警察における検挙率低下の主要原因の一つとなっていた、「『見知らぬ人』による、また『見知らぬ人』に対する犯罪がますます増加し、その多くの場合、手がかりになる動機が、少なくとも『理屈のとおった』動機がない」［Douglas and Olshaker 1995＝1997:30］という状況に対応するため、犯行現場の特徴から、犯人の動機や何らかの手がかりを得ようとして考案されたものである。知人や近親者による殺人におけるように、財産や憎悪、嫉妬や関係のこじれなどの分かりやすい動機がない場合にも、犯罪には何らかのきっかけがある。また、現場に残された証拠には、犯人のパーソナリティが示されており、捜査官はそれを何らかのしかたで理解できるはずだからである。

それをつきとめるために彼らが選んだのが、全米各地の刑務所や収監施設に収容されている、三六人の既決囚へのインタビューであった。ここで注目したいのは、彼らが、一人一人の既決囚を訪問し、一人または複数の捜査官が数時間にわたって面談するという方法を採用した点である。すでに述べたとおり、この面談結果と公式の犯罪記録をもとにデータベースが作成されてゆくのであるが、多くの時間を割き、驚愕すべきストーリーを引き出した面談という方法が、FBIの犯人像推定に与えた影響はきわめて甚大であった。

彼らが面談を行った既決囚の多くが、見知らぬ人に対する犯罪、しかも性暴力をともなう連続殺人の容疑で刑に服していた。インタビューを通じてFBIの捜査官たちが明らかにしようとしたのは、犯行時の行動に表れた犯人たちの性格上の特徴、またふだんの生活環境や家族構成、既婚か未婚か、また彼らの生い立ちや幼少期の人間関係、あるいは幼児期に虐待を受けた経験の有無や両親の性格、実父母に育てられたか否か、さらに兄弟姉妹の犯罪歴から犯人自身の犯歴に至る、個人的なプロフィールであった。それらを通じて、なぜ残虐な殺人を犯すことになったのか、犯行前の心の状態や、犯行時にどのような空想や欲望を抱いていたのか、犯行の後にはどんな心理状態に達したのか、また連続殺人犯の場合には、犯行を重ねるにつれ、行動上どのような変化が表れたのかなど、罪を犯す人間の心理状態や人格特徴を浮き彫りにすることが目指された。

こうした調査を通じて最初に作り出されたカテゴリーが、性的殺人 sexual homicide の分類としての、「秩序型殺人者 organized murderer」と「無秩序型殺人者 disorganized murderer」という二類型であった。二つのタイプの殺人者が有する特徴は、表1のようにまとめられている。

この分類から、FBIのプロファイリングにおけるいくつかの特徴を読み取ることができる。まず、一人一人の犯罪者については犯行に直接関わる事柄だけでなく、性格形成や犯罪行動に影響を与えると見なされる多様な要素が調べられる。それに対して、結果として提示される分類はきわめて大きな括りである。すべての性的殺人

表1　秩序型および無秩序型殺人者のプロファイル特性分類

秩序型	無秩序型
平均以上の知能	平均的な知能
社会性を備えている	社会性が未成熟
熟練労働についている	職歴が貧弱
性的機能が正常	性的機能が不全
兄弟の中で年長	兄弟の中で年少
父親が安定した仕事についていた	父親が職を転々としていた
子供時代のしつけが甘い	子供時代のしつけが厳しい
犯行中に感情をコントロールできる	犯行中に感情を抑えられない
犯行時にアルコールを飲んでいた	犯行時にアルコールはほとんど飲まない
周囲からのストレスを感じていた	ストレスはほとんど感じていない
配偶者と暮らしている	一人で暮らしている
整備された車を持ち，行動範囲が広い	犯行現場のすぐ近くに住んでいるか，働いている
マスコミの報道を見守る	マスコミには関心を示さない
犯行後，職を変えたり転居する	ライフスタイルはほとんど変化しない

[Ressler, Burgess and Douglas 1988=1998:265] より

者を二つのカテゴリーのどちらかにあてはめようとするのである。秩序型／無秩序型という分類に対しては、それがカテゴリーとして大きすぎるとの批判が絶えず、のちに両方にまたがる「混合型」という第三のカテゴリーが提案されている[Douglas, Burgess and Ressler 1992]。しかし、混合型を加えたとしても三つの分類しかなく、しかもカテゴリー要件は表に掲げたとおり実に詳細であるため、大部分の性犯罪者が混合型に分類されてしまうという欠点がある。

一方に個々の犯罪者に対する詳細で多岐にわたる興味関心と、他方に分類に関する大雑把さ。これは、ＦＢＩが依拠しているモデルそのものに由来する特性である。秩序型／無秩序型の二類型は、日本のプロファイリング研究の第一人者、科学警察研究所防犯少年部の田村雅幸によると、「精神病質者と分裂病者をモデルとして」[田村 2000a:228] 作られている。これこそまさに、田村が「臨床的プロファイリング」と呼ぶ、「精神医学者や臨床心理学者などが、犯人の行動や言動を材料にその臨床的知識をもとに犯人像を推定する」[227] タイプのプロファイリングに特徴的な類型化である。ＦＢＩ

のモデルは、犯罪者の面談から出発した。しかもプロファイリングに着手した時期に、精神医学者の方法に影響を受けた経緯もあり、精神医学や臨床心理学の手法を応用したものである。(6) 患者への面接やカウンセリングを通じて病状を特定し、個々の患者に合わせた治療を行っていく精神医学型の関係構築が、ＦＢＩにおける犯罪者と捜査官の関係を大きく規定していたのである。

そしてこの方法は、彼らの当初の目的にもかなっていた。というのは、彼らがプロファイリングの適用にふさわしいと見なした事件は、ありふれた軽微な犯罪の対極にあるものだったからだ。それは、重大な性暴力犯罪や連続殺人といった、犯罪者自身が自己の個性やパーソナリティを犯行を通じて表現しようとする、「快楽殺人lust-murder」だった。捜査官たちはインタビューを通じて殺人者の内面に入りこみ、その人格を理解し見かけ上動機なき殺人に潜む真の動機や欲望を探ろうとした。個々の犯罪者の犯罪特徴や犯行現場に残された証拠と、その人間の性格やパーソナリティを結びつけることができれば、未解決の暴力的性犯罪に対しても解決の糸口が見出せると考えたのである。

そのため彼らの方法は、臨床にたずさわる医師が多くの患者を診ることで経験を積み、それによって新しい患者に対して有効な治療法を見つけ出すプロセスに似ている。彼らはまるで「患者の話を聞くセラピスト」[Canter 1994＝1996:87] のように、インタビューを行った。もちろん、ＦＢＩのモデルでは、他のプロファイリング手法と同様、法科学というツールを用いた証拠分析が重視される。ただし証拠は、たとえば遺体の傷から犯人がどのような行動を取ったかを詳細に知り、それを通じて犯人の性格やそのときの精神状態、被害者に何をすることでどのような欲求を満たそうとしたのか、あるいは犯行において何を重視し、何を無視しているかを知るために用いられた。そして、犯人のパーソナリティを再構成するために参照すべきなのが、既決囚たちの犯行と性格特徴についての過去のケーススタディなのである。

つまり、犯罪者の主観的意図や自分について語る物語を含め、生活史のあらゆる側面が資料としての価値を持ち、それらをできるかぎり詳細に分析し、また個々の犯罪や一人一人の犯罪者について、その特徴を整理し、一連の犯罪、一人の犯罪者の全体像を組み上げることが重視されるのである。もちろんＦＢＩにおいても、多くの犯罪者データをもとに定量的分析が行われ、統計的なデータ処理やデータベース構築が進められている。しかし、そうしたデータ分析から、秩序型／無秩序型という分類以上に詳細で、かつ犯罪者の性格類型を表現する別種のカテゴリーは今のところ出てきていない。統計分析は、ＦＢＩのモデルにおいては中心的な位置を占めることはなく、犯罪者特性を補強する役割にとどまっている。これまで出版されたＦＢＩプロファイリングの著書においても、読者の興味を引くと同時に説得力を持つのは、統計データに基づくパターン析出ではなく、個々の犯罪者についての長文の事例分析や、対話による「内面」の再現なのである。

四　「演繹的」プロファイリング

ＦＢＩのプロファイリングは、いくつかの方法の総合、言い方を変えれば寄せ集めから成っている。まず、通常の捜査における証拠集めの延長上にある、法科学的証拠の徹底的な吟味である。ＤＮＡ鑑定の導入に代表されるように、近年の法科学はバイオ技術やコンピュータ技術の発達によって目覚ましい成果を上げるようになっている。(7) 犯罪者プロファイリングは、こうした先端科学の成果を単なる物証としてではなく、犯人の行動の再現に利用する。さらに、犯行時や前後の行動をもとに、犯人の心理状態やパーソナリティを推測する。従来の捜査における証拠収集との違いはここにある。犯罪情景分析と言われるこの方法は、プロファイリングの基本の一つである。

一方すでに述べたように、FBIにおいては、有罪が確定した犯罪者へのインタビューをもとに、犯罪者を類型化する試みが行われてきた。「秩序型」「無秩序型」という、犯罪行動に焦点を合わせた分類は、彼ら独自のものである。この分類には多くの批判が寄せられているが、そのうち、「演繹的プロファイリング deductive profiling」を重視する、ターヴェイの批判をまず検討する。

彼女の批判は、イギリスのブリトン Paul Britton のような、心理学者が基本的に単独で警察に助言を与える方法に向けられているのだが[8]、FBIの中にある心理学的傾向をも標的としている。ターヴェイは、プロファイラーの一部による、「プロファイルの能力は天性のものである」[Turvey 1999:14] という暗黙の主張、そして天才的な個人の直感に頼る手法に疑問を投げかける。そして、一般に普及しているこうしたイメージには、「帰納的プロファイリング inductive profiling」が有する問題点が関わっているとする。帰納的プロファイリングとは、次のようなものである。「帰納的に作られたプロファイルの多くは、ちょうど心理学の症候群に当たる」[16 強調原文]。心理学でいう症候群とは、共通する複数の症状を呈する個人からなる集合体に他ならない。つまり、ある人の行動や症状を、似たような状況下に置かれた他の人々のものと比較し、臨床的な診断を下すことで成立する。そして、ターヴェイによると、一九八〇年代以降、捜査用語であるはずのプロファイルと、心理学用語である症候群とが、法曹界で徐々に同義のことばとして捉えられるようになってきた。これは、帰納的な犯罪者プロファイリングと心理学上の症候群とが、法廷で用いられる際に似たような役割を果たしたことによるという。

しかし、プロファイリングは症候群とは別のものでなければならない。前節で取り上げた臨床的プロファイリングは、この意味で精神医学や心理学に多くを負いすぎており、犯罪捜査という分野に固有の方法論を忘却している。彼女にとって真のプロファイリングとは、演繹的、すなわち「法科学的証拠に基づき、プロセスがはっきりしており、特定の一人の犯罪者の行動パターンについての詳細な調査に基づく推論の方法論を持った」[14]もののみである。ＦＢＩの手法のうち、個々の犯行現場についての犯罪情景分析を厳密に行い、ある証拠からある行動を一対一対応で推論し、それらを総合して犯人の行動の全体像を再現する、そうした厳密な方法での犯罪行動分析だけが、プロファイリングの名に値する。

彼女がとくに批判するのは、限られたサンプルからの過度の一般化に基づき、性急な類型構築と別の事件への当てはめを行うことである。プロファイリングにおいて重視されるべきは、あくまでも一つ一つの犯行現場であり、個別の犯罪、一人一人の犯人である。それについて必然性を持った推論を積み上げていくことではじめて、プロファイリングは科学となりうるし、法廷での説得力や証拠能力を持った武器として扱われるはずなのである。

ここで注目すべきは、彼女が、ＦＢＩの直感主義だけでなく、統計的プロファイリングを「演繹的」な行動証拠分析と対比させて、批判している点である。ターヴェイによると、統計的推論は帰納的プロファイリングの一つの典型である。それは過去の犯罪者に関するデータをもとに共通項を探り出し、「平均的プロファイル」[Turvey 1999:17]を作成する。しかし、統計的な推論はあくまでも確率の問題を扱っているにすぎない。特定の犯罪や特定の犯罪者について、その行動や犯行手口を分析するのとは異なり、統計はある一つの犯罪に対して確実なことは何も言っていないのである。

個別の因果を重視し、一般化や統計による帰納的推論を避けるべきであるというこの主張は、医学の分野で一世紀以上前にベルナールが行った批判を思い出させる。犯罪捜査が経験的規則性以上の必然性を見出しえない以上、「演繹的」プロファイリングも厳密には一種の帰納であるように思えるのだが、プロファイリングの基礎として統計を採用することに対する嫌悪感は、従来の捜査における証拠固めや法廷での立証のモデルと、統計的手法とが異質なものであることを示している。

では、この統計的な手法とはどのようなものか。それは、個別の犯罪についての情景分析や行動－証拠分析とは異なると同時に、ターヴェイの主張に反して、臨床心理学や精神医学からとられたＦＢＩモデルの類型化とも異なっている。そして、この手法にこそ、人間を把握し統制する際の、これまでになかった知覚、認識が含まれているのである。

五　統計的プロファイリング(1)心理地図

統計的方法を最初に犯罪者プロファイリングの世界に導入し、プロファイラー養成機関の創設や方法論確立を含めた体系化を行ったのは、イギリスのカンター David Canter である。カンターは、サリー大学で人間を取り巻く環境と行動や心理との関係とを研究する「環境心理学」を研究していた。そこで警察からの相談を受け、一九八五年以降プロファイリングに携わるようになる。一九九〇年代初頭にサリー大学内に捜査心理学の大学院を設立、一九九四年には大学院ごとリヴァプール大学に移り、以後同大学の捜査心理学センター長をつとめている。(9)

カンターの方法は、人格と犯罪行動との関係を考察する点で心理学的要素を含んでいるが、統計的アプローチを積極的に援用することで、心理学的プロファイリングが持つ、直感主義や仮説検証のむずかしさ、事例の蓄積が必ずしも予測の精度を向上させないといった欠点を補おうとするところに特徴がある。

彼が考案した方法のうち、最も単純明快で、しかもいくつかの事件でその有効性が証明されたのが、犯罪者の地理的行動範囲についての「円仮説 circle hypothesis」である。これは、同一犯による犯行と思われるすべての事件の発生場所を地図上に書きこんだとき、最も距離が離れた二地点を直径とする円内に、犯人の住居あるいは犯行拠点があるという説である。この仮説は、カンターのもとで研究する学生が行った「ありふれた住居侵入窃盗事件」についての調査をきっかけに、彼が着想したものである。カンターはこの仮説を、他の多くのレイプ犯や、空き巣や窃盗といった犯罪にも適用できるかどうかを試そうとした。そして、コンピュータソフトを改良し、どの程度の割合で円仮説が妥当するか、また犯罪の種類によって差があるのか、といったことを検証可能にした。[10]

ここに見られるように、カンターのスタイルには次のような特徴がある。まず、一つの事件や一種類の犯罪で、ある仮説が有効であることが分かると、それが他の事件や別種の犯罪にも適用できるかを確かめようとする。その際、コンピュータを用いた統計的なデータ処理によって、当たるか／はずれるかという直感的捜査に代わって、どの程度の確率で仮説が妥当するかを客観的に示そうとする。さらに、ある種類の犯罪にはあてはまるが、別種の犯罪ではあまり利用価値がない要件が存在する場合には、その要件自体が特定の犯罪を種別化する指標として役立てられる。また、コンピュータを用いて膨大な数のデータを入力・分析するため、チームワークが重視され、それを通じてチーム全体がノウハウを共有し、いっそう精度の高い方法を編み出すための工夫が凝らされる。

さらに、カンターは環境心理学 environmental psychology という自身の専門分野を、犯罪者の地理的な移動に応用しようとした。これが「心理地図」というアイデアである。たとえば、川を渡る、鉄橋を渡る、高速道路によって隔てられているといった物理的な断絶は、人間にその向こう側への距離を遠く感じさせるし、実際にそれらを越えるのは容易でないこともある。また人は、いつも通っている場所と、たまにしか通らない場所とでは、同じ距離感を持たないし、繁華街と郊外でも距離感は異なる。つまり、地図上に表される等距離というのは、物理的な距離の等しさにすぎず、実際にそこで生活し、あるいは体で感じる距離とは異なるのである。

また、犯行時に車を使ったか、列車を使ったか、徒歩だったかによって、連続犯罪の地図は全く異なったものになる。逆に言うと、同一犯と推定された連続犯罪の場所から、犯人が移動手段として何を使っているのかを推測でき、それに基づいて犯人の住居や犯行拠点と犯罪発生現場との位置関係、またふだんの生活スタイルについても推測が可能となるのである。

カンターのこうしたアイデアは、次章で取り上げる地理プロファイリングにおけるように、地理情報を利用して犯人の住居を絞り込もうという意図を持つ。しかし、単なる地理情報にとどまらず、それを人間の行動に影響を与える環境上の制約や特性として捉えようとしている。言い換えると、人間の性格、その人の行動、および環境という三者の関係が、臨床的プロファイリングにおけるのとは全く逆に捉えられているのである。臨床モデルにおいては、行動に表れるのはあくまでもある特定の個人の人間性、性格特徴であり、パーソナリティの一部である。つまり、人格を統合する何らかの個性や人間性から、行動が派生し、その行動を通じて主体としての個人が環境に働きかける。カンターの発想は全く逆に、環境の側からアプローチする。人の行動はすべて、与えられた環境への反応として、環境の限定の中での選択として捉えられる。そして、環境によって限定された選択肢の中である行動を選んだということから遡及的に、人のパーソナリティが想像されるにすぎない。したがって、カンターの心理学には、行動パターンのグループ分けは登場しても、人格類型は出てこない。人の行動パターンを分類できれば、そこからさらにさかのぼって人格類型を作る必要などないからである。[11]

六　統計的プロファイリング(2)ファセット理論

次に、犯人像推定の中で最も重要な犯人の人格的特徴の分析において、カンターが取った方法を見てゆく。彼が導入したのは、犯罪行動についてのファセット理論と呼ばれる多変量解析の一種である。

彼がこの方法を考えついたのは、これまでの犯人像推定が、方法論上の難点を抱えていたからだった。これまでのプロファイリングでは、「ある犯罪における行動の説明を、犯罪の意図や動機、あるいはそこから推定される犯罪者の性格特徴の説明と結びつけて」［Canter and Heritage 1990:187］考えてきた。そのため、実際に取られた行動よりも、行動の背後にある心理的な機能、たとえばレイプを行うことが犯罪者の心理に何をもたらすかが強調されてきた。こうした方法では、実際の行動は、しばしば犯人の動機やライフスタイルといった人格的特徴に関わる要素と混同され、心理学的・社会学的な人格の類型論へと収斂する。しかし、犯人が分かっていない時点での犯人像推定では、こうした類型論は実はあまり役に立たないのである。世間を震撼させる事件を起こしてすでに収監されている特異な犯罪者について、生い立ちや生活環境も含めた情報を手に入れ、長時間のインタビューを行える場合と異なり、無数のありふれたレイプ事件の中から未知の加害者の性格特徴を割り出すには、その行動、被害者への働きかけや相互行為のプロセスで何をしたかに注目する以外に手だてがないからである。したがって、行動の一部分を取り出して既存の類型に安易に当てはめるのではなく、一つの犯罪の中でなされた一連の行動について、その組み合わせや関係を把握することが必要である。そのために彼が取り入れたのが、多くの犯罪データをもとに犯罪者の行動を比較し、そこに一定の行動パターンを見出すための、統計的・計量的方法であった。

カンターらが最初に発表した成果では、全英で起こった二七人の男性による六六件のレイプ犯罪がサンプルとされた。六六の犯罪についての被害者の調書から、まず三三種類の犯罪行動が変数として取り出された。ここで、インプットされたデータから単に頻度が高い行動を順々に取り出すだけでは、犯罪者の行動上の特徴を示したこ

表2　行動変数のマトリックス

	変数1 口実を使って接近	変数2 不意打ち	変数3 電撃的攻撃	変数4 目隠し	変数5 緊縛	変数6 さるぐつわ	……
事例1	1	0	1	1	1	0	……
事例2	0	0	1	0	0	1	……
事例3	1	1	0	0	0	0	……
事例4	0	1	1	0	1	1	……
⋮	⋮	⋮	⋮	⋮	⋮	⋮	

[Canter and Heritage 1990] の変数項目を用いて作成した架空のサンプル。
表中の1はあり，0はなしを表す。

とにはならない。彼の創意は、三三の要素すべてについて、残りの三二要素との間の相関を調べ上げ、しかもそれを、二次元の図の中に表現するというアイデアにある。この方法は、行動マトリックスの最小空間分析 Smallest Space Analysis（SSA）と呼ばれる。[12] 無数の行動バリエーションの中から三三種類が選ばれたのは、あまりにも頻度が低い行動は除外し、いくつかの犯罪行動に共通して現れるもののみを指標としたことによる。というのも、「まれな特徴というのは、複数の犯罪を一人に結びつけるには重要かもしれないが、特定の個人にとってユニークな特徴であり、一般原則を作るためには大した価値がない」［Canter and Heritage 1990:191］からである。ここには、マス（集団）として見た場合の人間の傾向性を通じて個人の特性を把握し位置づけるという、カンターの戦略が見て取れる。それぞれの行動変数は、あり／なしの二分法にしたがって処理され、これらがデータマトリックスを形成することになる。

これを表にすると、表2のようになる。この長方形のマトリックスから、三三の変数すべてについて、残りの変数との関係、つまり同じ事例の中で両方が現れる／片方だけ現れる／両方とも現れない割合を示す、行動間の結びつきの度合いである「相関度」を調べることができる。三三の変数を二項目ずつ組み合わせると、五二八通りになる。[13] 先のデータマトリックスから、こ

表3　行動変数間の相関順位のマトリックス

	変数1	変数2	変数3	変数4			
変数1	／						
変数2	5	／					
変数3	28	236	／				
変数4	96	420	228	／	……	……	……
⋮	⋮	⋮	⋮	⋮	⋮	⋮	⋮

表中の数字は相関順位を表す。ただし，数字は架空のもの。

れらの組それぞれの相関係数を計算し、相関係数の値の大きいものから順に番号をふり、順位づけをする。つまり、一位から五二八位まで、相関の順位にしたがって変数間の関係が並べられる。これを表3のような三角形の表にすることができる。

しかし、この表のままでは煩雑にすぎ、変数間の関係全体を直感的に把握することはできない。そのため、この相関順位を最もよく表現する幾何学空間、つまり順位の高い関係ほど距離が近くなるような図を作るための数学的な加工がなされる。最小空間分析の特徴は、その名称通り、相関順位の空間的表現をできるだけ低い次元にまで下げるところにある。そのため、相関順位と距離とができるだけ「適合 fit」するよう、「疎外係数 coefficient of alienation」を用いた操作がくりかえされる。カンターらはこの操作を通じて、もとのデータ間の関係を二次元にまで単純化した。それが図1である。

図中の「性愛性」「暴力性」「非人間性」「犯罪性」「親密性」の五つの要素は、「ファセット理論」と呼ばれる犯罪理論に基づいて、犯罪行動を分類したものである。ファセット facet とは宝石などの切り子面を表すが、カンターはこの語を、一連の犯罪行動をその特徴に応じて分類するための面という意味で用いている。ファセットは単なるグループ分けとは異なる。なぜなら、最小空間分析によって作られた図中で近くにある行動が、実際のデータにおいても近接しているという経験的根拠を持つからである。つまり、「同じファセット要素をシェアする変数は、より高い相

図１　最小空間分析を用いたレイプ犯の行動変数の相関順位を二次元表示したもの

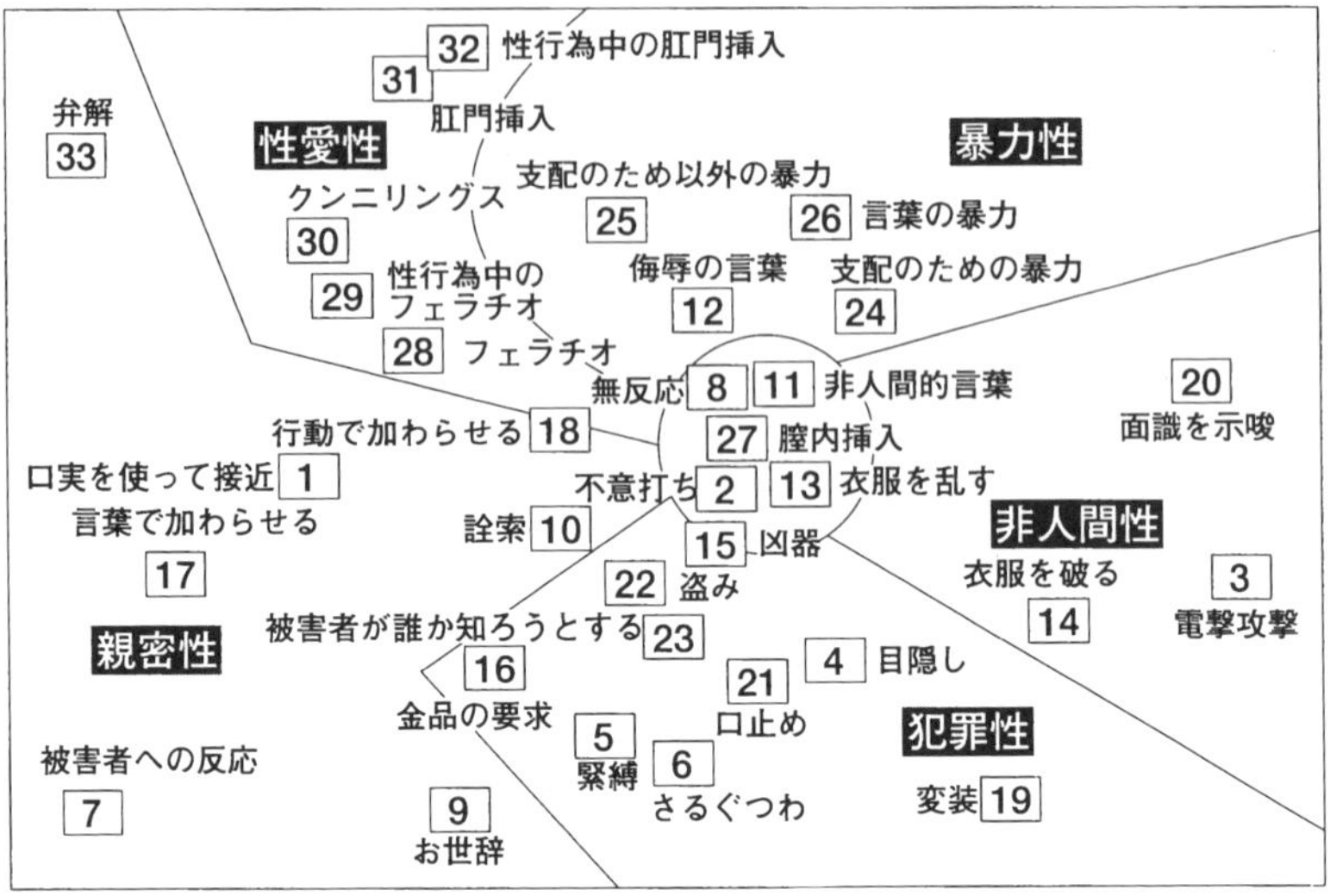

［Canter and Heritage 1990：195］より（図中の数字はカンターらによる項目数字）

図２　図１の各行動変数の頻度をパーセンテージで区切ったもの

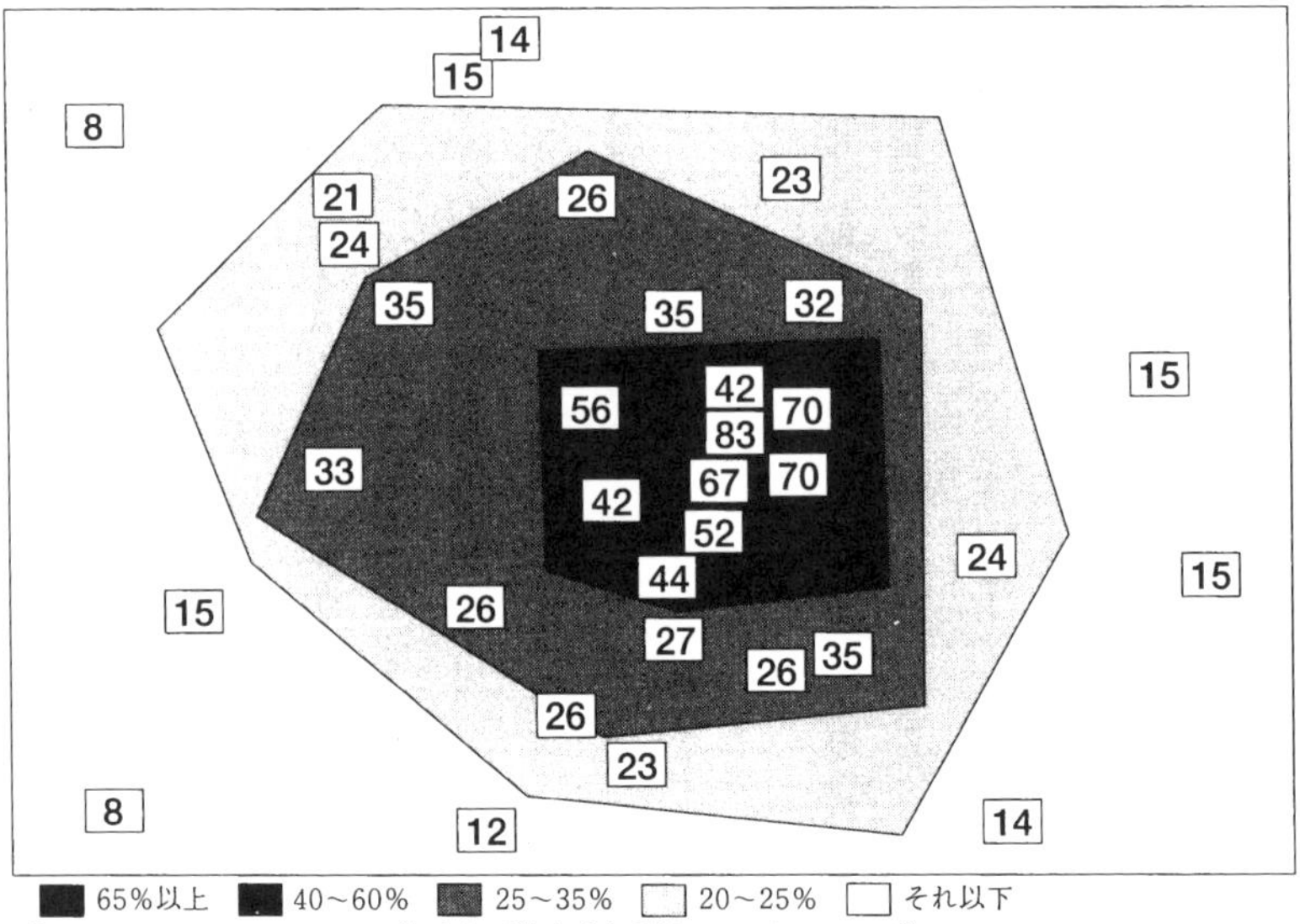

［Canter and Heritage 1990：197］より（数字は各項目のパーセンテージ）

関を有するであろうし、多次元空間において、より近くに現れる」[Canter and Heritage 1990:194]。このため、従来の臨床心理学的な分類カテゴリーとは異なり、実証的かつ客観的で、仮説－検証プロセスによってその妥当性を問うこともできる、科学的なカテゴリーだとされている。データから仮説を作り上げることと、その検証プロセスとをほぼ同時に行えるという意味では、「仮説生成と仮説検定とが相補的に作用する」[岩見 2000:81] 方法と捉えることもできる。

また、最小空間分析は行動間の関係に焦点を合わせた分析であるため、各行動が出現する頻度自体とは、直接の結びつきを持たない。言い換えると、まれにしか起こらない行動同士でも、それらがつねに一緒に起これば相関順位は高くなるはずである。しかし、図1をもとにそれぞれの行動が起こる頻度をパーセンテージで書きこんでみると、図2のようになる。ここから、多くの他の行動と近接しているため円の中心に位置する行動ほど頻度も高く、これらをレイプにおいて中心となる行動と見ることができる。逆に中心から離れた行動は、特定の犯罪を他から区別する特徴と見なせる。このようにして、犯罪行動をデータに外在的な臨床的カテゴリーにあてはめるのではなく、データそのものの中から、ある特定の行動において人間がしばしば取るパターン、その組み合わせを抽出し、そうした一般図式との関係で、それぞれの事例の個性や特異性を捉えるのである。

さらに類似の発想を用いて、一連の事件が同一犯のものかどうかを見極めるために、事件間の類似性を二次元地図に表現する、多次元尺度分析法ＭＳＲも開発されている（[Canter 2000:149ff]）。[14]

こうした構成を取るファセット理論において、「人間」はどのような存在として捉えられているだろうか。この理論ではまず、一つの犯罪に見られる一連の行動は、断片に分けられる。次にそれらの断片的行動は、ある／なしという0／1のデジタル情報に変換される。そして、デジタル化された断片的行動間のつながりの頻度が順位づけられ、最小空間分析によって視覚化される。こうして出来上がった三次元、あるいは二次元の図から、犯罪テーマが抽出される。

ここでは、行動間のつながりは個人のパーソナリティとの関連ではなく、レイプ犯の集合的特性として、統計によって把握されている。多くのデータを集めれば、そこには傾向性が現れる。つまり、「大数」を取ることで、人は共通したパターンにしたがって行動することが明らかになり、一方で例外もまたパターンの中での個性として、共通する傾向性を準拠点として理解できるようになる。ここには、特定の人格を原因として行動という結果を理解する臨床的な知ではなく、表面に出てきた行動間の相関という、統計的かつ相関的な（因果的でない）知を見ることができる。犯人像推定という目的にとっては、一人一人の内面に入りこむよりも、集団として見た際に相関として表れる諸行動の集まりとして人間を捉えた方が、結果として有効なのである。[15]

人間行動のさまざまな断片をつなぎ合わせ、一連の行動に個人が与えている「意味」を理解し、その深層にある心理的構造を再構成しようとする、精神分析が目指した知のあり方、心理学や精神医学に影響を与えつづけてきた知的伝統は、ここでは粉々に砕け散っている。行動科学と環境心理学に基づくカンターの分析においては、一つながりの行動はわざわざ断片に分解される。そして再び関連づけられ、配置されるのだが、そのときには「個人」は跡形もなく消えている。残るのは集合的傾向性としての、最小空間分析に基づいて作られた「表」だけである。

おわりに

環境犯罪学 environmental criminology の先駆的研究者であるブランティンガム Paul Branntingham は、次のように述べている。犯罪分析には四つの次元がある。第一は犯罪を処罰する「法」、第二は「犯罪機会」（標的を見つけ、犯行に至るチャンス）、第三は「犯罪者」の生物学的・心理学的・社会的状態、そして第四は「犯罪の場所」である。一九世紀の犯罪学は、このうち三番目の次元、すなわち「犯罪者」に特権的な重要性を与えてきた。犯罪者の人格を理解し、その生物学的異常性と心理学的類型を把握すること、そして、当人を犯罪へと駆り立てた社会的条件や環境を分析することなどである（[Brantingham and Jeffery 1981:233f]）。ＦＢＩのプロファイリングは、この伝統の掉尾に位置づけられるだろう。

環境犯罪学は、こうした「犯罪者」への関心の集中を疑問視し、第四の次元である「場所」「地理的空間」から犯罪を理解しようとする。このことから、現代の環境犯罪学は「⑴〔犯罪学以外の〕学問的関心から犯罪学的関心への移行、⑵犯罪者の動機への関心から犯罪という出来事に対する関心への移行、⑶社会学的想像力から地理学的想像力への移行」[Brantingham and Brantingham 1981a:18] を行う。統計的方法、地理的方法に訴えることによって、プロファイリングは犯罪の動機分析－人格理解から、人間の行動を断片化し、それをコンピュータによる統計処理を通じて集合的特性として捉えるという戦術へと移行する。ここに見られるのは、人間行動の「表面」だけを捉え、それを断片へと分解し、集団レベルで再構築するという、新しい人間把握の方法である。ここでデータの対象となる人間にとって、自分の行動のどの面が、「ファセット」や集団的傾向性のどこに位置づけられ、どう処理されるかは予測しがたい。そもそも、仮に自分の行動データが理論構築や仮説検証のために利用されたとしても、その中のどこに「自分」の一部が反映しているのかが不明なのである。

かつてデュルケムは、あらゆる「例外」や「異常性」をも社会内部の出来事として説明するために、統計を社会学に取り込んだ。ファセット理論はある意味でそれに似た試みである。しかしここには、犯罪の原因を社会に求め、社会を変革することで道徳心を回復させ、人と人との紐帯を強め、社会連帯を再興するといった「理想」は存在しない。断片化された行動を表にし、犯人像を「科学的・実証的」に分類する人間行動学的知においては、犯罪の原因がどこにあるのか、人間行動は社会的に決定されているのか、自由意志は存在するのかといった、形而上学的問いは意味を持たないのである。「客観的」に存在するのは事実としての行動だけであり、それだけで十分である。それさえあれば、行動間の相関図を作ることができ、そこから人間の行動パターンを分類し、個々の事例を何らかの場所に位置づけることができるのである。

もちろん、こうした統計的な知の影響範囲は限られているかもしれない。犯罪捜査のごく一部を占める犯人像分析に用いられるだけなのだとすれば。しかし現在、プロファイリングを裁判における証拠として採用しうるか、その条件はどのようなものかが検討されている。個々の事件と一人の犯人に対して、集団についての統計的な情報や一般論としての「犯人らしさ」といった要素が、証拠として認められるかが議論されているのである。人間の行動パターンに関して、確からしさや確率 probability が証拠となれば、裁判の様相は一変するであろう。

そしてこの観点から見ると、かつて精神医学者が法廷の中に入ってきた際、被告の精神的異常性を類型論を用いて診断することをめぐってなされた議論と、またＤＮＡ鑑定が証拠として導入される際、確率は非常に低いが同じ鑑定結果を示す別の人間が存在しうる可能性をめぐってなされた議論と、統計的プロファイリングが法廷に呼び込む議論とは、ある意味で争点は共通している。一九世紀以来、刑事司法は、犯人と犯罪を直接結びつける個別の因果に関わる知とは異なった論理を持つ知から挑戦を受け、それらと格闘しそれらに抵抗しつつも、部分的にはこうした新しい知を受け入れてきた。そしてプロファイリングの証拠採用の是非が議論される際にも、それが現に犯罪捜査に役立っている以上門前払いはされず、方法論を確立し標準化すること、客観性と検証可能性が、証拠としての「真理性の条件」を与えるとして重視されているのである。(16) カンターの方法は、「科学的な手続き」を採用することで、こうした条件を満たすことを目指している。

また、行動科学や環境心理学のアプローチから人間を理解しようとする立場は、犯罪分析とそれ以外の人間行動の分析との境界を曖昧にする。たとえば、地理的要素を重視する犯罪学の潮流は、企業の市場調査やマーケティング論における商圏分析の手法を以前から参照してきた（[Brantingham and Brantingham 1981b]）。犯罪者が犯行時に取る行動や場所の選択は、人間がたとえば物を買う際に取る行動と共通の要素を持っており、同じ方法を援用して分析できると考えられたからである。また、ファセット理論については、そこで培われた方法が「情報管理、マーケティング、知能研究、コミュニケーション、態度研究、健康、教育などのさまざまな行動科学の領域で役立つことが判明して」［岩見 2000:81］いるとされる。人間行動の一連のつながりをパターン化し、分類するという行動科学的な捉え方によるなら、犯罪行動とその他の人間活動は同じ方法で分析可能なのである。

こうした発想は、一八世紀の啓蒙主義的な古典派刑法学におけるような、犯罪と刑罰を一対一で対応させ、自由で責任ある主体に法律違反の責を負わせるという発想と異なっているだけではない。一九世紀以降犯罪と刑罰の世界を席巻してきた、治療的な知、矯正と教育によって更生を目指す知、精神医学と心理学と社会学からその正当性を調達してくるような知とも遠く隔たっている。そしてこの動向は、治療と教育という福祉主義的な発想で編成されてきた刑事司法全体の転換という近年の流れと連動しており、厳罰化と無害化、更生プログラムを持たない長期隔離や、電子監視による刑罰の代替、保護観察制度から処罰としての監禁への変化など、「応報の回帰」と呼ばれる現象とも関連している。人間はもはや内面を持った一個の人格としてではなく、行動の断片の集合体として、統計においてのみある傾向性を見出せるような、奥行きを欠いた存在となる。しかし同時に、無数の行動という多様な「表面」を持つ存在として、知と統制の対象となっていくのである。

（1）[Holmes and Holmes 1996:chap.2, Jackson and Bekerian 1997:chap.1] を参照。ブラッセル博士は、一九六二年から六四年にかけて起こった、「ボストン通り魔事件」でもプロファイリングに関わった。この事件では、博士とは別にプロファイリング委員会が組織されたが、委員会と博士の意見は異なっていた。一九七三年に容疑者が刑務所内で刺殺されたため、真相は不明のままにとどまった（[Turvey 1999:7f]）。

（2）小説『羊たちの沈黙』は、「ＦＢＩの中で連続殺人事件を扱う行動科学課は、クワンティコのＦＢＩアカデミーの建物の一番下にあって、半ば地中に埋まっている」という一節ではじまる。映画でも、冒頭にアカデミーの建物が映し出される。前作『レッド・ドラゴン』(1981) では、行動科学課という名称の組織は登場せず、主人公ウィル・グレアムは、ＦＢＩ犯罪研究所からアカデミー教官となり、すでに退職した人物とされている。この作品から『羊たちの沈黙』(1988) までの間に、行動科学課が制度上整備され、心理分析官養成機関として形を整えたことをうかがわせる。

（3）もちろん、捜査経験を持たない若い女性訓練生と、悪魔的な天才精神医学者のロマンスめいた逸話を除いてではあるが。『羊たちの沈黙』の犯人のモデルは、トマス・ハリスが実際にＦＢＩアカデミーで講義を受けた中で知った、一九五〇年代のロバート・ゲインという連続殺人犯人であるという[Douglas and Olshaker 1995=1997:78]。またハリスは小説執筆に際して、ＦＢＩ分析官であったレスラーとダグラスの助言を受けている。

（4）ＦＢＩでいつごろ、どのようにしてプロファイリングがはじまったかについては、さまざまな証言がある。[Douglas and Olshaker 1995] によると、一九六九年から行動科学課で応用犯罪学を教えはじめたハワード・ティーテンが、一九七二年に、かつてニューヨークの爆弾魔などのプロファイリングを行ったブラッセル博士からプロファイリング技術を教わり、そこからＦＢＩの方法がはじまったという。また、カンターによると、ＦＢＩがはじめてプロファイリングに基づく犯人像を提供したのは、一九七四年のことである（[Canter 1994=1996:19]）。

(5) 三六人の「快楽殺人者」たちへのインタビュー結果は、[Ressler, Burgess and Douglas 1988] で報告されている。なお、VICAP犯罪分析報告書の雛型は同書末尾に、その完全版は [Douglas, Burgess and Ressler 1992] の末尾に収録されている。

(6) FBIに影響を与えたブラッセル博士のプロファイリングは、ターヴェイによると「大まかにいって、主観的な精神分析の専門知識と、〔生来性犯罪者という類型を生み出した〕ロンブローゾにまでさかのぼりうる犯罪学の理論に依拠していた」[Turvey 1999:4]。なお、極度に暴力的な犯罪者の中に複数のタイプがあることを、心理テストの結果に基づいて体系的に示し、その後の研究の出発点となったのは、[Megargee 1966] である。ここで提示された、「コントロール不全 undercontrolled」「コントロール過多 overcontrolled」の二つのパーソナリティ類型が、FBIの秩序型／無秩序型という類型に影響を与えた可能性もある。

(7) 法科学的 forensic とは、法医学 forensic medicine よりも広い概念である。たとえば、日本の科学警察研究所の組織・機能を参考にすると、法医学は法科学の一部で、白骨からの個人識別や毛髪・血痕鑑定、DNA鑑定などを受け持つ。法科学にはこのほかに、薬物や毒物の特定、繊維鑑定などの法化学、筆跡や印刷物の識別、画像・音声・声紋鑑定や、爆発物の特定などが含まれる。

(8) ブリトンのプロファイリングは臨床家の診断モデルと直感主義の混合と見なされている（cf. [Ainsworth 2000:146ff] [Alison and Canter 1999:8]）。ブリトンに対する批判が強いのは、一九九三年のスタッグ事件の際に彼が主導した強引な捜査方法への反感が影響していると思われる。ブリトン自身の回想録は二冊ある（[Britton 1997] [Britton 2000]）。

(9) 捜査心理学MSc（修士課程）については、http://www.liv.ac.uk/InvestigativePsychology/msc/faq/faq.html にカンターによる紹介がある。日本語では、[横田 2000] を参照。

(10) 円仮説については、[Canter and Larkin 1993] および本書第八章六を参照。

(11) カンターのこうした発想、精神医学や心理学を範例とする臨床モデルに頼らない考え方は、彼がもともと環境心理学の研究者で、なかでも建築物が人間の心理にどのような影響を与え、その行動の枠組を規定するかを研究してきたことによるだろう。ある建築物の大まかな構造、また内部のデザイン、インテリアや周囲の建築物との関係によって、人間の行動は驚くほど変化する。ここで、原因は建物の方にあり、それへの反応として人間行動が生まれるという物理的決定論を取らなくても、このことは主張しうる。建築構造と行動の間に一定の相関が認められさえすれば、因果性のような強い要件を満たさなくても十分目的を果たすのである。

(12) 最小空間分析が最初に用いられたのは一九五四年であるが、コンピュータに応用され、普及するようになったのは最近のことである([Canter and Heritage 1990:192])。

(13) ${}_{33}C_2=33\times 32\times \frac{1}{2}=528$

(14) カンターはファセット理論を、犯罪行動に限らず広範な人間活動を分類するために利用できると考えている。なお、ファセット理論を参照して行われた、日本における犯罪行動の多変量解析の事例(強制わいせつ、放火)が、[田村 2000b]に収録されている。日本のプロファイリング研究は、FBIモデルではなく、カンターらの統計的手法や次章で取り上げる地理プロファイリングなど、計量的・統計的方法を中心に行われてきた。この経緯については、たとえば[田村 1996]を参照。

(15) 因果ではなく相関によって「自然現象としての人間」を理解しようとする思想については、[Hacking 1990: chap.20,21]を参照。また、因果と相関の推論のあり方の違いについては、本書第四章を参照。

(16) 裁判に関わるこれらの議論と、プロファイリングを証拠として採用できるかどうかについてのイギリスの裁判所の見解については、[Ormerod 1999]を参照。

第八章　GIS——空間を掌握する

空間は、外感によって表象せられる一切の現象の形式にほかならない。
時間は一切の直観の根底に存する必然的表象である。
カント『純粋理性批判』Ⅰ－1「先験的感性論」

はじめに

人は、空間と時間の外部で思考することはできない。空間から対象を取り去り、何もない空間を思い浮かべたり、時間から現象を取り去り、何も起こらない時間を思い浮かべることができるとしても、空間そのもの、時間そのものを除き去ることはできない。

だが一方で、人は空間と時間という形式のうちに、さまざまな現象をさまざまなしかたで配置する。その配置に応じて、人が対象を捉える方法が異なってくるため、対象の認知や表象自体も、それによって異なった内実を持つことになる。

認識の対象となる事柄の中でも、「人間」は、人間科学・社会科学にとって特権的に重要な位置を占めている。かつてミシェル・フーコーは、カントの三批判書における認識の超越論的基礎づけの試みが、『人間学』における人間の経験的な存在様式に支えられてはじめて成立していると指摘した（[Foucault 1961]）。また、一九七〇年代にフーコーが展開した権力についての歴史的分析の試みは、「人間」が西欧近代社会においていかに対象化されてきたのか、そのための知的・社会的な構築物はどのようなものだったのかを理解する試みでもあった。時間・空間の中での「人間」の捉えられ方は、特定の社会・文化における認識のありようの根本に関わると同時に、人間という存在の社会的な配置、すなわちある社会の権力構成を本質的に規定している。

では、現代における時間・空間と「人間」との関係はどのようなものなのか。一九八〇年代以降、急速に発達し普及してきたコンピュータ技術によって、これまではありえなかったしかたで時空の中での「人間」が捉えられるようになってきている。本章は、それについての考察を目的としている。

一　個人のアイデンティティから空間内の配置へ

現在、住民基本台帳に記載された情報の一部をオンライン化し、全国規模のコンピュータ・ネットワークでつなげようとする「住基ネット」導入について、議論がつづいてる。個人情報保護についての十分な法整備や、セキュリティ問題、ハッカー対策、多様な事態を想定した運用ルールの明確化を置き去りにして、ともかくシステムを先に始動させた総務省の方針に対して、異議や疑問が続出している。

ここで行われようとしていることの危険性、そしてそれに対して多くの人が抱く直感的な拒絶感はどこから来るのか。近代国家において、国家構成員一人一人の空間的位置と時間的な移動を把握し、個人のアイデンティティを明確にすることは、統治の基本的な手段の一つであった。もっとも、日本を含む東アジア圏では、徴税と人民管理のための戸籍制度が、千数百年前から用いられてきている。住基ネットの基本的な考え方は、戸籍や住民票によって国民を掌握するという、この古いテクニックの延長にほかならない。国家構成員の居場所を同定し、それによって統治を確実にすること。公に掌握されない人間をできるかぎり作らないこと。個人のアイデンティティを把握し、その移動履歴を記録し、転居や結婚・離婚など、個人の一生を彩る変化と現状を書面に記すこと。

そもそも、戸籍と住民票という二つの制度を通じて国民と住民の情報を把握するというこの仕組み自体、プライバシーの侵害や差別と結びついてきた。現在議論されているのは、それをオンラインで全国ネットワーク化することによって、本人の知らない間に起こる情報の流用や、不正なアクセスなどのリスクが飛躍的に高まるという、ネット社会全体が抱える問題点をめぐってである。ここで、コンピュータネットワークという新しい技術が関わっているために問題自体が新しいように見える。しかし根幹では、個人情報を無断で利用されること、それによって不利益を被ることといった、プライバシー侵害や個人情報の利用による差別・不利益という古くからの問題が、ネット技術を前提として再論されているとも言える。

だが、「人間」を掌握し、それによって統治を円滑に進めるためのテクニックは、個人のアイデンティティ特定にとどまらない展開を見せている。コンピュータネットワークを用いることではじめて威力を発揮するこの新しいテクニックは、空間情報を視覚的に表現することで人間の直感に訴え、個人のアイデンティティの特定とはまったく異なった方向から、「人間」を理解し管理するモデルを提示する。そこで人間は、一生という長い歴史を持った時間を生きる一人の個人というより、空間上を移動する点となり、住所などの個人特定情報も、空間情報の一部として地図上に取り込まれる。空間と時間は、ここでは一人の人間という単位で把握されるのではない。むしろ人間が空間内にその他の対象物とともに置かれ、その配置が時間を通じていかに変化するかが記録され、分析される。人間は固有名を持った個人としてよりも、ある時間ある場所を占める匿名の、統計上の一データとして扱われるのである。こうしたテクニックの代表例として、ＧＩＳ(Geographic Information System 地理情報システム）を取り上げたい。

二　デジタル地図

ＧＩＳは、「コンピュータ技術による人間の管理」「ネットワーク社会における監視システム」といったことばから想像されるような、個人情報管理や監視のシステムではない。ＧＩＳの最大の特徴は、情報を載せるための土台としてデジタル地図を用いている点にある。したがって、あらゆる情報が地図の上に、地理的な位置情報と関連づけて載せられる。ここで、入力される情報自体は、必ずしも地理的位置を持っていなくてもよい。どのような情報であっても、すべて何らかの位置情報にぶらさげる形で、地図を参照点としてさまざまな情報が結びつくのである。

ＧＩＳ構築の試みは、たとえばアメリカでは、一九五〇年代に国防省によってすでになされていたが、一九六〇年代後半から本格的に展開され、現在では国勢調査結果が広くデータベース化され、利用されている。[1] これに対して、日本でＧＩＳが注目されるようになったのは一九九〇年代以降である。ＧＩＳの基盤整備を行い活用するため、一九九一年に、地理情報システム学会が作られ、一九九五年には政府の「地理情報システム連絡会議」が設置された。また、一九九八年には、ＧＩＳを基盤として自然・社会現象全般を解明するための拠点として、東京大学に「空間情報科学研究センター」が設立され、複合的な研究分野が開拓されつつある。[2] こうした機関において、GISは「地域安全情報システム学」といった分野とも連携しながら、新しい業績や分析手法が次々と発表される、成長著しい研究領域となっている。

だが、一般的な認知度はやはりそれほど高くないであろう。そこで例を挙げると、日本でもっとも普及しているGISの一例は、カーナビゲーションシステムである。ただし、市販のカーナビや電子地図システムの多くは、あらかじめ入力された情報を利用者が引き出す一方向の機能に限定されており、またデータ分析機能にも限界がある。これに対して、本来のGISは、利用者が持つデータベースを組み込んで情報の層を重ね、それらを組み合わせて検索したり、絞り込み条件をつけて該当箇所を示したり（たとえば、地点Aから五〇〇メートル圏内にあるすべてのコンビニを示す）、およそ地図と結びつけて考えられる、ありとあらゆる操作が可能である。

GISが多様な機能を持ちうるのは、基本となる地図としてベクトル地図が用いられているからである。ベクトル地図とは、「紙地図をコンピュータに取りこんで建物の外周や道路一本一本を図形化する処理（デジタイズ）を施した図形データ」［島田・鈴木 2000:164］である。ベクトル地図と対比されるのがラスター地図で、こちらは紙地図を画像データのままスキャンしてコンピュータに取りこんだものである。カーナビの背景地図などに用いられるラスター地図は、見かけは美しく価格も安いが、建物や道路を一つ一つ区別して情報として認識する機能がない。そのため、複合的な検索や分析には適していない。一方ベクトル地図は、最も精度の高いものでは建物単位の情報を持つため、建物を指定した検索が可能である。現在市販されている比較的安価な大縮尺ベクトル地図としては、国土地理院発行の『数値地図２５００』があり、これは主要な公共建築物と街区データ（〇丁目〇番〇号の「番」のレベルまで）を含んでいる。この地図は全国を網羅するには至っていないが、日本の警察が導入しているGISでも主要な背景地図として利用されている。

三　住所照合システム

地図を単に位置検索・指定のために、すなわち紙地図と同じように用いるのではなく、地理情報として活用する際、その可能性が最も期待されるのが、犯罪捜査や治安情報など、警察による利用である。実際、ＧＩＳを含む地理的アプローチを用いた警察のＩＴ化は近年目覚ましい勢いで進んでおり、警察業務を支援するための新たな分析手法や捜査支援ツールが次々と生み出されている。ＧＩＳを用いた犯罪分析については次節以下で検討するが、まず前提としてのデータ入力部分でどのような方法が取られているかを見ておく。デジタル化された背景地図の上にそれ以外の情報を載せる基本として、住所照合システムについて考察する。

日本の警察組織におけるＧＩＳ構築は、一九九〇年代半ばから警察庁科学警察研究所犯罪予防研究室を中心に、各都道府県の科学警察研究所や、大学や企業の関連研究者との連携のもとに行われてきた。ＧＩＳを用いた犯罪分析を行う前提として、地図上の正しい位置に情報を記録することが重要になる。たとえば、過去一年間の東京二三区におけるひったくり犯の発生状況を知るためには、警察に保存されている一つ一つの犯罪データの住所情報を、地図上に正確に位置づけなければならない。そのために必要となるのがアドレス・ジオコーディング（住所照合）機能である。

アドレス・ジオコーディングとは、「住所や所番地といった空間参照データを、緯度経度といった空間上の位置座標に変換し、コンピュータ地図上に表示させる機能」［島田・原田 1997:28］である。島田らによると、アメリカはＧＩＳ先進国で、アドレス・ジオコーディングによって大量のデータが処理されている。これには、アメリカで空間データのデジタル化が早くから進められてきたという理由もあるが、日本では住所表示のしかたがアメリカと異なっており、そのため住所照合をめぐって固有の困難が存在することも、整備が遅れている一因であるという。アメリカでは、住所表示は「家屋番号　街路（25 Maple Street など）」という形式でなされる。一方、日本の場合は「○○町○丁目○番○号（寿町三丁目24番5号など）」という形式である。つまり、アメリカでは街路という「線」の特定の位置として住所が示されるのに対して、日本では町という「面」を何丁目、何番と区切ってゆき、最後に「点」としての号が示されるのである。そのため、アメリカで用いられている住所照合ソフトをそのまま応用することができない。さらに、線上に規則的に並ぶ点を特定するのに比べて、面の中に不規則に並ぶさらに小さな面や点を特定するのは格段にむずかしい。面の中の何らかの位置を、背景地図とは別に用意された所番地辞書を参照して無理に点に置き換えようとすると、点が面の外にはみだしたり、一定の広さを持つ面のどこに代表となる点を置くかといった問題が生じる。

そのため、科学警察研究所では、まず背景地図に含まれる属性情報としての所番地情報をそのまま利用し、面のままで（「ポリゴン」と呼ばれる多角形として）捉え、次に面の代表点として、たとえば街区（「番」のレベル）の中心を選ぶという方法を採用した。住所照合ソフトウェア開発の初期段階では、背景地図はどれも高価で予算上の制約があったが、一九九七年四月に数値地図２５００が発売され、全国レベルでのＧＩＳ整備に向けて状況が好転した。ただし、このデジタル地図には「番」レベルまでの情報しか収録されていない[3]。そこで、次に取り上げるＣ―ＰＡＴにおいては、ゼンリン社の Z-Map Town II と数値地図２５００を併用し、さらに警察向けソフトとしての改良を加えることで、「号」レベル、すなわち多くの場合建物単位での照合が可能となっている（次頁図１［島田他 2001:14f］）。

図1　C－PAT の住所照合画面

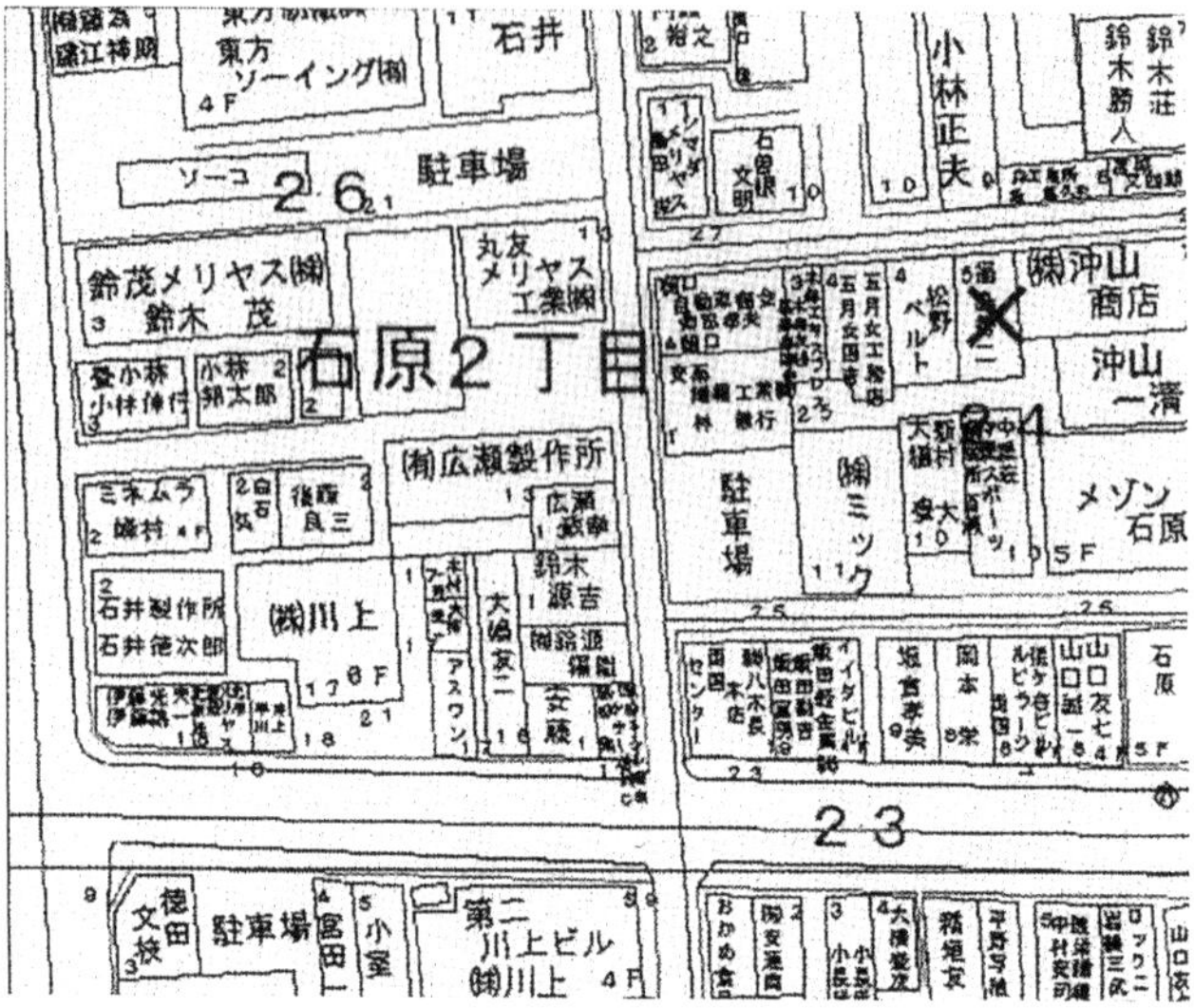

［島田他　2001：19］より

四　捜査支援システム「C‐PAT」

実際の警察活動に従事する警察官や具体的な事件を扱う捜査本部などで地理情報システムを活用するためには、必要な情報を簡単な操作で引き出すことができると同時に、捜査関連情報や地域情報を現場で入力するためのソフトウエアが必要となる。科学警察研究所では、コンピュータに慣れていない警察官でもマウス操作で簡単に入力・出力ができること、共通の地理情報部分を複数の事件や地域で同時に用いながら、特定の事件・地域に特化した情報を入力し活用することを目指して、このソフトウエアの開発を進めた。操作画面の見やすさと情報の「部品」としての利用を実現するため、まず、ソフトウエア部分をGISの地理情報部分（GISエンジン）から切り離す方法が取られた。さらに、ユーザーである警察官にとって使い慣れた書面型の記入様式を導入し、使いやすさと同時にデータ更新時に全体の情報がうまく継承されるようなシステムづくりが行われた。

こうして、現職の刑事警察官を開発メンバーに加えた、現場のニーズに見合う捜査支援ソフトとして開発されたのが、「C－PAT」である。C－PATとはCriminal Pathfinderの略語で、「その名前の示すとおり、『犯罪者にたどりつく道を見出す』までの膨大な作業を効率的に行うことによって、捜査を支援する」［小林他 2000:178］ソフトである。

図2　C－PATの市街地再現機能（3D機能）

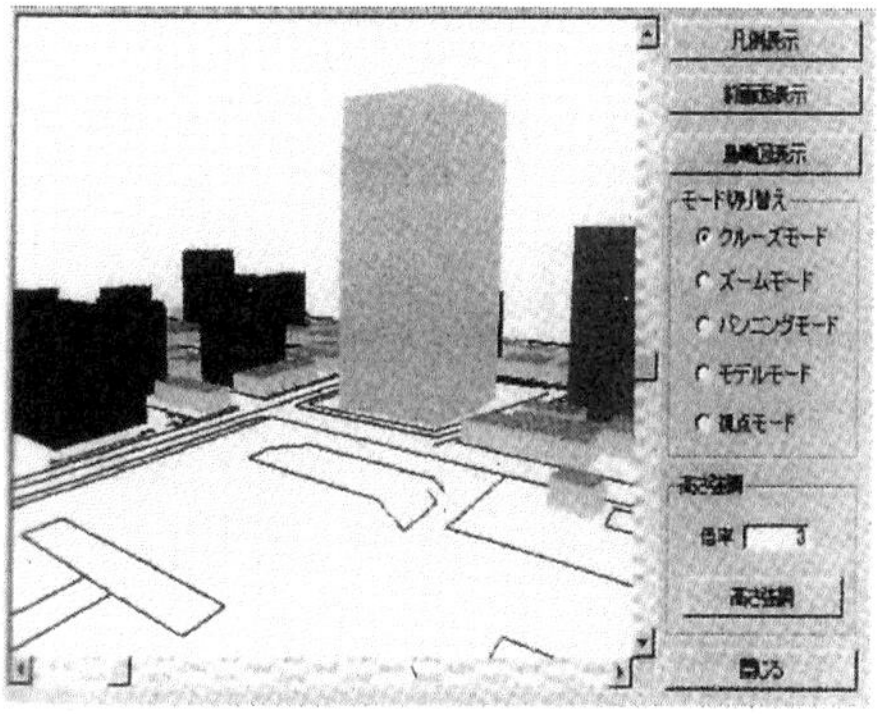

［島田他　2001：15］より

C－PATには何ができるのか。Windowsに準拠して作られた画面は、メインビューとサブビューに分かれており、住所や目標物などの検索ボタンと拡大縮小などの表示関連ボタンがついている（図2の右側）。電子地図と航空写真を収納し、メインビュー上で拡大・縮小・パンなどの操作や地図と航空写真の重ね合わせを行うことができる。また、建物の高さデータをもとに、市街地の高さを仮想的に再現できる（図2の左側）。住所照合については改良が加えられ、「号」レベルでの照合ができなかったデータは、照合が正しく行われたデータとは異なった色で表示され、「場所移動機能」を使って正確な地点に移動させることができる。また、「目標物検索機能」では、施設などが種類別に表示され、目的の施設を検索できるほか、地名キーワードを用いた検索も可能である。

「領域指定検索」では、円とラインバッファによる検索が可能である。

円の場合、まず半径を入力し、その範囲内にある目的物やデータを抽出したり、複数の円の重ね合わせ演算も可能である。ラインバッファの場合、地図上に描画した任意の線から一定距離内の領域を指定した検索ができる。「ルート検索」では、任意の指定された複数点間の最短経路と距離、また複数の経路についてのルートと距離を表示できる。この他、事件の発生地点から一定距離内の道路を封鎖する際などに便利な「等距離ルート検索」、地図上の任意の複数点の位置関係から領域を分割する「ボロノイ分割」などの機能がある。位置計測については、GPS民生利用が二〇〇〇年五月に解禁されたことから、C－PATへの組み込みが予定されている。GPSを用いると、たとえば立てこもり事件などで捜査員の配置、動きをその場で地図に反映させることができ、捜査の現状全体を空から眺めたように俯瞰できるという。

これらの機能を活用するには、事件ごとのデータ入力とデータ間のリンクが必要となる。その際重要なのは、データ収蔵のしかた、つまりどのようにデータを整理し、検索の際に特定事件関連データを効率的に取り出せるようにするか、また複数の事件にまたがるデータをいかにユーザーの思い通りに検索し表示できるかである。これを考慮に入れたC－PATのデータ収蔵方法は、次の通りである。まず、「位置情報データ」（事件発生地点など）と「位置情報関連データ」（その事件に関連する情報、すなわち不審者情報、聞き込み結果、証拠物件など）を分離し、位置情報データに事件IDを付与する。位置情報関連データは、事件IDによって特定され、位置情報データに「ぶら下げる」形で管理する。これによって、たとえば聞き込み情報などは、聞き込みが行われた場所についての「位置」情報ではなく、別の場所で起きた事件についての「位置関連」情報として記録される。ここで、空間情報そのものではなく、ある特定の空間情報に関係する別の次元の情報を、空間情報と関連づけて管理するために用いられるのが、「リレーショナル・データベース」と呼ばれるデータ管理形態である。GISの用途を広げ、目的にかなった強力な情報ツールとして利用できるか否かは、このリレーショナル・データベースをいかに構築し、活用するかにかかっていると言ってもよい。というのは、C－PATのようなツールが、「捜査現場で大量に収集される情報を「場所」をキーにして統合し、横断的な検索を可能にする」［島田他 2001:24］捜査支援システムとなるためには、直接には空間と関わらない多種多様な情報を、空間情報と関連させ、そこに取り込むことが鍵となるからである。

また、C－PATは、「地図上にプロットすることが可能な情報は、すべて取り込むことが可能である」［小林他 2000:179］。そのため、すでに紹介した基本機能、なかでも検索機能を活用することで、さまざまな外部データベースと接続し、直接の捜査で得られた情報以外の空間情報を利用することができる。たとえば、事件使用車両の検索、被疑者のアジト解明、組織犯罪における複数の拠点の検索、被害者所持品の投棄場所の検索、被疑者潜伏先の特定などのために、建物情報や車両所在地情報、駐車場やごみ箱／ごみ収集場所の情報、コンビニエンスストアの位置情報、郵便ポストの位置情報などが利用できる。

日本の警察のIT化は、端末の普及やデータ入力量、自治体や民間で蓄積されてきたデータとのリンクなどの面で、アメリカ連邦警察（VICAP）、シカゴ市警察（ICAM）、カナダ連邦警察（ViCRAS）、イギリス警察（HOLMES）などの捜査支援システムに遅れをとっていると言われる。しかし、これらの先進事例を参考にしながら、ユーザーとしての捜査官・現場警察官にとって、情報検索・入力がしやすいシステムを作るという面では、短期間に驚くほどの成果を挙げてきた。今後、リレーショナル・データベースの充実や住所照合精度のさらなる向上、「犯罪手口照合データベース」（［佐野・渡辺 1998］）や日本版SCAS（［島田・鈴木 2000:160f］）との関連づけ、そして警察以外で保有するデータベースとのリンクが行われれば、C－PATが強力な捜査支援ツールとなってゆくことはまちがいない。(4) とくに、事件発生後の被疑者特定や重点捜査地域の指定だけでなく、犯罪予防や地域安全対策といった幅広い用途に利用できる、基本的な資料データ提供という役割を担っていくことになるだろう。

五　地理プロファイリング

ＧＩＳはまた、地理プロファイリングの一種である、未知の犯人の居住地推定にも利用されている。この分野では、一九八〇年代からさまざまな居住地推定理論が構築されてきたが、その背景には、コンピュータ技術の発達による簡便なソフトの開発だけでなく、犯罪捜査にたずさわる人々が持つ、捜査環境の激変への危機感がある。「都市化による匿名性の増大、住民の移動性の増大などにより捜査環境が悪化し、捜査力が低下した」［田村 2000a:231］。科学警察研究所の田村雅幸は、早くも昭和四九年版の警察白書の中にこのような指摘を見出している。当時すでに、捜査の長期化や聞き込み活動の困難とともに、犯罪のスピード化や広域化への対応が難しくなっていることが認識されていたのである。それから三〇年近くたった現在、警察の自己認識はさらに深刻なものになっている。「テクノロジー利用の面で、犯罪者側有利に大きく傾いているのが現在の姿」であり、「今一度、テクノロジーでの警察側有利の立場を作らねばならない」［*ibid.*］。そのための方途の一つが、ＧＩＳを利用した地理プロファイリングという新しい手法による、犯人の居住地推定の試みなのである。

地理プロファイリングとは、犯罪に関係する地理情報を利用した犯人像推定の一手法で、犯人の居住地推定のみならず、犯行場所や犯行に関連する手がかりが見つかった地点の特徴から、犯人の生活スタイル、性別、年齢、仕事内容、家族構成、移動手段（自家用車か電車か徒歩かなど）、居住建物の形状（高層住宅か一戸建てかなど）

といった、犯罪に関連するさまざまな情報を提供する。現在、地理プロファイリングを体系的に研究し、システム開発や犯罪分析を行っている代表的な人物は、カナダのバンクーバー警察のロスモ Kim Rossmo である。

犯罪と地理的要因の関係への注目は、一九三〇年代のシカゴ学派にさかのぼると言われる。しかしこの発想を、広義の「社会的」な要素が人間の行動に与える影響について、マス（集団）のレベルで統計的に研究する試みと捉えると、古くは一九世紀のケトレの統計分析や、二〇世紀初頭のデュルケムによる自殺の社会学的統計研究にまでさかのぼることができるだろう。

地理プロファイリングは、広くはこれまで検討してきたGISを利用した捜査支援ツールも含めて、犯罪捜査や犯罪予防に関わるきわめて大きな範囲を網羅している。ここでは、地理プロファイリングが捜査に有力な手がかりを与えることを証明した、犯人の居住地推定に関わるいくつかのアプローチを紹介する。

六　居住地推定モデル (1)円仮説

犯人の居住地を地理プロファイリングによって推定することは、単独の犯行では困難である。証拠品の発見場所や死体遺棄現場、目撃場所などの複数の地理情報から、犯人の行動をある程度推測できるとしても、居住地推定に適しているのは連続犯罪である。そのため地理プロファイリングは、連続殺人や連続放火など同一犯と推定される複数の犯罪地点の関係から、犯人の住居や犯行拠点 anchor point を推定する手法として開発され、定着した。連続犯の居住地推定法のうち、最も単純で理解しやすいのは、カンターらによって提案された「円仮説 circle hypothesis」である。カンターの回想によると、この仮説を最初に構想したのは、彼がまだサリー大学にいた一九八〇年代に、一人の学生の研究に助言を与えたときであった。[5] 一九九三年にこの仮説は洗練された形で提示され、イギリスの連続強姦犯四五人を例に検証が試みられている（[Canter and Larkin 1993]）。この中でカンターらは、連続強姦犯を「拠点犯行型 marauder」と「通い犯行型 commuter」に分けている。拠点犯行型は、自宅やそれに代わる拠点（アジトなど）を中心に犯罪を重ねる者であり、通い犯行型は犯罪のために遠くからやってくる者である。円仮説とは、このうち拠点犯行型の犯罪者については、複数の犯行現場のうち、最も遠い二地点を結ぶ直線を直径とする円内に拠点（住居）が存在するという主張である。カンターらの研究では、この仮説が妥当した連続強姦事件は全体の八七パーセントにも及んでいる（[67]）。ただし円仮説については、犯行の数が少ないと拠点型と通い型を誤って判定してしまう危険があること、アメリカの連続強姦犯についてのＦＢＩの調査では、犯人の五一パーセントが円の外部に居住していたという調査結果などから、犯行の数や国・地域特性によるモデルの限界も指摘されている（[Rossmo 2000:150f=2002:157]）。

日本では、このモデルの検証は連続放火犯を例に行われている（[田村・鈴木 1997]）。データは、警察庁保有の資料から、一九八九年から一九九五年の間に検挙された放火事件のうち五件以上の犯行記録のあるものが抽出された。犯行期間はとくに限定を設けられず、そのため期間の長短による比較も行われている。抽出された約三〇〇例の事件グループのうち、東京、神奈川、埼玉、千葉、大阪の事件計一〇七例が再抽出され、分析対象とされた。これを一万分の一の地図上にプロットし、各地点間の距離測定から、円仮説の妥当性が検証された。その結果、一〇七例中五四例（五〇・五％）で円内に住所があった。それ以外に二三例が円に近接する地点に住所があり、三八例は無関係か住所不定であった。つまり、七割以上が円内か円の近傍に住所があることになり、これは捜査上有意味な割合であると評価された。しかし、円そのものが大きすぎたのでは実際の捜査範囲の絞りこみにはあまり役立たない。そこで、現場間の最長距離が一キロ以内の事件に対象を限定すると、これにあてはまる五七例中三八例（六六・七％）で円仮説が成立した。

同じデータに基づく一九九八年の論文では、「極端に犯行地点が集中している場合あるいは拡散した場合に円仮説が成立しにくい」「住居から現場までの平均距離が一キロ以下のケースすべてについて、犯人の住居が円内かその近接領域にあった」「犯行期間の長いケース、特に一ヶ月以上の場合は約六割で円仮説が成立している」「逆に、七日以内の場合は、仮説が成立しないものが五三・六％と過半数を占め、冷却期間を置かずに複数の地点で連続的に犯行を行う、ＦＢＩの分類でいうスプリー的な放火の場合は円仮説が成立しにくい」「円仮説が成り立つ場合でも、円の中心よりも円周周辺に犯人の住居があるケースが多い」などの特徴が挙げられている（[鈴木・田村 1998:164ff]）。

七　居住地推定モデル⑵地理的重心モデル

地理的重心 geographic center of gravity / spatial mean / mean center とは、「あるパターンにおける複数の地点に対して、距離の二乗の合計を最小化する」[Rossmo 2000:92=2002:96] ような点である。分かりやすく言うと、拠点から各地点への距離の総計が最も小さくなる点を重心と考えるということである。連続犯罪の拠点として犯行地点間の地理的重心を想定するのは、連続犯罪者が犯罪をくりかえすうちに、そうとは意識しないものの、拠点からの距離を効率化するとともに、犯罪の露見や目撃の危険を考えて場所や方角を変えるという考えに基づく。ここには、犯罪行動を日常的な行動や社会生活の延長、あるいはその一部として捉えると同時に、たとえ行動の目的が常軌を逸したものであっても、経路や場所の選択においては一般的な合理性によって理解できるはずだという前提がある。「犯罪者であっても、日常的な社会に生活している以上、一般的な人間活動の限界の中におり、仕事、睡眠、食事、金銭、移動などの制約の中で行動する」[91=95]。つまり、普通の人間の生活を、部分的には共有していると考えるのである。カンターやロスモなど、プロファイリングにおける地理的要因を重視する人たちは共通して、犯罪者の犯行に関わるさまざまな行動や決断に、日常生活における慣習的行動や犯人の通常の生活パターンの反映を見る。そのため、法に抵触しない行動において、常識や合理的思考、無意識の選択によって多くの人間がとっているパターンや論理から、犯罪者の行動を分析し、予測できると考える。円仮説も地理的重心モデルも、このような仮定を数量化したものである⑹。

地理的重心モデルは、一九八〇年代以降さまざまな連続犯罪に適用されてきたが、これにも固有の欠点が指摘されている。このモデルは複数の犯行地点から地理的重心という一点を示すため、一つの情報しか与えられない上、いわゆる通い犯行型の犯罪の場合、重心が拠点の目安とならず、さらに、犯行地点の分布によっては重心と犯行現場の距離があまりにも近く判定されるというのである。

このモデルも、日本の犯罪捜査にどの程度有効かを検証するための試みがなされている。この研究は、一九八六年から一九九七年の検挙事件の中から連続放火犯一四名による一八二件の放火を対象としたもので、各事例を「長期間放火型」「短期間放火型」「大量放火型」の三タイプに分け、さらにそれぞれを「拠点犯行型」「通い犯行型」の二つのパターンと組み合わせて分析している（[三本・深田1999]）⑺。重心地点の算定には、筆者たち自身が開発したPower Plot Professionalという重心算定ソフトが用いられている。結果として、全体の犯行地点と住居の平均距離は、犯行地点と重心の平均距離の二倍以上になり、犯罪者が地理的重心という、計算上は最も効率よい地点を拠点としているわけではないことが明らかになった。もっともデータの中にはこのモデルが妥当しない「通い犯行型」のケースも含まれるため、「拠点犯行型」に限って再度距離を比較すると、犯行地点と住居との平均距離と、犯行地点と重心との平均距離はかなり近いことが分かった（長期間放火型でそれぞれ一三六七メートルと一六〇七・一メートル、短期間放火型で六〇〇・二メートルと六九四・七メートル）。ただし、重心と実際の住居との距離はそれぞれ一〇六三メートル、四五五・二メートルと離れている。

これらの結果から、重心モデルを適用するには、まず拠点犯行型と通い犯行型を区別できるという前提が必要となる。今回の調査では、すでに被疑者居住地が分かっている検挙後の事件であるため問題は起きないが、連続犯罪が行われている途上では居住地は未知であるから、区別は容易ではない。なおかつ、重心と住居とが離れていたことから、重心＝住居ではなく「重心を基点とした一定の範囲内に犯人住居が存在する」［29］と考えるのが妥当とされる。このことから、犯行地点と重心間の平均距離を半径に取り、重心を中心とする円を描き、この円内を「疑惑領域」として優先的に捜査の対象とするという方法が提案されている。

八　居住地推定モデル (3)ＣＧＴ

連続犯罪者の居住地推定モデルとしては、他にＣＧＴ（Criminal Geographic Targeting）が挙げられる。このモデルはロスモを中心とする、サイモン・フレイザー大学とバンクーバー警察の共同研究の成果として生まれたものである。ＣＧＴはそれまでの居住地推定理論のさまざまな要素を考慮に入れて考案された。ロスモによると、居住地推定に関する最初の有意義なアプローチは「セット理論」と呼ばれ、一九七〇年代にＡＴＦ／ＦＢＩによる研究の中で検討された。この理論では、連続放火犯は七〇％の放火を自宅から二マイル以内で行っているという調査結果から、同一犯と推定される複数の放火地点のそれぞれを中心に半径二マイルの円を描き、円と円が重なったところ（ベン図の重複部分）に犯人が住む可能性が高いと考える（［Rossmo 2000:196f＝2002:204f］）。この理論では、放火地点から半径二マイル以内という単純な指標の重ね合わせによって、居住地推定が行われている。

ロスモはこのアプローチが地理プロファイリングの先駆をなすとして評価しているが、距離については単純に考えすぎだとも言う。CGTモデルは、セット理論が前提とする「連続放火においては、自宅や拠点から極端に遠い場所での犯行はまれである」という考えに、もう一つ別の考えを加味したものである。それは、環境と犯罪との関係についてブランティンガム夫妻が立てた仮説に含まれるものである。彼らによると、犯罪者は犯行場所を選ぶ際、都合のよい面と悪い面、リスクと利益の両方を勘案して行動している。そのため、見慣れていて勝手が分かっている場所での犯罪を好む反面、目撃されたり自分と犯罪が関連づけられることへのリスクを忌避しようとする。ここから出てくるのが、「活動空間 action space」と「認知空間 awareness space」の区別である。活動空間とは、住居、職場、いつも買物をする場所などを指す。認知空間とは、ある人が活動空間を移動したり、通勤時に通る場所やその周辺で、見慣れた場所、どこに何があるかを把握している場所であるが、通常そこに長くとどまることはない。そして、犯罪はこの認知空間において頻繁に発生する。つまり、日常生活で行き来する場所、しかも通過したり立ち寄ったりするだけの場所が、犯罪者にとってターゲットを探す領域 search area となるということである（[Brantingham and Brantingham 1981a]）。

この仮説によると、犯行地点と居住地とは一定の距離を持つ可能性が高い。ロスモはこの主張を、居住地に接する一定地域は、犯人にとって「緩衝領域 buffer zone / safety zone」をなしており、ある程度離れた地点で最も犯罪が起こりやすいと読みかえる。さらに彼は、居住地からの距離と犯罪発生確率との関係を、パレート分布関数を用いて数式化した(8)。CGTは、この仮説をもとに開発された地理プロファイリングシステムである。現在英語版が販売されているCGTソフトは、三次元表示機能として、複数の犯行地点から導き出された各地点の居住地確率を三次元の凹凸で表現した「確率面 jeopardy surface」（確率の高低を高い山や深い海淵を含むような図像で表現したもの）や、これを二次元の等高線図にし、地図と重ねた「ジオプロファイル」機能を有している[9]。

ＣＧＴはこうした機能によって、単に居住地の可能性を示すだけでなく、聞き込みや捜査の重点地域を地図上で特定したり、次回の犯行に備えてパトロールを強化する場所の指針となるといった、捜査支援ツールとして幅広い可能性を持つコンピュータシステムである。ただし、日本で実用可能なシステムは今のところ作られていない。また、ＣＧＴの有効性はロスモらによって複数の連続事件で検証されており、居住地推定に効果があると考えられるが、一方で、「「バッファ領域（緩衝領域）」と「その外側」とで、適用される関数が異なり、直観的に見て不自然なことを暗黙の前提とするモデルになっている」［三本・深田 1999:32］という評価もなされている。

これらの居住地推定モデルに共通しているのは、犯罪者もまた犯罪以外の場面では通常の社会生活を送っており、犯罪行為自体がそれらの生活のあり方を反映しているという前提である。さらに、犯罪行動、なかでもその地理的な要因に関しては、犯罪者は環境の制約に対応しながら行為選択を行っており、意識されるにせよされないにせよ、自らに有利でリスクが少なくてすむような行動パターンを取ることも前提されている。ここから、犯罪以外の行為選択の場面で人間が取りうる合理的な選択肢や、限られた情報からの計算に基づく決断を参照することで、犯罪行動を理解できるという立場に立つ。

このように、人間を行動科学 behavioral science や環境心理学 environmenatal psychology の観点から捉えることによって、地理プロファイリングの考案者たちは、犯罪者を「正常人」とは全く別のパーソナリティを持った人間として、あるいは「異常性」の範疇に入れるべき個性として理解することをやめてしまっている。むしろ、犯罪行動という社会規範に違反する行いの中にも、他の行動と同様の選択動機や行動パターンを見ようとするのである。この見方は、プロファイリングという分野の黎明期に見られた、異常犯罪者の特異な心理や犯人独特の「署名」を解読し、犯人像に迫ろうとする発想とは対極をなす。地図上にプロットされた点からその動きを分析され、居住地や生活環境を推定される犯罪者は、他の人々と同様、周囲の環境に合わせて移動手段や目的遂行の場所を選ぶ「ただの」人間にすぎない。ここには、カンターのファセット理論同様、犯罪者を「正常人」とは異なった人間類型として捉える臨床的な知ではなく、犯罪行動を人間の行為選択の一種として捉え、また多くの似たような事例において共有される要素を取り出し、一般化するという、行動主義的かつ統計的な知のあり方が見られる。

こうした統計的な知のあり方をさらに前面に押し出し、地図上にプロットされる統計的特性の組み合わせによって犯罪分析を行うのが、次に見る都市空間の犯罪分析である。

九　都市空間と犯罪 (1)ＧＩＳを用いた分析

都市においては、怨恨や人間関係のもつれといった古典的な犯罪だけでなく、見知らぬ相手に対する犯罪、とくに侵入窃盗やひったくり、レイプなどの犯罪が数多く起こる。しかも目撃証言が得にくく、物証が残されたとしても都市を行き来する膨大な人の中から犯人を捜し出すのは容易ではない。そこで、都市における犯罪を理解するために、どのような特性を持った場所にどんな種類の犯罪が起こりやすいのかについての、犯罪社会学的研究が行われてきた。こうした研究にはこれまで、相関分析や因子分析を用いるのが一般的であった。相関分析は、たとえば人口密度と罪種別犯罪発生率とを地域ごとに調べ、両者の間にどの程度の関連が見られるかを計算する際に用いられる。因子分析は、たとえば都市のさまざまな特性をいくつかの因子にまとめ、それぞれの因子と犯罪発生率との関係を調べる際に用いられる。

相関分析は、関係の強さを相関係数という一つの数字で単純に表現できるという長所がある反面、都市と犯罪との関係を理解するためには不都合もある。これは、都市が空間的な広がりを持った面であることと、犯罪が時間軸による地理的条件の変化の中で発生することに関係している。

相関分析では、たとえば人口密度を調べるために、人口を地域単位で集計する。その場合、都道府県や市町村単位で行われることが多いが、このとき「集計単位が大きすぎると『集計単位内での均質性』が保証できなくなる」[島田・原田 1999a:102]。かと言って、集計単位を細かくしすぎると、今度は相関分析を行う際に問題が生じる。地理上の空間というものは連続して広がっており、研究者が設定した集計単位ごとに完全な独立性が存在することはまずありえない。近隣地域に繁華街があれば、当該地域内になくても犯罪発生に影響を与えるであろうし、非常に大きな公園が隣接地域にある場合には、別の影響が出てくる。地理的に連続している地域圏は、街区などの区分とは無関係に相互に影響を与えあっており、犯罪を企てる人間がいちいち地域区分にこだわるわけでもない。集計単位を細かくしすぎると、単位をまたいだ地理的影響関係が不明になってしまうのである。これは「空間分割と集計のパラドックス」[103]と呼ばれる。

また、時間との関係でも限界が指摘されている。これは、犯罪発生率の算出そのものに関わる。たとえば「大都市では昼夜間人口に差が大きくなるため、夜間人口を母数にして犯罪を表現すると妥当性が損なわれる危険がある」[*ibid.*]という問題である。いつもは夜しか通らない繁華街を、たまたま早朝に通りかかったときなどに同じ場所とは思えないという経験は誰にでもあるだろう。また、平日と休日で昼間人口が全く異なる地域もあれば、夏季と冬季で人通りが違う場所もある。こうした時間的な変化は、相関分析でもある程度考慮に入れられるが、結果の表示が複雑になりすぎてしまう。

このように、物理的な空間と時間の中で行われる人間活動を統計データとして集計し、再現する手段として、相関分析には種々の限界がある。ところがGISを用いれば、こうした困難はかなりの程度解決されるのである。その一番の理由は、GISが地図を基盤としたシステムであるため、表と数字による再現と比べて結果を一目瞭然に表示できることにある。さらにGISは、狭義の地理情報（道路や建物など）だけでなく、さまざまなデータベースを組み込み、それらを地理情報と関連づけて検索、表示できる。そのため、たとえば一方に昼間人口と夜間人口を地域ごとに入力したデータベースを用意し、他方に罪種別犯罪発生数のデータベースを用意し、両者をそれぞれ地図上にレイヤ（層）として重ねれば、昼間人口と夜間人口のどちらに特定の犯罪発生が関わっているかを、図像を通じて把握できる。時系列変化も、同じ背景地図上で比較すればはっきりする。つまりGISは、空間分析に適しているのは言うまでもないが、リレーショナル・データベースを用いて地域のさまざまな特性を地図上に表現できるため、時系列変化や特性間の関係を見ていく上でも便利なツールなのである。

［島田・原田 1999a］は、日本の大都市における地域特性、なかでも昼／夜間人口、人口密度、世帯数、単身世帯比、事業所数、人口稼働率などの、「社会経済特性」と呼ばれる要素と、罪種別犯罪発生件数／発生率との関連を、GISを用いて調べた研究である。調査の結果、まず犯罪発生件数については、夜間人口との間に相対的に高い相関を示したのは、放火、侵入窃盗、非侵入窃盗などであった。これに対して、昼間人口の方により高い相関を示したのは、粗暴犯、知能犯であった。人口密度との関連が強い罪種としては、侵入強盗、非侵入強盗、侵入窃盗などが挙げられている。一方、犯罪発生率については、夜間人口との間に有意な関連は見られなかった（全罪種を合わせた場合−0.12）。これに対して、昼間人口との相関は放火を除くすべての罪種で高い（全罪種を合わ

せると0.68)。さらに彼らは、都市の社会経済特性と犯罪発生との関係をより詳しく把握するため、課税対象所得額、預貯金残高、スーパーマーケット数、金融機関店舗数、飲食店数、年齢別人口構成比などを加え、計一八の指標を用いて因子分析を行い、「(夜間)人口」因子、「流動性」因子、「経済活動」因子の三因子を抽出し、それらと犯罪発生率との相関を調べている。結果として、夜間人口と犯罪発生率の間にはあまり関係がないのに対し、流動性が高い、つまり住民の入れ替わりが激しい地区は住居侵入や侵入窃盗、侵入強盗との高い相関が見られた。また、経済集積度が高い地区は窃盗、器物破損、粗暴犯、知能犯、強盗との間に高い相関が見られた。

またこの研究では、「市区レベル、町丁目レベルそれぞれでの犯罪発生の偏り」[114]も指摘されている。こうした地域は「ホットスポット(犯罪集中地区)」と呼ばれ、捜査上、防犯上の観点から関心が集まっている。ホットスポットの特性分析としては、イングランド北西部のマージーサイド(リヴァプールおよびマージー川をはさんだ対岸地域)における研究が有名である([Hirschfield and Bowers 1997])。この研究は、STACというクラスター法のソフトを使ってマージーサイドに見出された四つのホットスポット(Greater Liverpool, Bootle, Tranmere, Birkenhead)について、それぞれの社会経済特性の違いを、GISと多変量解析を組み合わせて分析したものである。イギリスでは一九九七年の時点ですでにこうした研究が可能であったのは、EDsと呼ばれる「都市部では平均一五〇から二〇〇世帯ごとに区切られる最小地域単位」[105]ごとに、国勢調査結果その他、さまざまな社会経済特性についての統計が作成されており、その数字を利用できたためである。

また、都市の空間構成と犯罪との関連を分析した研究としては、[島田・原田 1999b]がある。この研究は、「地域内における道路、街区、建物の数、配置、形状、大きさ」[1]の定量的分析を通じて、都市空間と犯罪との関連を調べるという、GISが持つ地理情報を最大限に活用したものである。

図3　GISの空間データから取得可能な図形情報

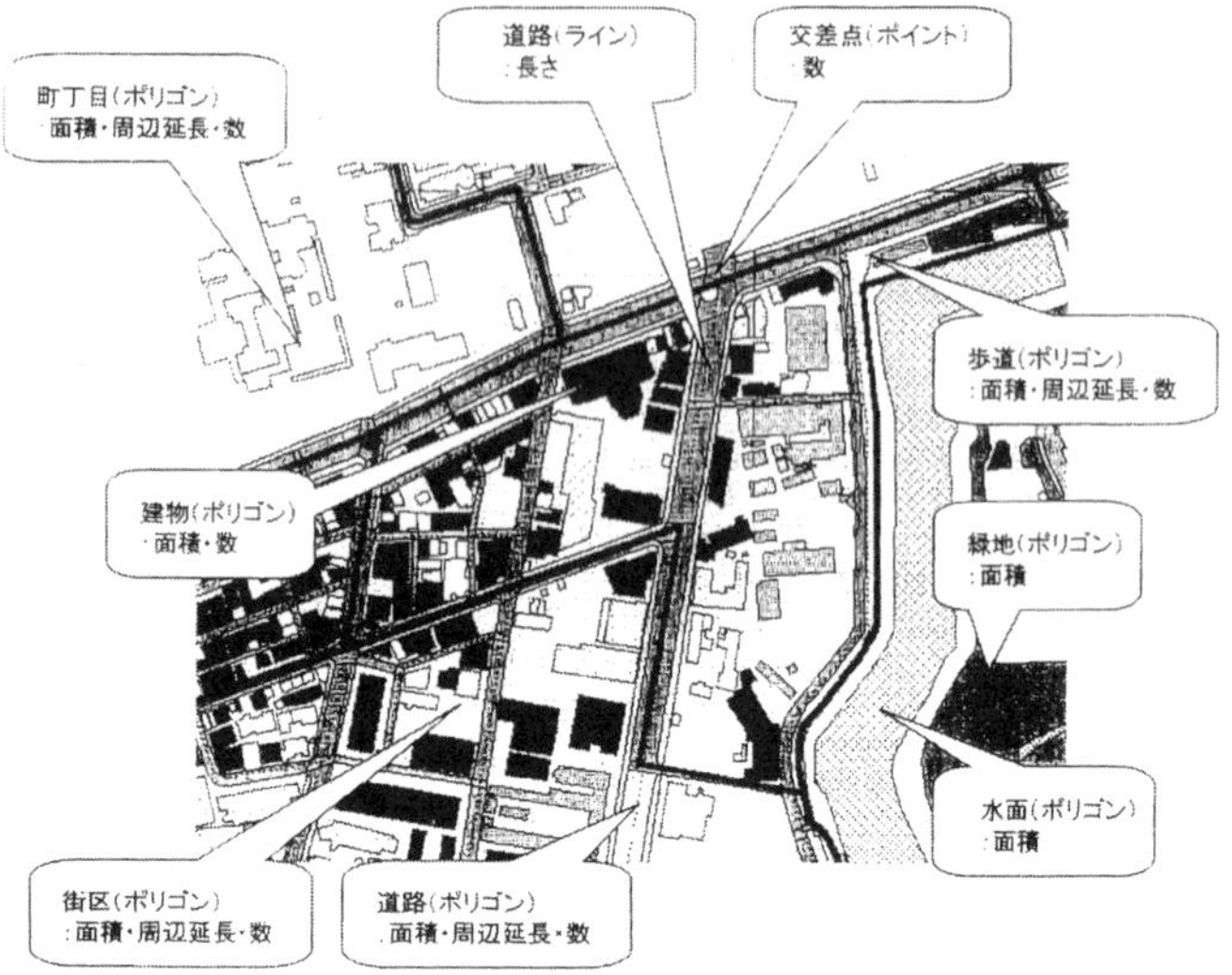

［島田・原田　1993：3］より

島田らはこの論文で、数値地図２５００とライフマップルデジタルデータを利用して、東京二三区全体についての図形情報（交差点などの「ポイント（点）」、道路などの「ライン（線）」、建物などの「ポリゴン（面）」によって表現される）を取得し、それを集計して空間構成を定量的に表現している（図3）。集計単位は「町丁目」で、たとえば○○町○丁目にある建物の総面積、そのうち低／中／高層建物それぞれの面積、建物の総数と低／中／高層別の数、道路の総延長や平均の長さなど、計二四の指標について、地区ごとの数値が算出された。それらを因子分析にかけ、「低層密集」「道路の整然性」「高層建物」「中層建物」「街区の大きさ」の五つの因子を抽出し、各因子の因子得点と罪種別犯罪発生数（東京二三区、一九九六年）の相関を見てゆき、次の結果を得ている。まず、粗暴犯、窃盗犯、知能犯と、「高層建物」「中層建物」因子の間に強い相関が見られた。また、窃盗に限った手口別犯罪発生数との関係では、空き巣ねらいと「低層密集」因子との間に強い相関が、逆に「道路の整然性」因子との間には負の相関が見られた。出店荒らし、事務所盗、自動販売機荒らしは「中層建物」と強い相関を示した。

島田らはこの種の研究について、これまでは調査手段の制約からいくつかの地域に限ったサンプル調査しかできなかったが、今回ＧＩＳを用いたことで東京二三区全域の調査を迅速に行えるようになった点を評価している。これを利用すれば、地区の特性に応じた「より簡便で客観的な防犯診断をＧＩＳにより実現する」[19] ことができるとしている。

一〇　都市空間と犯罪 (2) カーネル密度推定法

都市空間分析において、ホットスポット（犯罪集中地区）を検出し、その空間的・社会経済的特性を理解することは、捜査支援と犯罪予防の双方に役立つ大きな意義を持っている。ホットスポットを示すために従来取られてきた方法には、古典的なものとして、特定地域の大縮尺地図上に、犯罪発生地点をピンやシールで手作業で留めていく方法がある。しかし、点が重なりすぎるとその集中の程度が不明になり、また作業に時間がかかるという致命的な欠点がある。次に、ＧＩＳを用いたホットスポット検出の簡単なものとしては、区域ごとの犯罪発生数や発生率を色の濃淡で表す方法がある。これは［島田・原田 1999b］で取られた方法であるが、区域ごとの色分けになるため、連続的な面であるはずの地理空間を区域にまとめてしまうという問題が、単位を細かくしてもやはり残る。また、ハーシュフィールドらによるマージーサイドの分析で用いられたクラスター法にも、パラメータ選択によって結果が変わってくる、犯罪発生場所が不規則な形状の場合には集合化（クラスター作成）がむずかしいといった問題がある。

図4　カーネル密度推定によるグリッド・サーフェイス作成のイメージ図

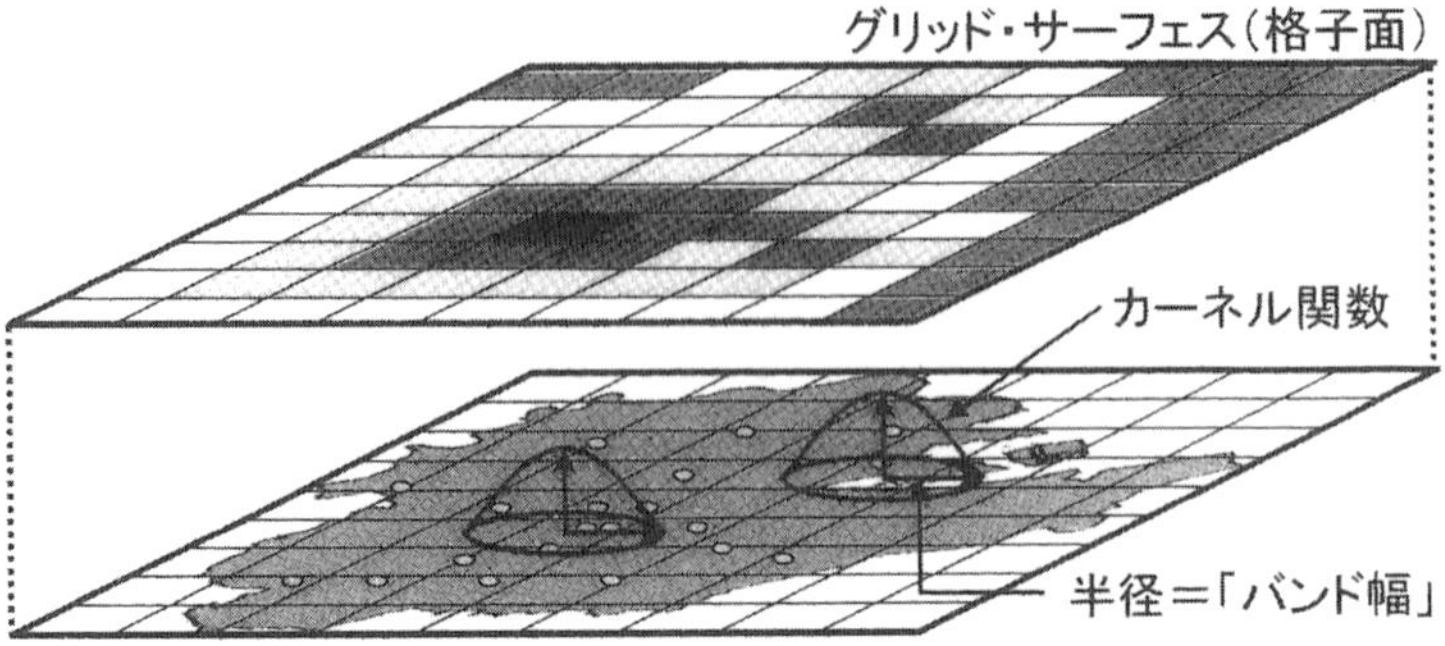

［原田他　2001：40］より

こうした欠陥を補うため、「点データの空間的分布の密度を滑らかな曲面として表現する手法」［原田・島田 2000:125］が開発された。これが「カーネル密度推定法」と呼ばれるものである。この方法を理解するのは容易でないが、大まかな手順は次の通りである。まず、事件をマッピングした電子地図上に格子状の「参照点」を重ねる。次にそれぞれの参照点を中心として一定の半径（バンド幅）を持つ円を描く。円内のすべての犯罪発生地点と円の中心との距離を測定し、中心から近いものほど大きい重み得点を与えて（カーネル関数にしたがって得点を与える）合計し、それを各参照点の「密度推定値」とする。これによって、すべての参照点の密度推定値を「値」として持つ「グリッド・サーフェイス（格子面）」が作られる（図4）。カーネル密度推定法の利点は、バンド幅というただ一つのパラメータ設定で、対象とする地域全体を覆うジオラマのような曲面を作り出せることにある。ここで、たとえばホットスポット内に含まれる地点は、実際にはそこで犯罪が起こっていなくても危険度が高いため、高い山の一部として表現される。また、断絶や区切りなしに全体を覆うことができるので、行政区分や地区をまたいだホットスポット検出にも適している。

［原田・島田 2000］は、「大都市圏に属する一市（区）」［127］におい

て一九九六年一月から一九九七年六月までに警察に認知された侵入窃盗計一五七二件をデータとした分析である。原田らは、分析の結果得られた犯罪密度分布から、二次元表示の「犯罪密度地図」を描いている。これは犯罪密度の高さを地図の等高線で表現し、ホットスポットを平面地図に描出したものである。密度推定の結果、たとえば侵入窃盗の発生密度が全体の平均値よりも一標準偏差以上高い地区は、面積は全体の一三・四％だが、件数は四三・二％となっていることが分かった。そのため、「犯罪密度地図」を参考に発生密度の高い地域に重点的に防犯施策を行えば、効率的な犯罪予防が期待できるとしている。

また、住宅対象の窃盗と住宅対象でない窃盗を区別し、それぞれの発生密度を両者の数値差の等高線表示を用いて比較してみると、二種の窃盗が異なった地区に「棲み分け」ていることも明らかになった。どちらの場合もホットスポットが存在するが、その場所は別のところにあり、地区ごとに警戒すべき犯罪の種類が分かれていることを示している。

［原田他 2001］は、近年急増しているとされるひったくりについて、発生年／時間帯別の違いを見出そうとしたものである。分析対象は、東京二三区で一九九六年一月から二〇〇〇年一二月までの五年間に警察に認知された二一一二七件のひったくり事件である。カーネル密度推定の結果、大規模な繁華街とその周辺だけでなく、二三区周縁部にも発生密度の高い集中地区があることが分かった。また、時間帯との関係では深夜の発生は繁華街に集中するが、一二時から一七時の午後の時間帯では、周縁部と住宅・小規模商店の多い地区の密度が高くなる。さらに五年間の密度分布の変化を見てみると、一九九六年では、新宿・池袋・渋谷など主要ターミナル駅周辺にホットスポットが集中している一方、周縁に位置する足立区・葛飾区・練馬区・杉並区などでは、発生密度は低い。ところが、一九九八年ごろから、東部の足立区・墨田区・江戸川区や、西北部の練馬区、南部の大田区など

図5　東京23区におけるひったくり密度地図（2000年）

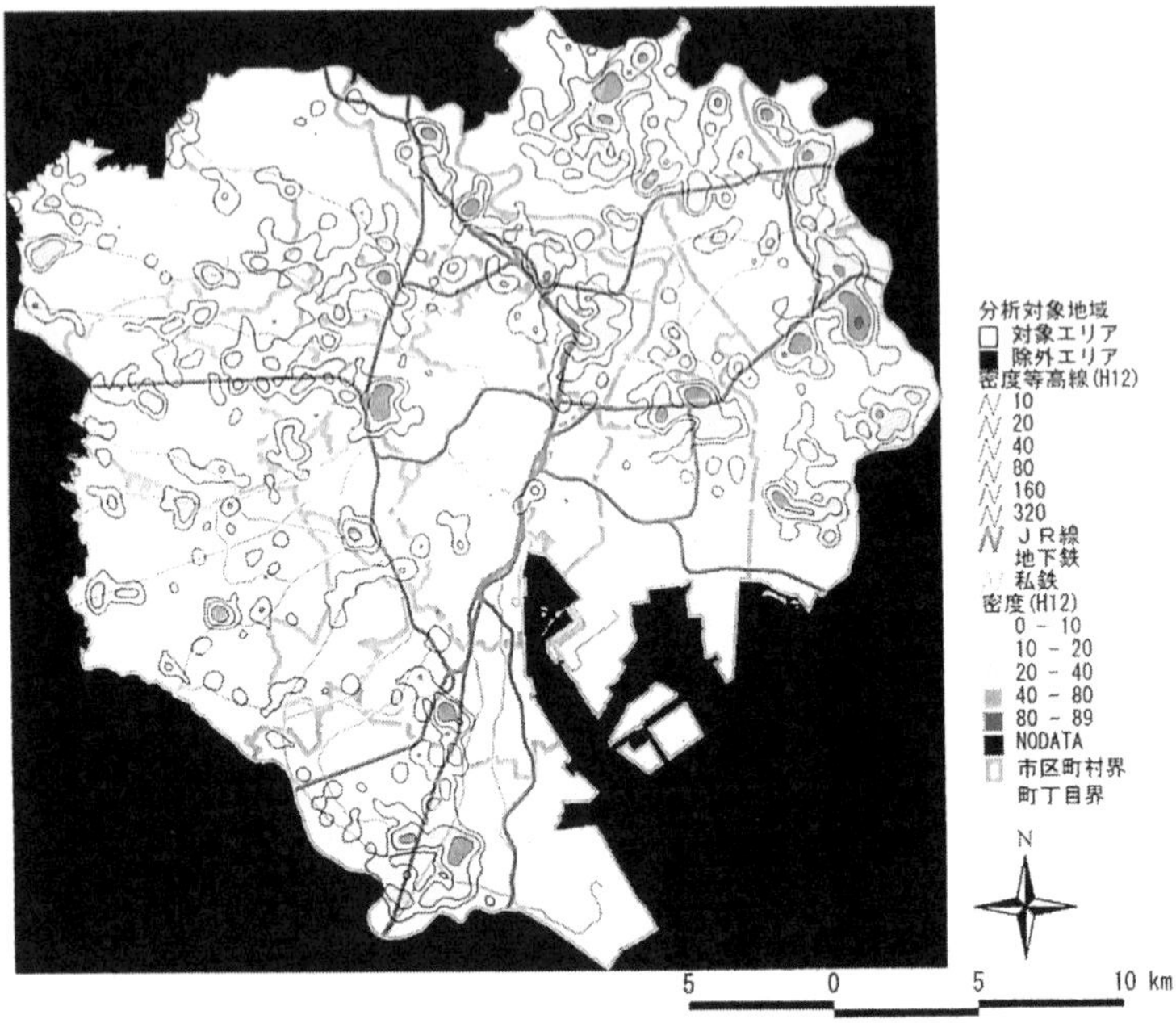

［原田他　2001：48］より

で発生密度が増加してくる。二〇〇〇年には、周縁部に都心の繁華街をしのぐほどのホットスポットが出現している（図5）。

こうした分析から、「犯罪の地理的・時間的な分布の「変化」の分析に重要な意義がある」［50］ことが確認される。犯罪は時間の経過とともに発生場所や形態を変える、きわめてダイナミックな様相を呈しているのである。したがって、「ある時／所に犯罪の集中が見られたとしても、それは多分に状況依存的なものであり、行政的施策や住民自身の自主的な努力によって『変えられる』ものだと考えられる」［*ibid.*］。しかし、状況を変えるためには現状を正しく把握しなければならない。ＧＩＳはそのための力強い武器となる。さらに、特定の犯罪対策が効果を持ったかどうか、効果がないと分かれば、どのように軌道修正して新たな犯罪予防策を取るべきかを構想する際にも利用できる。

連続事件の居住地推定や犯罪捜査支援に限らず、都市空間分析におけるように、犯罪予防と地域の安全情報提供のためにGISを用いることは、近年強まっている「安全」への要望に応えるものとなるだろう。一九六〇年代から、アメリカを中心に「コミュニティ防犯活動」がさかんになり、とくに七〇年代後半からは、「環境設計による犯罪予防」や「コミュニティポリス」といった都市の防犯設計構想の活発な研究、実践が行われている。「割れ窓理論」[10]に依拠して、ニューヨークのジュリアーニ市長とブラットン市警本部長によって一九九四年から展開された政策は、その代表例と言われる。日本でも、一九八九年に、財団法人都市防犯研究センターが設立され、警察と地域住民、そして都市設計に関わる公共体が連携した地域防犯対策について議論を重ねてきた。[11]科学警察研究所もこうした動向を意識しており、GISによる都市空間分析も、これに呼応したものである（[原田 2002]）。

しかし、コミュニティレベルで軽微な犯罪を見逃がさず犯罪の蔓延を防止するという、割れ窓理論が提案するような政策は、警察権の濫用や人権侵害を引き起こしやすい上、摘発の急激な増大は裁判所や行刑機関にも深刻な影響を及ぼす。現にニューヨークでは取り調べのあり方を不服として五万人以上が市に損害賠償を求める集団訴訟を起こした。GISとの関係でさらに考えるべきなのは、リレーショナル・データベースとしてどのような情報が利用され、犯罪予防やセキュリティ対策に用いられるかによっては、個人の情報、あるいはその行動や生活スタイルの一部が、全くあずかりしらないところで犯罪対策に利用されうる点である。もともとコミュニティポリス構想は、公的な主体と私的な主体、あるいはプライベートとそうでない部分との区別が曖昧で、むしろ両者を緩やかに結びつけることによって成り立っている。こうした特徴から、たとえば民間企業が保有する商圏調査のためのデータや、町内会が持つ個人データ、保健所が持つ高齢単身世帯についてのデータなどが、セキュリティと犯罪予防という名目で警察の犯罪情報と関連づけられ、利用されるといったことも起こりうる。

さらに、GISを用いた調査研究の特徴は、利用されるデータをいったん集計して統計処理し、集団レベルでの特性を地図上にプロットするところにある。そのため、「個人情報」といってもそのまま個人に帰属する形で用いられるわけではなく、どこでどのような意味で個人情報が利用されたと言えるのかがきわめて曖昧である。たとえば、本章第九節で取り上げたような、都市空間の特徴とそこに起こる犯罪の関係を調べ、防犯や犯人捜しに役立てようとするシステムにおいては、個人の属性はさまざまな要素へと分けられ、いったん統計データとして集計・処理されたのちに、地理的な犯罪特性を示す指標として利用される。そして、ここで用いられるデータは必ずしも犯罪分析を目的として集められたものではなく、意外なほど広範囲の統計資料に利用価値が認められる。この場合、どこでどのように「個人情報」が利用されたと言えるかははっきりしない。その結果は、コミュニティ空間の構成やパトロール態勢などの形で、住民 population へと確実に返ってくるのだが、どこをどう通って返ってくるのかは、個人には全く不可視のままである。

おわりに

本章では、GISを用いた犯罪捜査の手法について考察してきた。最後に考えておきたいのは、GISはどのような意味で「新しい」かということである。

若林幹夫が『地図の想像力』[若林 1995] で考察しているように、地図は古代から、作り手のさまざまな欲望、想像力、そして権力への意志と結びついてきた。とくに近代に入ってからは、領域と国境線の書き込みを通じて、地図は政治体としての国家の一体性を表現し、また統治の道具として利用されてきた。われわれは地図をしばしば現実の模写や再現として理解するが、実際には物理的世界が地図のように見えることもなければ、地図通りの現実に遭遇することもない。「地図は世界を写し取るのではなく、世界の側が自らの上にそれを重ね合わせ」［6］、そのことを通じて、「通常の視点からは見ることができない社会の全体が、世界を縮尺して表現するという地図的表現を媒介にすることによって総体的に可視化されている」［11］のである。

地図を通じて社会を理解する、つまり社会の「リアリティ」を獲得し、さらにそうした現実認識をもとに秩序を構築してゆくという意味では、ＧＩＳは一九世紀以降さかんに作られるようになった「社会地図」や「主題図」の延長上にあると言えるかもしれない。また、犯罪などの「異常な」出来事を、統計を通じて集団現象として理解するという意味では、ケトレが一五〇年以上も前に試みた、犯罪の統計学的説明の延長上にあると言えるかもしれない。

地図という観点からは、ＧＩＳの新しさは地理情報のデジタル化に集約されると考えられる。これまで紙地図と住所をにらみ合わせて、長時間の手作業で行ってきた犯罪のマッピング作業が、住所照合機能によって手早く行われるようになり、いったん作られたデータマップを保存しておけば、何度でも組み換え、再利用できる。そして、レイヤの重ね合わせによって複合的な要素についても地理上の位置関係を把握でき、また密度地図を使えば「実際には犯罪が起こらなかったのに起こる確率が高い地点」を知ることもできる。情報のデジタル化を経てはじめて実現可能となるこれらのテクニックによって個々の因果関係ではなく集合的事象の確率的関係が地図の上に表現され、そうした関係を変えるための方策が講じられるようになる。また、実際の出来事ではなく仮想的な出来事までもが地図という空間に表現されることで、その地図を通じて見る側は「現実」を把握し、それを変えるためのさまざまな統制や介入を行うようになる。地図の上に重ねられ、情報として活用されるデータは、それ自体ある種の物質性を持つ現実として見る側に働きかけ、背景地図に対応する物理的な場所が、統治と管理の対象として浮上してくるのである。

「人間」もまた、ここでは地図上にプロットされる点となる。路上でひったくりに遭った被害者として、道路わきに死体を遺棄した犯人として、自宅車庫に自家用車を保有する人間として、深夜のコンビニで雑誌を買った人間として、ある時間帯に駅の改札を通った人間として、居住地から一定時間かけて通勤する人間として、ある課税対象所得を有する人間として……。GISにおいては、人間が取る行動やその人の生活状態に関わるこうした情報は、「個人情報」として捉えられているわけではない。一人の人間の行動や生活史の細部を知り、その人の性格特徴や人間類型を理解するといった、「個人」を焦点とした情報の帰属と利用は、ここでは問題になっていない。むしろ、人間はある時間、ある地理上の空間を占める「点」なのである。人が持つ属性や特徴は、地図上の点に付随する関連情報となる。そして、そのときどきの必要に応じて、一人の人間の特定部分だけが、点に付随する情報として記録されるのである。

われわれはしばしば、「個人を識別する装置」の発達に恐怖を覚える。ベルティヨンの身体計測にはじまり、ゴルトンの指紋やモンタージュ写真の時代から、最近では毛髪や体液を使ったDNA鑑定、そして声紋や眼球の虹彩を用いた個人特定の手法、果てはバーコード埋め込みによる個体識別法が、次々と開発され、実用化されている。『ブレードランナー』さながらのこうした装置は、誰かに自分の情報を握られ、監視されているという不安を呼び起こす。しかし、匿名の「人間」として、ある時点にある場所を通過し、そこに何らかの痕跡を残した一データとして自分が情報化されることには、それほどの恐怖感は持たないであろう。たとえそれがどのような目的で収集され、集積される情報であっても、統計データの一部となってしまえば、個人が特定されることはない。こうして集められた統計情報と電子地図を重ねることで、ＧＩＳは新しい空間的リアリティを創造し、地図という面の上を動く点として、人間を掌握し統制する。こうしてＧＩＳは、「個人」とは別のレベルにある「地図上を動くデータとしての人間」に照準する、新しい「統治のテクノロジー」として利用されていくであろう。

（１）［原田 1994］を参照。この論文は、日本の警察におけるＧＩＳ導入を検討した最初期の論考である。
（２）空間情報科学研究センター（ＣＳＩＳ）ＨＰは、http://www.csis.u-tokyo.ac.jp/index.html.
（３）日本には現在、住居表示実施地区（〇〇町〇丁目〇番〇号）と、住居表示未実施地区（〇〇町〇丁目〇番地）が混在している。数値地図２５００のデータでは、住居表示実施地区においても、住居表示が「番」レベルになり地点を特定できないという問題があるが、住居表示未実施地区ではさらに、「町丁目」レベルでしか住所照合ができず、かなり広い範囲にわたる面の内部としてしか住所を同定できないという問題が生じた。そこで、後述する「カーネル密度推定による犯罪集中地区検出の試み」［原田・島田 2000］では、昭文社のライフマップルデジタルデータの建物属性情報データベースを用いて、番地レベルでの代表点取得が試みられている。
（４）警察以外で管理される情報のうち、自治体が保有する住所情報と、徴税のために詳細に記録されている不動産情報は、最も利用価値が高いと見なされている。アメリカの州単位で作られている警察の捜査支援ツールには、こうした情報が大規模に取り込まれている地域もある。九・一一以降、捜査におけるプライヴァシー権や人権の侵害が常態化しているが、こうした体制は警察のＩＴ化の中ですでに準備されていたと言える。
（５）［Canter 1994:chap.4］。カンターの回想にははっきりした年代が書かれていないが、前後の記述から、一九八六年から一九八八年ごろであろう。
（６）ロスモはこの考えを、第七章で取り上げたブランティンガムらによるとする。ブランティンガム夫妻は、犯罪者の行動が日常的な生活条件によって規定されるだけでなく、犯罪者がそれぞれの犯行時に置かれている環境上の物理的制約によっても規制を受け、それらによって犯罪の空間的配置が形づくられることを、早くから主張していた（cf.［Brantingham and Brantingham 1981a, 1981b］）。

（7）放火タイプの分類は、ＦＢＩの『犯罪分類マニュアル』［Douglas, Burgess and Ressler 1992］に、空間パターンの分類は、カンターら［Canter and Larkin 1993］に拠るとされている。ちなみに、ＦＢＩの分類では連続放火は三ヶ所以上と定義されているが、三本らの分析では五ヶ所以上となっている。これは、円仮説を検討した際の田村らの選択に倣ったためであろう。

（8）パレート分布曲線は、その関数にしたがって全体を描くと頂点が左に偏った、正規対数分布に似た曲線である。ただし、パレート分布自体は、数理経済学において高所得層の所得分布を示すために考案されたもので、低所得層部分の曲線を持たない。

（9）［Rossmo 2000:196f, 118f］を参照。なお同書には、綴じ込みで jeopardy surface と geoprofile の美しいカラー図像が収められている。

（10）［Wilson and Kelling 1982］を参照。この理論の内容は簡単には、建物の窓ガラスが一枚割れているのを放置しておくと、他の窓ガラスも次々と割られ、それをきっかけにして地域に無秩序と犯罪が広がっていくというものである。

（11）都市防犯研究センター（ＪＵＳＲＩ）は、都市防犯のための調査研究、講演会やシンポジウムの開催、出版物発行のために設立された団体である。ＪＵＳＲＩリポートを発行している他、クロウ『環境設計による犯罪予防』、ポイナー『デザインは犯罪を防ぐ―犯罪防止のための環境設定』、リース／トンリィ編『コミュニティと犯罪』など、コミュニティと犯罪をテーマとする著作を翻訳出版している。ＨＰは、http://www.jusri.or.jp/

第九章　未来予想図

ミシェル・フーコーは、『監獄の誕生』第三部「規律・訓練」の冒頭で、一七世紀はじめごろまでの「兵士の理想像」を、一八世紀後半と比較している。この対照はきわめて印象的で、人間を測るとはどういうことかについて考えさせられる。

かつては、遠くからでも目立つ人物、勇気と豪傑さというオーラを発し、すらりとして動きに無駄がなく、なおかつ強健で優美な肉体を持った長身の偉丈夫こそが、理想的な戦士の姿であった。こうした人物像は、戦国武将や中世の騎士が活躍する文学作品や映画を通じて、われわれにもなじみ深い存在である。馬上で自在に刀や剣を振るい、敵をなぎ倒す勇猛果敢な軍人は、昔から人々の称賛の的となってきた。「勇気」は、プラトンが魂の三部分に存する徳の一つとするずっと以前から価値を認められ、今でも遠い時代への憧れとともに語られる。誰にでも与えられるわけではない徳性を天から授かり、また自らの意志によってそれを鍛え上げてきた人々。運命という河の奔流に巧みに対処し、その流れの向きすら変える技量を持つ戦士たち。古代中国、エジプト、ギリシャ、ローマ、そしてローマの反響を聴き取るマキャヴェリが描く君主や市民へとこだまするこうした人物像は、人間が多種多様であった時代、何か限度を超えた比類ない存在がこの世を闊歩していた時代を想起させる。

これに対して、『監獄の誕生』でいやと言うほど描かれる、「規律訓練」によって身体を細部へと分解され、機械のようにオートマティックな動きをたたきこまれる近代の兵士には、近代人は自分たちの似姿しか認めることができない。日々の労働において酷使される身体と精神、巨大な機械の部品として、他とさしたる違いがないこと自体が目標にすらされる、退屈きわまりない世界。人間労働が商品化されるとはこういうことで、われわれは今なおこの世界に首まで浸っていることを、ひしひしと感じさせられる。ここには、「比類なさ」の存在する余地はない。すべてが階層秩序化され、ヒエラルヒーのどこかに位置づけられる。そしてそこに収まりきらない存在は、終わりなき矯正の標的となる。かつて英雄であった者たちのいるべき場所はなく、英雄はここでは単なる「異常者」となる。

近代において、凡庸さは少しも悪いことではない。なぜなら、凡庸さとは正常であることと同義であり、正常であることが、この世界では唯一の価値基準なのだから。社会の外部に価値はなく、社会集団だけが正常性という基準を与えることができる。ここで統計の果たす役割がいかに大きいかは、第二章で論じた通りである。この世界には、質的に全く異なり、それゆえに翻訳も比較もできない「比類なさ」はありえない。あるのは、無限に細分化される、そして無限に新たに創り出される正常性の基準と、そこからの偏差、距離だけである。

こうした「外部のない社会」の行き着く先として想像されてきたのは、吐く息一つまでも「権力」によって掌握されるような、監視と管理が行きわたった社会であった。『監獄の誕生』においてすでにフーコーは、権力が頂点を持たず、所有されるものでも簒奪されるものでもないことを理解していた。そして、規律訓練という統治形態がさまざまな場において、固有の戦略を持ち、それを柔軟に変えながら、つながったり離れたりして形や目的を変化させてゆく様子を描写していた。だが、同書末尾の「監禁都市」といったことばに集約されるイメージは、オーウェルの『一九八四年』のような、二四時間にわたってすべてのメンバーを監視し、全生活が「体制」による価値観の植えつけと国家への奉仕に充てられる、そんな社会と重ね合わせられてきた。体制の外部をイデオロギーの次元で作り出し、内部に向かって絶えざる監視を行い、身体と精神のすべてを支配し食いつくす、恐ろしい全体主義社会。ナチズムとスターリニズム、共産主義の一党独裁へと結びつけられ、そこからひるがえって「資本主義イデオロギー」に毒されたわれとわが身への疑いをもたらす、画一性と凡庸さが暴力的に支配する世界像は、二〇世紀後半にも十分な現実感を伴っていた

オーウェルの未来像が、作家の想像力によって誇張された、極端なものであるにしても、われわれの生きる世界はそこからどれほど隔たっているだろうか。個人を同定する装置やテクノロジーが、ごまかしの効かない方法を次々と開発し、国際テロ対策とセキュリティのためと称して実用化されてゆく。デジタル技術の発達は、集められた情報を蓄積する容量を飛躍的に大きくしている。駅や街路、商店街には監視カメラが設置され、道路にはナンバー認証システムが導入されている。これらがいつどこに設置され、どのように管理されているのか、多くの人は知るすべを持たない。個人情報が高値で取引され、身に覚えのない会社からのダイレクトメールが届く。パソコンでいつどんな操作をしたのか、インターネットで何を調べたのかの情報が蓄積される。社員証でバーコード管理される会社の入口。虹彩認証を導入したマンションの玄関。個人を同定する装置は確実で安価になり、

利便性と安全性を売り物に、急速に市場化、商品化されてゆく。

本書は、情報の莫大な蓄積とその利用によるセキュリティ管理という、こうした現状を踏まえながらも、そこで起きていることが、オーウェルの考えたような全く隙のない監視網を持つ社会ではなく、また、いるかいないか分からない監視者を内面化する受刑者を生み出すシステムでもないことを明らかにしようとしてきた。すでに到来しつつある新しい社会には、真理＝正義を独占することで権力の頂点をなす「愛情省」は存在せず、パノプティコンの中央塔とそれを見つめる受刑者はいない。一つの目的、一つの価値観、一つの世界、一つの尺度へと集約され、頂点と底辺を生み出す巨大な階層秩序が支配する社会は、どこにも見出せないのである。そのため、こうした価値を内面化し、自らを一つの自己、アイデンティティを持った近代的主体へと高めるような「近代精神」もまた不在である。「人間の捉え方」「人間の測り方」の変化は、内面や自己意識の変化を不可避に伴うからである。

たしかに、フーコーが『狂気の歴史』（1961）で描いたように、近代の異常者は古き英雄たちが持っていた「途方のなさ」を欠いているかもしれない。狂気の人自体、かつて認められていた彼岸世界とのつながりや、外部に立つ野獣性といった形相を奪われ、近代においては、アジール（狂人保護施設）における観察対象として無害化されてきたのであろう。とはいえ、彼らは依然として観察者にとって大いに興味をそそられ、関心をはらうべき対象であった。小さき者が英雄に憧れるように、近代の正常人は異常者に惹きつけられ、彼らについて膨大な言説を積み重ねてきた。性的倒錯、異常心理、猟奇殺人、偏執的行動……。妄想や奇行が想像を絶する強度と領域に達し、犯罪理由や犯罪行為が理解を超えた残忍さや想像力を示すほど、嫌悪と恐怖と賛嘆の入り混じった感情を持って、人はそれについて詳しく知りたがり、そこに「時代の病理」を読み取ろうとしてきた。

こうした知的好奇心を支え、部分的には異常犯罪自体をそれとして成立させてきたのは、正常と異常についての近代の知のあり方と、人間を測る尺度とテクニックであった。特定の個人に関する知が蓄積され、生涯にわたる物語が作成されるような知と権力の形態。「あなたは誰なのか」「どういう来歴でこのような異常性にたどりついたのか」がつねに問いかけられ、正常の範疇からはみ出した者を、異常者へと組み上げてゆく統治の形態。

こうした社会と時代においては、権力への抵抗、統治に対する反抗もまた、異常性とその矯正をめぐるものとなる。人間を丸ごと作りかえるような規律を拒否し、矯正と正常化を決して受け入れないことが、典型的な反抗形態となるからである。『監獄の誕生』第四部第二章に出てくる十三歳の少年ベアスは、ブルジョアジーに都合よく制度化された司法装置が民衆を規律に服させようとする戦略を相手取って、規律に反することは自分にとっては全く正当であると主張する。また、映画『カッコーの巣の上で』では、医師と看護人への服従と規律の内面化を拒否し、被収容者が自分たちの側の論理と倫理を回復することをことばと行動で示した人物が描かれている。そしてこのような「反抗的人物」は最も危険な人間とされ、彼らに対して多くの力と関心が注がれる。暴力・薬物・裏切り・拘束といった、身体と精神を痛めつけるあらゆる方法を使って、こうした人物を是が非でも服従させなければ、規律はそこから綻びはじめるからである。

したがってここでは、権力と抵抗の争点がどこにあるのか、統治において何が目指され、何が最も恐れられているかは明白である。一方は、自らがその陣営の中にある正しさを、社会全体に適用すべき正常性の範疇とし、あらゆる人の思考と行為をそれに従属させようとする。他方は、そうした正しさや正常性が、実はきわめて政治的な戦略によって作られたものでしかなく、自分たちの身体と精神が持つ力を従順にし、利用するために使われているとして抵抗する。

こうした権力と抵抗の布置、フーコーなら近代的な「権力のゲーム」と呼ぶ事柄の全体が、現在変化しつつある。たとえば、統計プロファイリングにおいて、行動を分類され、地図上に行為の断片をプロットされる犯罪者は、特異な存在としての異常者ではない。そこには、極度の異常性によって尽きざる興味の対象となる人間、あるいは権力への抵抗の象徴として怪物的存在の形象を帯びる、規律への服従拒否者を見出すことはできない。

犯罪行為を理解するために、個人としての犯罪者の特異なパーソナリティに踏みこみ、それを追体験するといった知のあり方は、統計プロファイリングでははっきり拒否されている。人間行動は、あるかないか分からない「内面」へと送り返すよりも、行動として実際に表れる「表面」だけを取り出して理解した方が都合がよい。そうすれば、それが一連の異常な行動の一部であろうと、買い物に行く、仕事をするといった、一般的な生活における行動であろうと、行動間のつながりに共通のパターンを見出せるからである。そして、誰でも行うありふれた行動や、合理的人間なら当然下すであろう判断から、犯罪者の属性を絞り込んでゆくこともできるし、ある地域の居住者の生活パターンや消費パターンを予測することもできる。自己意識や個性以前のところで、多くの人が取る行動や思考のパターンこそ重要で、度外れた異常性など、毎日数えきれないほど起こるありふれた犯罪や、集団的な行動分析にとってはどうでもよいことなのである。そして、犯罪捜査の費用対効果においては、社会を震撼させる百年に一度の犯罪より、取るに足りない多くの犯罪を予防し解決することの方が、ずっと重要である。

「あなたは誰なのか」「あなたの来歴はどのようなものか」を問うてきた臨床的な知は、属性や行動の断片ごとに作られる統計データのパターンへ、つまり統計的な知へと取って代わられる。個人の異常性から諸行動の集団的特性へ、さらにその中の諸要素やグループ間での比較と関係調べへと、知のあり方が変化する。ここでは権力と統治のあり方を、誰かと誰かの人称的な関係、あるいは対面的で対話的な関係として思い浮かべることすらできない。さらに、最終的に個人という単位に収斂しない統計的な知との関わりで、自己認識や内面がどのように存立するのか、想像することすらむずかしい。

現在生じている一連の変化が、「個人」をどう位置づけるかについて再検討を迫るという点では、本書の方向性は、デイヴィッド・ライアンが『監視社会』［Lyon 2001］で述べた、プライバシーの位置づけのむずかしさの認識と重なる部分がある。ライアンは、監視社会の急激な変貌によって、監視への抵抗の論拠として「プライバシー」を用いることの限界について論じている。プライバシー権が前提とする個人の自己所有権や、それを支える「一体となった自己」は、監視や管理の最終的なターゲットではなくなってしまっているからである。『監視社会』のテーマと関連づけるなら、監視の主体や目的そのものが一元化されない反面、ネットワークによって横断的に、予測できないしかたで結びつくために、いつ、どこで、何のために監視されているのか、あるいはそれがいいのか悪いのかといった価値判断が、容易にはできないのである。

では、来たるべき社会を分析するには、個人や自己はもはや不要で役に立たないのだろうか。必ずしもそうではないというのが、私の考えである。というのも、まず、断片化とネットワーク化によって、統計データの集積と加工の過程で個人が融解してゆくとしても、それによって人間の自己認識そのものまで溶けてなくなるわけではなく、また自己自身を統計的集合体の諸要素として知覚するわけでもないからだ。自己という意識、そして内面という感覚の深さと現実感は、「多様な自己」や「複数のアイデンティティ」、統一されないさまざまな自己の並存などに、そう簡単に解消してゆくものではない。

というのも、断片化され、再集合化され、統計数値へと表現された自己の一部を目にしたところで、そこには何の実感も伴わないし、それらを自己へと結びつける回路が存在しないのである。地図上の点として把握された自分の行動が、たとえ何かに利用され、社会や自分自身に何らかの影響を与えているとしても、それを実感することは、少なくとも私には不可能である。なぜなら、私の身体は物理的な個体性へと制約されたままであるし、因果性とその類比でものを考えることしかできず、そこからあまりにもかけはなれた人間の捉え方は、たとえ頭でその仕組みを理解したとしても、自己認識や内面へと送り返すことができないからである。

そして、仮にこれから、人間を測る尺度の多元化、行動の断片化と再集合化がさまざまな場面で進んでいくならば、個人が持ちうるリアリティの範囲と、人間管理のあり方との乖離はますます進んでいくのではないかと思われる。そして、自己やアイデンティティは「多様性」へと開かれ、発展的に解消してゆくのではなく、むしろ現実との摩擦の場面を失い、肥大化を止める契機のないままに膨張してゆくのではないか。規律化への抵抗とあつれきこそが反規律的な自己統治が存立する場であったことを考えると、自己へと差し戻される回路を見出せない人間の断片化や尺度の多元化は、自己意識にとってリアリティを伴った障害物がなくなることを意味し、自己はとめどなく膨張してゆく可能性があると思われる。これは、自己認識と人間の統治との間で接点や摩擦点が失われてゆくこと自体が生み出す、他者関係と社会関係の変化という新しい問題であろう。

他方で、健康管理や教育の場面で見られるように、自己責任や自己管理という形での個人の「活用」は、新しい統治のテクノロジーが持つ大きな特徴の一つである。健康診断の数値や多様な能力評価軸に対して、自分の中の何がどのような基準で測られているのかに実感が持てないとしても、自己への投資と管理を怠れば社会の落伍者になるという危機感に駆られれば、多くの人は自己変革の努力をつづけるだろう。

このような意味で、自己や個人という単位は、今後も社会分析のための準拠点となりつづけると思われる。しかし、統計とネットワーク化によって、身体性や自己の空間的・時間的認知のあり方そのものが大きく変わってゆくなかで、どのような形で自己が存立することになるのか、そして「人間の測り方」がどのような着地点を見出すのかを予言することは、今のところまだできない。

あとがき

この本は、私にとってはじめての単著である。二〇〇〇年以降に発表した「統計と計測」に関連する五篇の論文に、新たに四篇の書き下ろしを加えたものである。各論文の初出をタイトルとともに記しておく。

第一章　書き下ろし。
第二章　「正常な社会と正常な個人―エミール・デュルケムにおける統計学と生理学」相関社会科学有志編『ウェーバー・デュルケム・日本社会』ハーベスト社、二〇〇〇年六月刊。
第三章　「リスクを細分化する社会」『現代思想』二八巻一号（二〇〇〇年一月号）。
第四章　書き下ろし。
第五章　「正しく測るとはどういうことか？」『現代思想』二八巻一〇号（二〇〇〇年九月号）。
第六章　「「人間」の測り方―ポスト福祉国家と尺度の変容」齋藤純一編『親密圏のポリティクス』ナカニシヤ出版、二〇〇三年八月刊。
第七章　書き下ろし。

第八章　「ＧＩＳ－空間を掌握する」『現代思想』三〇巻一一号（二〇〇二年九月号）。
第九章　書き下ろし。

本書への転載を許可された各出版社に感謝したい。

既発表論文にはすべて加筆・修正を行った。第二章のもとになった論文は一九九六年に執筆したものである。それまで「ミシェル・フーコーは……」ではじまる文章しか発表したことがなかった私にとって、他の思想家を論じるはじめての試みとなった。ただし、当時はまだ「福祉国家の統治」という思考圏内に完全に留まっており、またオーソドックスな思想史の書き方に近いため、叙述が難解で冗長に思われるかもしれない。

テーマの上でも文体においても、そこから次の一歩を踏み出すきっかけになったのは、『現代思想』編集部の池上善彦さんとの会話であった。一九九九年に幸運にも明治大学に職を得たものの、はじめての教壇とまだよちよち歩きの子の育児に精力を使いはたしていた私に、「今書かないともう書けない」「過去のものを捨てて新しいことを考えろ」とはっぱをかけてくれた。あとで考えれば彼特有の放言も半分あったのだろうが、そのときは夢から醒めたような気分で、新しい領域に挑戦してみようという気になった。「リスクを細分化する社会」（本書第三章）はその成果である。そして、一九世紀以降の思想史について、これまでの自分の理解を根本的に修正・整理する必要を感じた直接の契機は、「正しく測るとはどういうことか？」だった。これは同じく『現代思想』の鈴木英果さんの勧めで書いたものである。書いた当初は気づかなかったが、この論文は、古いものから新しいものへと何が継承されどのように組み替えられたのかを考える格好の例を取り上げており、本書全体の要になっているように思う。

もう一つ想像力をかきたててくれたのは、酒井隆史『自由論』(2001)の出版であった。『自由論』で取り上げられたテーマを別のやり方で考えてみたいという思いで、プロファイリングについての第七章、第八章を書いた。全篇を通して、ミシェル・フーコーの「統治」概念とともに、イアン・ハッキングが『偶然を飼いならす』で示した「統計法則の自律性」という考えが、重要な参照点となっている。これらの概念が現代社会を分析する際どのような意味で有効かが、本書の大きなテーマである。

たまたま聴講した授業に興味を覚え、早稲田大学で故藤原保信先生のゼミに入ったことから、思想史研究のおもしろさを知った。ゼミの同級生たちの議論にはついてゆけず、その後社会人としてもうまくゆかなかったが、試行錯誤の末に研究者となり、現在まで、多くの方々にお世話になった。職もお金もなかった私が大学院に入学できたのは、東京外国語大学の岩崎稔さんと、一緒に勉強した菊池恵介君のおかげである。大学院入学以来、公私にわたって父親のように支えてくださる長尾龍一先生には、感謝のことばもない。また、読み考えることの喜びを教えて下さった森政稔先生をはじめ東京大学大学院総合文化研究科のスタッフと、当時の好奇心旺盛な院生たちからもたくさんの刺激を受けた。現代倫理学研究会で知り合った川本隆史さん、大庭健さん、中野敏男さんは、いつも熱意を持って批評して下さっただけでなく、未熟な私に発表や研究のチャンスを下さった。そして、恵まれた自由な研究環境を与えてくれる明治大学政治経済学部のスタッフと、そのときどきの関心で勝手に進む授業を辛抱強く聞いてくれる学生たちにも感謝したい。この本の大部分が、授業、ゼミ、学生の卒論指導をきっかけに生まれたものである。とくに第四章は、ゼミ生の畠野真規子さんの卒業論文を読んで、具体的なテーマを思いついた。他にも多くの人との交流に支えられてきたのだが、名前だけ挙げてもつまらないので、いずれ「奇人交遊録」にでも書いてみたい。
木鐸社の坂口節子さんは、「統計と現代社会」というテーマで本を作ることを持ちかけて下さっただけでなく、とらわれない視点で奇抜なアイデアも寛容に受け入れてくれ、三年近くも辛抱強く成果を待ってくれた。また、装丁に関しては、編集者の阿部孝嗣さんと友人の志村正昭さんに、お世話になった。最後に、忙しい中子育てを分担し、それ以上に「学問」というくくりにとらわれずにものを考えることの楽しさを、身をもって示してくれる夫誠司に感謝したい。この本のタイトル『フーコーの穴』は、その夫が独特のセンスでつけたものである。この最初の著書を、夫と息子に捧げたい。

著　者

人名索引（五十音順）

アイゼンク　Hans Jurgen Eysenck (1916-1997)　*135*
イグナティエフ　Michael Ignatieff (1947-)　*83*
ヴェーバー　Max Weber (1864-1920)　*27*
ヴント　Wilhelm Max Wundt (1832-1920)　*138*
エイクマン　Christiaan Eijkman (1858-1930)　*92*
エッティンゲン　Alexander Konstantin von Œttingen (1827-1905)　*40, 60, 61*
エーベルト　Karl Joseph Eberth (1835-1926)　*90*
エワルド　François Ewald　*59, 66*
緒方正規　(1853-1919)　*90*
オーウェル　George Orwell (1903-1950)　*251*

ガウス　Carl Friedrich Gauss (1777-1855)　*60, 68*
ガロファロ　Raffaele Garofalo (1852-1934)　*30, 142, 143*
カンギレーム　Georges Canguilhem (1904-1995)　*14, 15, 45, 46, 48, 87-89, 95-97, 123, 137*
カンター　David Canter　*201-207, 211, 213, 214, 227, 230, 234, 247, 248*
カント　Immanuel Kant (1724-1804)　*13, 39, 142, 215, 216*
キュール　Stefan Kuhl　*130*
クナップ　Georg Friedrich Knapp (1842-1926)　*61, 66*
グールド　Stephen J. Gould (1941-2002)　*129-135, 141, 166*
ケイミン　Leon J. Kamin (1927-)　*135, 141*
ケトレ　Lambert Adolphe Jacques Quetelet (1796-1874)　*30, 32-38, 60, 61, 63, 65, 66, 68-74, 77, 78, 81, 84, 85, 139*
コッホ　Robert Koch (1843-1910)　*89-92*
ゴルトン　Sir Francis Galton (1822-1911)　*31, 59, 61, 62, 65, 66, 76-79, 81, 84, 85, 108-112, 119, 123, 125*
コント　Auguste Comte (1798-1857)　*27, 48-52, 56, 57, 62, 89*
コンドルセ　Antoine de Caritat, marquis de Condorcet (1743-94)　*63*

酒井隆史　(1965-)　*259*
サレイユ　Raymond Saleilles (1855-1912)　*144*
ジェームズ　William James (1842-1910)　*138*
シャルコー　Jean Martin Charcot (1825-1893)　*136, 137*
スピアマン　Charles Edward Spearman (1863-1945)　*132-134, 163*

ターヴェイ　Brent Turvey　*198-200, 213*
ダグラス　John Douglas (1945-)　*212*
高木兼寛　(1849-1920)　*91-93, 123*
田村雅幸　*195, 226*
ダルモン　Pierre Darmon (1939-)　*162*
デイヴィス　Mike Davis (1946-)　*175*
デュギー　Léon Duguit (1859-1928)　*71*
デュルケム　Emile Durkheim (1858-1917)　*17, 25-32, 34-49, 52-63, 65, 66, 70-74, 77, 78, 81, 85, 122, 210*
ド・モアブル　Abraham De Moivre (1667-1754)　*60*
ドロービッシュ　Moritz Wilhelm Drobisch (1802-1896)　*40, 60, 62*

ニーチェ　Friedrich Nietzsche (1844-1900)　*15*

パスカル　Braise Pascal (1623-62)　*58*

パストゥール　Louis Pasteur (1822-1895) *90, 91, 94*
ハッキング　Ian Hacking (1936-) *15, 46, 61, 65, 72, 77, 84, 123, 125*
バックル　Henry Thomas Buckle (1821-62) *39*
ハリス　Thomas Harris (1940-) *190, 212*
ハーンスタイン　Richard J. Herrnstein (1930-94) *130*
ピアソン　Karl Pearson (1857-1936) *62, 108, 111, 125*
ビシャ　Marie François Xavier Bichat (1771-1802) *62, 89*
ピッカリング　George W. Pickering (1904-80) *87, 88, 101, 103-107, 111-114, 118, 125*
ビネ　Alfred Binet (1857-1911) *18, 135-154, 157, 160-163, 165, 166*
ピネル　Philippe Pinel (1745-1826) *62, 89*
ファー　William Farr (1807-83) *63*
フォコネ　Paul Fauconnet (1874-1938) *145*
フーコー　Michel Foucault (1926-84) *11-21, 123, 145, 216, 249, 252, 254*
フェリ　Enrico Ferri (1850-1929) *30, 142, 144*
フォイエルバッハ　Paul Johann Anselm, Ritter von Feuerbach (1775-1833) *142*
ブラッセル　James A. Brussel (1905-82) *190, 212*
プラット　Robert Platt *105-108, 111-112*
プラトン　Platon (B.C.427-B.C.347) *249*
ブランティンガム　Paul J. and Patricia L. Brantingham *209, 232, 248*
フーリエ　Jean-Baptiste-Joseph Fourier (1768-1830) *60*
ブリトン　Paul Britton (1946-) *198, 213*
ブルジョア　Léon Bourgeois (1851-1925) *71*
ブルセ　François J. B. Broussais (1772-1838) *49, 51, 62, 89, 123, 137, 161*
フンク　Casimir Funk (1884-1967) *92*
ベイズ　Thomas Bayes (1702-62) *63*
ベッカリーア　Cesare, marchese di Beccaria (1738-1794) *142*
ベルティヨン　Alphonse Bertillon (1853-1914) *31, 59*
ベルナール　Claude Bernard (1813-1878) *48-53, 56, 57, 62, 88, 89, 95-101, 111, 122, 124, 137, 199*
ベルヌイ　Jacobus (Jacques) Bernoulli (1654-1705) *33, 43*
ヘンレ　Friedrich G. J. Henle (1809-1885) *90*
ポアソン　Siméon-Denis Poisson (1781-1840) *33, 63*
ボルツマン　Ludwig Eduard Boltzmann (1844-1906) *62*
ボレル　Emile Borel (1871-1956) *162*

マイア　Georg von Mayr (1841-1925) *60, 62*
マキャヴェリ　Niccolo Machiavelli (1469-1527) *250*
マクスウェル　James Clerk Maxwell (1831-79) *62*
マルコヴィッチ　John Malkovich (1953-) *11, 12*
マレー　Charles A. Murray (1943-) *130*
ミル　John Stuart Mill (1806-1873) *62, 143*
メンデル　Gregor Mendel (1822-1884) *107, 108, 111*

ライアン　David Lyon (1948-) *255*
ラプラス　Pierre-Simon, marquis de Laplace (1749-1827) *60, 63, 68*
ラムジー　Frank Plumpton Ramsey (1903-1930) *63*
リヴァーロッシ　Scipione Riva-Rocci (1863-1937) *102*
リヴィエール　Pierre Rivière (1824-1850) *168*
リューメリン　Gustav Rumelin (1815-89) *40*
ルイ　Pierre-Charles-Alexandre Louis (1787-1855) *63*
ルヌーヴィエ　Charles-Bernard Renouvier

(1815-1903)　*77*
ル・プレ　Frédéric Le Play (1806-82)　*98*
レクシス　Wilhelm Lexis (1837-1914)　*40-44, 62*
レスラー　Robert K. Ressler (1937-)　*212*
ローズ　Geoffrey Arthur Rose (-1993)　*118-120*
ロスモ　Kim Rossmo　*227, 230, 231, 232, 247*
ロンブローゾ　Cesare Lombroso (1836-1909)　*30, 59, 129, 142, 143, 162, 189, 213*

若林幹夫　(1962-)　*245*
ワグナー　Adolph Heinrich Gotthilf Wagner (1835-1917)　*40, 60*

事項索引（五十音順）

参考文献

【A】

Ainsworth, Peter B.（2001）*Offender Profiling and Crime Analysis*, Willan.

Alison, Laurence and D. Canter（1999）'Profiling in policy and practice,' in Canter and Alison（eds.,）*Profiling in Policy and Practice*, Ashgate, 1-20.

Allbutt, Thomas C.（1915）*Disease of the Arteries including Angina Pectoris*, Macmillan.

Alvarez, Walter and L. L. Stanley（1939）'Blood Pressure in Six Thousand Prisoners and Four Hundred Prison Guards : A Statistical Analysis,' in *Archives of Internal Medicine* 46, 17-39.

American Association on Mental Retardation（AAMR）（1992）*Mental Retardation : Definition, Classification and System of Supports*（9th ed.）, AAMR（Workbook）. ＝（1999）茂木俊彦監訳『精神遅滞：定義・分類・サポートシステム［第9版］』学苑社.

安藤寿康（2000）『心はどのように遺伝するか－双生児が語る新しい遺伝観』講談社ブルーバックス.

足利末男（1966）『社会統計学史』三一書房.

【B】

Beasley, T.（1998）'For Whom Did the Bell Curve Toll?,' in *Exproling Intelligence*, Scientific American. ＝（1999）安藤寿康訳「IQを決める要因、IQが決める人生」『知能のミステリー』（別冊日経サイエンス）日経サイエンス社，25-27.

Bernard, Claude（1865）*Introduction à l'étude de la médecine expérimentale*, J. B. Baillière et fils. ＝（1970）三浦岱栄訳『実験医学序説』岩波文庫.

――（1877）*Leçon sur le diabète et la glycogénèse animale*, J. B. Baillière et fils.

――（1878）*Leçon sur les phénomènes de la vie communs aux animaux et aux végétaux*, J. B. Baillière et fils. ＝（1989）長野敬編『ベルナール』（科学の名著第Ⅱ期9）朝日出版社.

Binet, Alfred（1888）'La responsabilité morale,' in *Revue philosophique* 26, 217-231.

――（1903）*L'Étude éxperimentale de l'intelligence*, Schleicher Frères.

――（1911a）'Nouvelles recherches sur la mesure du niveau intellectuel chez les enfants d'école,' in *L'Année psychologique* 17, 145-201. ＝（1982）中野善達訳「学

童の知的水準測定に関する新研究」ビネ・シモン著、中野・大沢訳『知能の発達と評価』福村出版，339-406.

―― (1911b) *Les idées modernes sur les enfants*, Flammarion. ＝(1966) 波多野完治訳『新しい児童観』明治図書.

Binet, Alfred and T. Simon (1905a) 'Sur la nécessité d'établir un diagnostic scientifique des états inférieurs de l'intelligence,' in *L'Année psychologique* 11, 163-190. ＝(1982) 中野善達訳「知的劣等状態の科学的診断を確立する必要性について」『知能の発達と評価』福村出版，3-45.

―― (1905b) 'Méthodes nouvelles pour le diagnostic du niveau intellectuel des anormaux,' in *L'Année psychologique* 11, 191-244. ＝(1982) 中野善達訳「異常児の知的水準を診断するための新しい方法」『知能の発達と評価』福村出版, 47-114.

―― (1908) 'Le développement de l'intelligence chez les enfants,' in *L'Année psychologique* 14, 1-94. ＝(1982) 大沢正子訳「児童における知能の発達」『知能の発達と評価』福村出版，229-338.

Brantingham, Paul J. and P. L. Brantingham (1981a) 'Introduction : The Dimensions of Crime,' in Brantingham and Brantingham (eds.), *Environmental Criminology,* Sage, 7-26.

―― (1981b) 'Notes on the Geometry of Crime,' in *Environmental Criminology,* Sage 27-54.

Brantinghan, Paul J. and C. R. Jeffery (1981) 'Afrterword : Crime, Space, and Criminological Theory,' in *Environmental Criminology,* Sage, 227-237.

Britton, Paul (1997) *The Jigsaw Man : The Remarkable Carrier of Britain's Foremost Criminal Psychologist*, Bantam Press. ＝(2001) 森英明訳『ザ・ジグゾーマン―英国犯罪心理学者の回想』集英社.

――― (2000) *Picking Up the Pieces*, Bantam Press.

【C】

Canguilhem, Georges (1966→1993) *Le normal et le pathologique*, Presses Universitaires de France (Quadrige). ＝(1987) 滝沢武久訳『正常と病理』法政大学出版局.

Canter, David (1994) *Criminal Shadows*, Harper Collins. ＝(1996) 吉田利子訳『心理捜査官ロンドン殺人ファイル』草思社.

―― (2000)「21世紀の捜査心理学―リヴァプール大学捜査心理学センターの取り組み」(講演) 鈴木護訳・編『警察学論集』53巻11号，146-159.

Canter, David and R. Heritage (1990) 'A multivariate model of sexual offence behaviour : Developments in offender profiling,' in *Journal of Forensic Psychiatry* 1, 185-212.

Canter David and P. Larkin (1993) 'The environmental range of serial rapists,' in *Journal of Environmental Psychology* 13, 63-69.

中央教育審議会 (1966)「後期中等教育の拡充整備について」http://www.monbu.go.jp/shingi/cyukyo/00000326.

Coleman, William (1987) 'Experimental Physiology and Statistical Inference,' in L. Krüger *et al.* (eds.), *The Probabilistic Revolution* Vol.2, The MIT Press, 201-226.

Comte, Auguste (1838→1893) *Cours de philosophie positive* Ⅲ, Bachelier.

—— (1851-1854) *Système de politique positive* Ⅰ-Ⅳ, Carilian-Goeury & Dalmont (Réimpression 1967).

—— (1926) *La philosophie positive* (Résumé par E. Rigolage) Ⅰ, Flammarion.＝(1931) 石川三四郎訳『実証哲学』(上) (世界大思想全集25) 春秋社.

【D】

Darmon, Pierre (1989) *Médecins et assassins à la belle époque : La médicalisation du crime*, Seuil. ＝(1992) 鈴木秀治訳『医者と殺人者—ロンブローゾと生来性犯罪者伝説』新評論.

Davis, Mike (1990) *City of Quartz*, Verso. ＝(2001) 村山敏勝・日比野啓訳『要塞都市LA』青土社.

Dawson-Saunders, Beth and R. G. Trapp (1994) *Basic & Clinical Biostatistics* (2nd ed.), Appleton & Lange. ＝(1997) 森田茂穂監訳『医学統計データを読む』メディカル・サイエンス・インターナショナル.

Donzelot, Jacques (1984) *L'invention du social*, Fayard.

—— (1991) *Face à l'exclusion*, Esprit.

Douglas, John, A. W. Burgess and R. K. Ressler (1992) *Crime Classification Manual*, Lexington Books.＝(1995) 戸根由紀恵訳『FBI心理分析官凶悪犯罪捜査マニュアル』(上) (下) 原書房.

Douglas, John and M. Olshaker (1995) *Mindhunter : Inside the FBI's Elite Serial Crime Unit*, Scribner. ＝(1997) 井坂清訳『FBIマインド・ハンター—セックス殺人の現場から』早川書房.

Durkheim, Emile (1888) 'Suicide et natalité,' in *Revue philosophique* 26, 446-463. → (1975) in *Textes* 2, 216-236. ＝(1990) 内藤莞爾訳「自殺と出生率」内藤

編訳『デュルケム法社会学論集』恒星社厚生閣，164-186.
——(1893→1991) *De la division du travail social*, Presses Universitaires de France (Quadrige). =(1971) 田原音和訳『社会分業論』青木書店.
——(1895a→1986) *Les règles de la méthode sociologique*, Presses Universitaires de France (Quadrige). =(1978) 宮島喬訳『社会学的方法の規準』岩波文庫.
——(1895b) 'Crime et santé sociale,' in *Revue philosophique* 39, 518-523. →(1975) in *Textes* 2, 173-180. =(1990) 内藤莞爾訳「正常現象としての犯罪」『デュルケム法社会学論集』恒星社厚生閣，123-134.
——(1897→1960) *Le suicide*, Presses Universitaires de France (Quadrige). =(1980) 宮島喬訳『自殺論』(世界の名著58) 中央公論社 (部分訳).
——(1898) 'Représentations individuelles et représentations collectives,' in *Revue de métaphysique et de morale* Ⅳ (Mai 1898). →(1998) in *Sociologie et philosophie*, Presses Universitaires de France (Quadrige), 1-38. =(1985) 佐々木交賢訳「個人表象と集合表象」『社会学と哲学』恒星社厚生閣，11-52.

【E】

Ewald, François (1986) *L'État providence*, Bernard Grasset.
——(1992) 'Michel Foucault et la norme,' in *Michel Foucault : Lire l'œuvre*, Jérôme Millon, 201-221.
Eysenck, Hanse J. versus Kamin L. (1981) *Intelligence : The Battle for the Mind*, Pan Books. =(1985) 斎藤和明他訳『知能は測れるのか－IQ討論』筑摩書房.

【F】

Fauconnet, Paul (1920) *La responsabilité : Étude de sociologie*, Félix Alcan.
Ferri, Enrico (1905) *Sociologia criminale*.=(1923) 山田吉彦訳『犯罪社会学』(上)(下) 而立社 (フランス語版第二版からの翻訳).
Foucault, Michel (1961) *Thèse complémentaire pour le doctrat ès Lettres : Introduction à l'anthropologie de Kant* (inédit).
——(1966) *Les mots et les choses : Une archéologie des scienses humaines*, Gallimard. =(1974) 渡辺一民・佐々木明訳『言葉と物－人文科学の考古学』新潮社.
——(1975) *Surveiller et punir : Naissance de la prison*, Gallimard. =(1977) 田村俶訳『監獄の誕生―監視と処罰』新潮社.
——(1978a) 'Introduction by Michel Foucault,' in G. Canguilhem, *On the Normal and the Pathological*, D. Riedel, 9-20. =(1994) 'Introduction par Michel Fou-

cault,' in *Dits et écrits* Ⅲ, Gallimard, 429-442. =(2000) 廣瀬浩司訳「フーコーによる序文」小林康夫他編『ミシェル・フーコー思考集成Ⅶ』筑摩書房, 3-19.

——(1978b) 'About the Concept of the "Dangerous Individual" in 19th-Century Legal Psychiatry,' in *International Journal of Law and Psychiatry* 1, 1-18. =(1994) 'L'évolution de la notion d'《individu dangereux》 dans la psychiatrie légale du XIXe siècle,' in *Dits et écrits* Ⅲ, Gallimard, 443-464. =(2000) 上田和彦訳「十九世紀の司法精神医学における「危険人物」という概念の展開(講演)」小林他編『ミシェル・フーコー思考集成Ⅶ』筑摩書房, 20-45.

——(1979) *Cours du 14 février 1979 au Collège de France*.→(2004) in *Naissance de la biopolitique : Cours au Collège de France. 1978-1979*, Gallimard / Seuil.

——(1983) 'Structuralism and Post-Structuralism : An Interview with Michel Foucault,' in *Telos* 55. =(1994) 'Structuralisme et poststructuralisme : entretien avec G. Raulet,' in *Dits et écrits* Ⅳ, 431-457. =(2002) 黒田昭信訳「構造主義とポスト構造主義」小林他編『ミシェル・フーコー思考集成Ⅸ』筑摩書房, 298-341.

Foucault, Michel *et al.* (1973) *Moi, Pierre Rivière, ayant égorgé ma mère, ma sœur et mon frère*... Gallimard / Julliard. =(1975) 岸田秀・久米博訳『ピエール・リヴィエールの犯罪―狂気と理性』河出書房新社.

藤本哲也(1996)『諸外国の刑事政策』中央大学出版部.

【G】

Galton, Francis (1869) *Hereditary Genius : An Inquiry into its Laws and Consequences*, Macmillan.

Gould, Stephen J. (1996) *The Mismeasure of Man*, (Revised and expanded version), W. W. Norton. =(1998) 鈴木善次・森脇靖子訳『人間の測りまちがい―差別の社会史』河出書房新社.

Guidelines Subcommittee (1999) *World Health Organization-International Society of Hypertension Guidelines for the Management of Hypertension*.

【H】

Hacking, Ian (1965) *Logic of Statistical Inference*, Cambridge University Press.

——(1975) *The Emergence of Probability*, Cambridge University Press.

——(1979) 'Michel Foucault's Immature Science,' in *Nôus* 13, 39-51.

——(1987) 'Prussian Numbers 1860-1882,' in L. Krüger *et al.* (eds)., *The Prob-*

abilistic Revolution Vol.1, The MIT Press, 377-394. =(1991) 近昭夫訳「プロイセンの数」近昭夫他訳『確率革命—社会認識と確率』梓出版社, 319-347.
—— (1990) *The Taming of Chance*, Cambridge University Press. =(1999) 石原英樹・重田園江訳『偶然を飼いならす—統計学と第二次科学革命』木鐸社.
Hamilton, M., G. W. Pickering, J. A. F. Roberts and G. S. C. Sowry (1954) 'The Aetiology of Essential Hypertension' 1-4, *Clinical Science* Vol. 13, 11-35, 37-49, 273-291, 293-304.
原田豊 (1994)「コンピュータによる犯罪情報の活用の将来像－地理情報システムを例として」科学警察研究所編『日本の科学警察』東京法令出版, 217-224.
原田豊 (2002)「『地理情報システム』を活用した安全なまちづくり」『警察学論集』55巻1号, 47-69.
原田豊・島田貴仁 (2000)「カーネル密度推定による犯罪集中地区検出の試み」『科学警察研究所報告防犯少年編』40巻2号, 30-41.
原田豊・鈴木護・島田貴仁 (2001)「東京二三区におけるひったくりの密度分布の推移—カーネル密度推定による分析」『科学警察研究所報告防犯少年編』41巻1・2号, 39-52.
Herrnstein, Richard J. and C. Murray (1994), *The Bell Curve : Intelligence and Class Structure in American Life*, The Free Press.
Hirschefield A. and K. J. Bowers (1997) 'The Development of a Social, Demographic and Land Use Profiler for Areas of High Crime,' in *British Journal of Criminology* Vol. 37, No. 1 (Winter 1997), 103-120.
Holmes, Ronald M. and S. T. Holmes (1996) *Profiling Violent Crimes : An Investigative Tool*, Sage. =(1997) 影山任佐監訳『プロファイリング—犯罪心理分析入門』日本評論社.
堀尾輝久 (1997)『現代社会と教育』岩波新書.

【I】

Ignatieff, Michael (1984→1986) *The Needs of Strangers*, Penguin Books =(1999) 添谷育志・金田耕一訳『ニーズ・オブ・ストレンジャーズ』風行社.
石原英樹 (1999)「解説2. 社会統計学上の本書の位置づけ」イアン・ハッキング『偶然を飼いならす』木鐸社, 334-338.
伊藤邦武 (1997)『人間的な合理性の哲学－パスカルから現代まで』勁草書房.
岩見広一 (2000)「プロファイリング研究とその手法」田村雅幸監修『プロファイリングとは何か』立花書房, 68-87.

【J】

Jackson Janet L. and D. A. Bekerian (eds.) (1997) *Offender Profiling : Theory, Research and Practice*, John Wiley & Sons. =(2000) 田村雅幸監訳『犯罪者プロファイリング—犯罪行動が明かす犯人像の断片』北大路書房.

【K】

Kamin, Leon J.(1974) *The Science and Politics of I.Q.*, Lawrence Erlbaum. =(1977) 岩井勇児訳『IQの科学と政治』黎明書房.

苅谷剛彦 (1995)『大衆教育社会のゆくえ－学歴主義と平等神話の戦後史』中公新書.

川根博司 (2000)「『喫煙』の健康への害」『モダンフィジシャン』20巻12号, 1439-1441.

経済団体連合会 (2000)「グローバル化時代の人材育成について」http://www.keidanren.or.jp/japanese/policy/2000/013/honbun.html.

経済同友会 (1995)「学校から『合校』へ」(パンフレット).

——— (1997)「『学働遊合 (がくどうゆうごう)』のすすめ」http://www.doyukai.or.jp/database/teigen/970325.htm.

経済財政諮問会議 (2002)「構造改革と経済財政の中期展望」http://www5.cao.go.jp/shimon/2002/0118toushin3.pdf.

Kevles, Daniel J. (1985) *In The Name of Eugenics : Genetics and the Use of Human Heredity*, Alfred A. Knopf =(1993) 西俣総平訳『優生学の名のもとに—「人類改良」の悪夢の百年』朝日新聞社.

Knapp, Georg F. (1872) 'A. Quetelet als Theoretiker,' in *Jahrbücher für Nationalökonomie und Statistik* 18, 89-124. =(1942) 権田保之助訳「理論家としてのケトレー」『統計学古典選集第5巻』栗田書店, 241-315.

Knies, Carl G. A. (1850) *Die Statistik als selbstständige Wissenschaft*, Luckhardt. =(1942) 高野岩三郎訳「独立の学問としての統計学」『統計学古典選集第2巻』栗田書店.

小林敦・渡邉和美・島田貴仁・田村雅幸 (2000)「捜査支援のための戦略的情報活用 (下) －捜査支援体制の強化」(捜査心理学と犯人像推定　第28回)『警察学論集』53巻7号, 173-189.

小松美彦 (1989)「ベルナール生命観の歴史的境位」長野敬編『ベルナール』朝日出版社, vii-lx.

近藤誠 (2001)「高血圧症『三千七百万人』のからくり」『文藝春秋』79巻4号,

262-274.
厚生省（監修）(1999)『平成11年版厚生白書』ぎょうせい.
Kuhr, Stefan (1994) *The Nazi Connection : Eugenics, American Racism and German National Socialism*, Oxford University Press. =(1999) 麻生九美訳『ナチ・コネクション―アメリカの優生学とナチ優生思想』明石書店.
教育改革国民会議 (2000)「教育改革国民会議報告－教育を変える一七の提案」http://www.kantei.go.jp/jp/kyouiku/houkoku/1222report.html.
教育課程審議会 (1998)「幼稚園、小学校、中学校、高等学校、盲学校、聾学校及び養護学校の教育課程の基準の改善について（答申）」山極隆・無藤隆編『新しい教育課程と21世紀の学校』ぎょうせい, 204-273.

【L】

Lécuyer, Bernard-P. (1987) 'Probability in Vital and Social Statistics,' in L. Krüger *et al*. (eds.), *The Probabilistic Revolution* Vol.1, The MIT Press, 317-335. =(1991) 杉森滉一訳「生命・社会統計と確率」『確率革命』梓出版社, 231-257.
Lexis, Wilhelm (1874) 'Naturwissenschaft und Sozialwissenschaft,' in *Abhandlungen zur Theorie der Bevolkerungs-und Moralstatistik*, G. Fischer, 1903. =(1943) 久留間鮫造訳「自然科学と社会科学」『統計学古典選集第9巻』25-60.
―― (1877) *Zur Theorie der Massenerscheinungen in der menschlichen Gesellschaft*, Fr. Wagner. =(1943) 久留間鮫造訳「人間社会に於ける大量現象の理論に就て」『統計学古典選集第9巻』61-273.
Lombroso, Cesare (1876) *L'Uomo delinquente in rapporto all' antropalogia, alla giurisprudenza ed all psichiatria*, Fratelli Bocca. =(1887) *L'homme criminel*, Félix Alcan.
―― (1906) *Le crime, causes et remèdes*, Félix Alcan.
Lukes, Steven (1973→1985) *Emile Durkheim, His Life and Work*, Stanford University Press.
Lyon, David (2001) *Surveillance Society : Monitoring Everyday Life*, Open University Press. =(2002) 河村一郎訳『監視社会』青土社.

【M】

McCarthy, Belinda R. *et al*. (2001) *Community-based Corrections* (4th ed), Wadsworth.
松田誠 (1986)『高木兼寛伝－脚気をなくした男』講談社.

Megargee, E. I. (1966) 'Undercontrolled and overcontrolled personality types in extreme anti-social aggression,' in *Psychological Monographs* 80 (Whole No.611), 1-29.

三本照美・深田直樹 (1999)「連続放火犯の居住地推定の試み－地理的重心モデルを用いた地理プロファイリング」『科学警察研究所報告防犯少年編』40巻1号, 23-35.

宮島喬 (1977)『デュルケム社会理論の研究』東京大学出版会.

【N】

中島浩籌 (1995)「生涯学習路線とカウンセリング」日本社会臨床学会編『学校カウンセリングと心理テストを問う』影書房, 11-72.

日本高血圧学会高血圧治療ガイドライン作成委員会 (2000)『高血圧治療ガイドライン2000年版』日本高血圧学会.

【O】

Oberschall, Anthony (1987) 'The Two Empirical Roots of Social Theory and the Probability Revolution,' in L. Krüger *et al*. (eds.), *The Probabilistic Revolution* Vol. 2, The MIT Press, 103-134.

重田 (米谷) 園江 (1996a)「ミシェル・フーコーの統治性研究」『思想』870号, 77-105.

—— (1996b)「自由主義の統治能力－ミシェル・フーコーのオルド自由主義論」鬼塚雄丞他編『自由な社会の条件』(ライブラリ相関社会科学3) 新世社, 196-222.

—— (1997)「一九世紀の社会統制における＜社会防衛＞と＜リスク＞」『現代思想』Vol. 25 No. 3, 164-171.

折原浩 (1965→1969)「デュルケーム社会学の『保守主義』的性格」『危機における人間と学問』未来社, 220-243.

—— (1981)『デュルケームとウェーバー』(下) 三一書房.

Ormerod, David (1999) 'Criminal Profiling : Trial by Judge and Jury, not Criminal Psychologist,' in Alison and Canter (eds.), *Profiling in Policy and Practice*, Ashgate, 207-261.

大内裕和 (2001)「象徴資本としての『個性』」『現代思想』29巻2号, 86-101.

【P】

Pasquino, Pasquale (1991) 'Criminology : The Birth of a Special Knowledge,' in

G. Burchell *et al.* (eds.), *The Foucault Effect : Studies in Governmentality*, The University of Chicago Press, 235-250.

Pickering, George W. (1955) 'The Concept of Essential Hypertension,' in *Annals of Internal Medicine* Vol. 43, No. 6, 1153-1160.

—— (1968) *High Blood Pressure* (2nd ed.), Churchill.

—— (1970) *Hypertension : Causes, Consequences and Management*, Churchill. =(1974) 多川斉訳『高血圧－その基礎から診断治療まで』南江堂.

Platt, Robert (1959) 'The Nature of Essential Hypertension,' in *The Lancet* Ⅱ, 55-57 (25 July).

—— (1963) 'Heredity in Hypertension,' in *The Lancet* , 899-904 (27 April).

Porter, Theodore M. (1986) *The Rise of Statistical Thinking 1820-1900*, Princeton University Press. =(1995) 長屋政勝他訳『統計学と社会認識』梓出版社.

——(1987) 'Lawless Society,' in L. Krüger *et al.* (eds.), *The Probabilistic Revolution* Vol. 1, The MIT Press, 351-376. =(1991) 近昭夫訳「法則のない社会」『確率革命』梓出版社, 278-318.

Postel-Vinay, Nicolas (ed.) (1996) *Impressions arterielles, 100ans d'hypertension, 1896-1996*, Maloine. (1st ed. 1995) =(1997) 荻原俊男監訳『高血圧の世紀 1896-1996』先端医学社 (英語訳からの翻訳).

【Q】

Quetelet, L. Adolphe J. (1835) *Sur l'homme et le développement de ses facultés* Ⅰ-Ⅱ, Bachelier. =(1940) 平貞蔵他訳『人間に就いて』(上)(下) 岩波文庫.

—— (1844) 'Sur l'appréciation des documents statistiques, et en particulier sur l'appréciation des moyennes,' in *Bulletin de la commission centrale de statistique* (*BCCS*) Tome Ⅱ, 1845, 205-286 (1844年に刊行されたものの再録).

——(1846) *Lettres à S. A. R. le duc régnant de Saxe-Cobourg et Gotha, sur la théorie des probabilités, appliquée aux sciences morales et politiques*, Hayez. =(1942) 高野岩三郎訳「確率理論に就ての書簡」『統計学古典選集第5巻』15-219 (部分訳).

——(1847) 'Statistique morale. De l'influence libre arbitre de l'homme sur les faits sociaux, et particulièrement sur le nombre des mariages,' in *BCCS*, Tome Ⅲ, 135-155.

—— (1848) *Du système social et des lois qui le régissent*, Guillaumin et Cie.

【R】

Ramsey, Frank P.(1990)*Philosophical Papers*,(D. H. Mellor ed.,)Cambridge University Press. =(1996) 伊藤邦武他訳『ラムジー哲学論文集』勁草書房.

Ressler, Robert K, A. W. Burgess and J. E. Douglas(1988)*Sexual Homicide Patterns and Motives*, Lexington Books. =(1998) 狩野秀之訳『快楽殺人の心理— FBI心理分析官のノートより』講談社アルファ文庫.

Robinson, S. and M. Bruce (1939) 'Range of Normal Blood Pressure. A Statistical and Clinical Study of 11,388 persons,' in *Archives of Internal Medicine* Vol. 64, 409-444.

Rosanvallon, Pierre (1981) *La crise de l'État-providence*, Seuil.

—— (1995) *La nouvelle question sociale*, Seuil. =(2006) 北垣徹訳『連帯の新たなる哲学－福祉国家再考』勁草書房.

Rose, Geoffrey A. (1992) *The Strategy of Preventive Medicine*, Oxford University Press. =(1998) 曽田研二・田中平三監訳『予防医学のストラテジー－生活習慣病対策と健康増進』医学書院.

Rosen, George (1958) *A History of Public Health,* MD Publications.=(1974) 小倉史朗訳『公衆衛生の歴史』第一出版.

Rossmo, Kim (2000) *Geographic Profiling*, CRC Press.= (2002) 渡辺昭一監訳『地理的プロファイリング—凶悪犯罪者に迫る行動科学』北大路書房.

【S】

Sackett, David L., W. S. Richardson, W. Rosenberg and R. B. Haynes (eds.) (1997) *Evidence-based Medicine : How to Practice and Teach EBM*, Churchill. =(1999) 久繁哲徳監訳『根拠に基づく医療－EBMの実践と教育の方法』オーシーシー・ジャパン.

酒井隆史 (2001)『自由論—現在性の系譜学』青土社.

佐野賀英子・渡辺昭一 (1998)「犯罪手口分析による被疑者検索—優先順位による被疑者検索とその課題」(捜査心理学と犯人像推定 第11回)『警察学論集』51巻11号, 127-140.

佐々木敏・等々力英美編著 (2000)『EBN入門－生活習慣病を理解するために』第一出版.

佐藤純一 (2000)「『生活習慣病』の作られ方」佐藤他『健康論の誘惑』文化書房博文社, 103-146.

佐藤俊樹 (2000)『不平等社会日本—さよなら総中流』中公新書.

島田貴仁・原田豊 (1997)「地域安全情報システムのための住所照合ソフトウエアの設計」『科学警察研究所報告防犯少年編』38巻2号, 27-35.

島田貴仁・原田豊（1999a）「大都市における犯罪と社会経済要因の関連－方法の問題点とGISによる解決」『科学警察研究所報告防犯少年編』39巻２号，20-33.

島田貴仁・原田豊（1999b）「都市の空間構成と犯罪発生の関連－GISによる定量的分析」『科学警察研究所報告防犯少年編』40巻１号，1-21.

島田貴仁・鈴木護（2000）「警察業務のIT化をめぐる動向（下）―地理情報システム（GIS）による情報活用」（捜査心理学と犯人像推定　第30回）『警察学論集』53巻９号，158-175.

島田貴仁・鈴木護・渡邉和美・原田豊・田村雅幸（2001）「捜査支援GISソフトウエアの開発」『科学警察研究所報告防犯少年編』41巻１・２号，11-27.

Stévenin, Henri（1951）*La médecine d'assurance sur la vie. Facteurs biologiques, médicaux et sociaux de la mortalité et de la longévité*, Masson.

Stigler, Stephen M.（1986）*The History of Statistics : The Measurement of Uncertainty before 1900*, The Belknap Press of Harvard University Press.

鈴木護・田村雅幸（1998）「連続放火犯の犯人像（下）」（捜査心理学と犯人像推定　第３回）『警察学論集』51巻３号，153-174.

【T】

田村雅幸（1996）「犯人像推定研究の２つのアプローチ」『科学警察研究所報告防犯少年編』37巻２号，46-54.

――（2000a）「解説（あとがきにかえて）」ジャクソン他編、田村監訳『犯罪者プロファイリング』北大路書房，222-234.

――（監修）（2000b）『プロファイリングとは何か』立花書房.

田村雅幸・鈴木護（1997）「連続放火の犯人像分析　1．犯人居住地に関する円仮説の検討」『科学警察研究所報告防犯少年編』38巻１号，13-25.

Todhunter, Issac（1865）*A History of the Mathematical Theory of Probability from the Time of Pascal to that of Laplace*, Macmillan.＝(1975）安藤洋美訳『確率論史―パスカルからラプラスの時代までの数学史の一断面』現代数学社.

Turvey, Brent（1999）*Criminal Profiling : An Introduction to Behavioral Evidence Analysis*, Academic Press.

常石敬一（1989）「幻の脚気菌発見」『科学朝日』編『スキャンダルの科学史』朝日新聞社，50-60.

【W】

若林幹夫（1995）『地図の想像力』講談社叢書メティエ.

渡辺公三（1995）「犯罪者の顔写真と指紋」安丸良夫編『「監獄」の誕生』（朝日百科日本の歴史別冊　歴史を読みなおす22）朝日新聞社，16-23.

——（2003）『司法的同一性の誕生－市民社会における個体識別と登録』言叢社.

Weber, Max（1919→1922）'Wissenschaft als Beruf' in *Gesammalte Aufsätze zur Wissenschaftslehre*. =（1980）尾高邦雄訳『職業としての学問』岩波文庫.

Wilson James Q. and G. Kelling（1982）'Broken Windows : The Police and Neighborhood Safety,' in *Atlantic Monthly*, March 1982.

Wolf, Theta H.（1973）*Alfred Binet*, The University of Chicago Press. =（1979）宇津木保訳『ビネの生涯』誠信書房.

【Y】

山口光恒（1998）『現代のリスクと保険』岩波書店.

横田賀英子（2000）「英国リヴァプール大学における捜査心理学とその応用」『警察学論集』53巻10号，148-162.

吉村昭（1991）『白い航跡』講談社.

著者紹介

重田　園江（おもだ・そのえ）

1968年　兵庫県西宮市生

東京大学大学院総合文化研究科博士課程満期退学

現在　明治大学政治経済学部教授

専攻　政治・社会思想史

『連帯の哲学Ⅰ――フランス社会連帯主義』勁草書房，2010年

『ミシェル・フーコー――近代を裏から読む』ちくま新書，2011年

『社会契約論――ホッブズ，ヒューム，ルソー，ロールズ』ちくま新書，2013年

『統治の抗争史――フーコー講義 1978-79』勁草書房，2018年

『隔たりと政治――統治の連帯の思想』青土社，2018年

『フーコーの風向き――近代国家の系譜学』青土社，2020年

訳書　イアン・ハッキング『偶然を飼いならす――統計学と第二次科学革命』石原英樹との共訳　木鐸社，1999年

フーコーの穴：統計学と統治の現在

2007年9月15日第一版第一刷印刷発行

2022年2月28日第一版第四刷印刷発行　©

著者との了解により検印省略

著　者　重　田　園　江

発行者　坂　口　節　子

発行所　(有)　木《ぼく》　鐸《たく》　社《しゃ》

印刷　アテネ社　製本　高地製本

〒112-0002　東京都文京区小石川5-11-15-302

Tel.（03）3814-4195　Fax（03）3814-4196

郵便振替　00100-5-126746　http://www.bokutakusha.com

乱丁・落丁本はお取替致します

装丁：吉田カツヨ＋仲田延子

ISBN978-4-8332-2337-9　C3036